# »Reichsbürger« im Südwesten
## Die Akte Ingo K. aus Bobstadt

von Timo Büchner

Jan Thorbecke Verlag 2024

Umschlagbild: Beschlagnahmte Munition und Waffen von Bobstadt (Quelle: SWR)

Timo Büchner M.A. studierte Politische Wissenschaften und Jüdische Studien in Heidelberg.
Er recherchiert seit Jahren zur extremen Rechten in Deutschland (Schwerpunkt: Baden-Württemberg).
Seine Recherchen erscheinen u. a. im Journal RECHTS.GESCHEHEN des Landesarchivs Baden-Württemberg.

Gefördert von:

Gedruckt auf alterungsbeständigem, säurefreiem Papier.

Alle Rechte vorbehalten.
© 2024 by Landesarchiv Baden-Württemberg, Stuttgart
Satz und Druck: Offizin Scheufele Druck & Medien GmbH & Co. KG, Stuttgart
Kommissionsverlag: Jan Thorbecke Verlag, Verlagsgruppe Patmos in der Schwabenverlag AG, Ostfildern
www.thorbecke.de
Printed in Germany
ISBN 978-3-7995-9600-8

# Inhalt

5    Vorwort
       Anton Maegerle
       Wolfgang Zimmermann

## Teil I
## Die Tat vom 20. April 2022

8    Einleitung

12    1. Die Radikalisierung des Ingo K.

17    2. Reichsfantasien von »Querdenken«

23    3. Die Germanen und das Großherzogtum

29    4. Tatort Bobstadt

35    5. Die Waffenarsenale der »Reichsbürger«

43    6. Black Metal und Judenhass

49    7. Der Opfermythos der Familie A.

54    8. »Kein zweites Boxberg«

## Teil II
## Der Prozess am OLG Stuttgart

63    05.04.2023 | 1. Prozesstag
65    24.04.2023 | 2. Prozesstag
67    26.04.2023 | 3. Prozesstag
70    03.05.2023 | 4. Prozesstag
72    10.05.2023 | 5. Prozesstag
75    25.05.2023 | 6. Prozesstag
77    12.06.2023 | 7. Prozesstag
79    13.06.2023 | 8. Prozesstag
81    19.06.2023 | 9. Prozesstag
83    20.06.2023 | 10. Prozesstag
83    26.06.2023 | 11. Prozesstag
85    27.06.2023 | 12. Prozesstag
87    03.07.2023 | 13. Prozesstag
88    05.07.2023 | 14. Prozesstag
91    10.07.2023 | 15. Prozesstag
92    12.07.2023 | 16. Prozesstag
94    17.07.2023 | 17. Prozesstag
96    19.07.2023 | 18. Prozesstag
97    24.07.2023 | 19. Prozesstag
98    26.07.2023 | 20. Prozesstag
100    31.07.2023 | 21. Prozesstag
102    14.08.2023 | 22. Prozesstag
104    11.09.2023 | 23. Prozesstag
106    18.09.2023 | 24. Prozesstag
107    20.09.2023 | 25. Prozesstag
108    26.09.2023 | 26. Prozesstag
109    27.09.2023 | 27. Prozesstag
111    09.10.2023 | 28. Prozesstag
113    16.10.2023 | 29. Prozesstag
114    18.10.2023 | 30. Prozesstag
116    25.10.2023 | 31. Prozesstag
116    06.11.2023 | 32. Prozesstag
119    15.11.2023 | 33. Prozesstag

**Tatort Bobstadt
Chronologie eines Verbrechens**

# Vorwort

Am 15. November 2023 wurde der *Reichsbürger* Ingo K. aus dem baden-württembergischen Boxberg-Bobstadt zu einer Haftstrafe von 14 Jahren und sechs Monaten verurteilt. Der Fachjournalist Timo Büchner hat den Prozess verfolgt. Die *Dokumentationsstelle Rechtsextremismus* (DokRex) im *Generallandesarchiv Karlsruhe* unterstützte seine Arbeit mit einem Stipendium des Landes Baden-Württemberg.

Am 20. April 2022 wollte die Polizei die Wohnung von Ingo K. durchsuchen, um ihm eine Pistole abzunehmen. Doch der 55-Jährige eröffnete mit dem Schnellfeuergewehr vom Typ *Zastava M70* das längste Feuergefecht zwischen Polizisten und Straftätern in Deutschland seit der Festnahme des RAF-Terroristen Andreas Baader 1972 in Frankfurt und verletzte einen SEK-Beamten schwer. Die dem Urteil des *Oberlandesgerichts Stuttgart* zugrundeliegenden Straftatbestände sind versuchter Mord in vier tateinheitlichen Fällen mit schwerer Körperverletzung, versuchter Mord in sechs Fällen in Tateinheit mit dem Widerstand gegen Vollstreckungsbeamte sowie zahlreiche Verstöße gegen das Waffen- und Kriegswaffenkontrollgesetz.

Das Buch informiert über *Reichsbürger* in der Bundesrepublik und stellt dar, was an 33 Prozesstagen über Ingo K. und dessen Hintergründe bekannt geworden ist. Büchner informiert darüber, dass K. seit Jahren mit der *Reichsbürger*-Szene sympathisierte. So kaufte er bereits 2016 einen »Reichs-Personalausweis« vom »Volks- und Heimatstaat Deutsches Reich«. Der Journalist ruft in Erinnerung, dass auch der *Querdenken*-Gründer Michael Ballweg ein Anhänger des fiktiven Staates namens *Königreich Deutschland* wurde und ein Konto bei dessen »Gemeinwohlkasse« eröffnete.

*Reichsbürger* behaupten, dass die Bundesrepublik Deutschland illegal sei und deshalb nicht existiere. Der deutsche Staat wird als »Besatzungskonstrukt« beschimpft, die Bundesregierung als von »den westlichen Siegermächten aufgezwungenes Statut der Fremdherrschaft über das Deutsche Volk« diffamiert und das Grundgesetz als eine »Fortsetzung des Krieges gegen das Reich« dargestellt. Sie vertreten die Auffassung, das Deutsche Reich sei juristisch nicht untergegangen, besitze nach wie vor Rechtsfähigkeit, sei allerdings als Gesamtstaat mangels Organisation, insbesondere mangels institutionalisierter Organe, selbst nicht handlungsfähig. Sie negieren damit die Staatlichkeit der Bundesrepublik. Bis zur Wiedereinsetzung einer regulären Reichsregierung nehmen sie ihrem Verständnis nach vorübergehend deren Amtsgeschäfte wahr.

Trotz ihrer offen propagierten Verfassungsfeindlichkeit wurden *Reichsbürger* lange Zeit von den Sicherheitsbehörden als Spinner, Querulanten und Esoteriker verharmlost – bis am 19. Oktober 2016 der *Reichsbürger* Wolfgang Plan im fränkischen Georgensgmünd (Landkreis Roth) einen Beamten des *Spezialeinsatzkommandos Nordbayern* (SEK) der Bayerischen Polizei erschoss und drei weitere Beamte verletzte. Plan eröffnete bei der gerichtlich angeordneten Durchsuchungsaktion des Landratsamtes Roth sofort das Feuer auf die Polizisten. Nach dem Entzug der Waffenbesitzkarte sollten die in seinem Haus gelagerten Waffen beschlagnahmt werden. Vor seiner Terrortat hatte Plan auf *Facebook* eine Fotomontage geteilt, die unter anderem Bundeskanzlerin Angela Merkel, Bundesjustizminister Heiko Maas und SPD-Chef Sigmar Gabriel auf der Anklagebank des Nürnberger

Kriegsverbrechertribunals zeigte. Das Urteil stand schon fest: »Schuldig – hängen!« stand über dem Bild.

Für europaweite Schlagzeilen sorgten *Reichsbürger* am 7. Dezember 2022. An diesem Tag fand eine der größten Anti-Terror-Razzien seit Bestehen der Bundesrepublik statt. Wochenlang liefen die Vorbereitungen für die Beweissicherung und Festnahme der mutmaßlichen *Reichsbürger*-Verschwörer. Den Beschuldigten wird die Beseitigung der bestehenden staatlichen Ordnung durch Gewalt und militärische Mittel, die Bildung einer neuen Regierung und die Wiedereinführung des »Deutschen Reiches« vorgeworfen. Erstmals in der deutschen Justizgeschichte ist ein Staatsschutzverfahren um Terrorismus und Hochverrat auf drei sogenannte *Reichsbürger*-Prozesse an drei Oberlandesgerichten aufgeteilt. Jeweils neun Terror-Beschuldigte stehen in Stuttgart und Frankfurt am Main vor Gericht, in München sind es acht.

Die Akteure der »*Reichsbürger*-Bewegung« sind teilweise tief in die rechtsextreme Szene verstrickt, rufen zur Wahl rechtsextremer Parteien auf oder haben selbst für diese kandidiert. Nicht jeder *Reichsbürger* ist ein Rechtsextremist. Die Ideologie der *Reichsbürger* jedoch hat ihren Ursprung im Rechtsextremismus. Der Rechtsextremist, NPD-Politiker und spätere Rechtsterrorist Manfred Roeder war einer der ersten, der die Fortexistenz des Deutschen Reiches propagierte. Auch der Antisemit und Holocaust-Leugner Horst Mahler gilt als Vordenker in der *Reichsbürger*-Szene. Organisierte Strukturen entstanden erstmals Mitte der 1970er-Jahre, seit etwa einem Jahrzehnt radikalisiert sich die Szene.

Am Schluss steht der Dank: an den Autor Timo Büchner für die sehr gute Zusammenarbeit in den letzten Wochen und unserer Kollegin Petra Schaffrodt für die umsichtige Betreuung der Drucklegung. Der vorliegende Band bietet wichtige Einblicke in die Gedankenwelt der *Reichsbürger* und zeigt, welches Gefährdungspotenzial von ihnen ausgeht. Deshalb wünschen wir dieser Dokumentation viele Leserinnen und Leser.

Karlsruhe, im September 2024

Anton Maegerle
Wolfgang Zimmermann

# Teil I
# Die Tat vom 20. April 2022

# Einleitung

Das Oberlandesgericht Stuttgart (Quelle: Nicholas Potter)

Am frühen Morgen des 15. November 2023 herrschen kalte Temperaturen. Um 8 Uhr stehen erste Journalist:innen am Eingang des *Oberlandesgerichts Stuttgart*. Gegen 9:30 Uhr ist eine Schlange aus Presse und interessierter Öffentlichkeit entstanden. Wer die Drehtür passiert, kommt in einen Kontrollraum mit Polizist:innen. Die Kontrollen sind streng: Man legt Handy, Notebook, Rucksack in eine Kiste und läuft, wie am Flughafen, durch einen Körperscanner. Anschließend wird der Körper abgetastet, auch die Schuhe werden überprüft. Allgemein gilt: Weder ein Kaugummi noch eine Flasche Wasser ist im Sitzungssaal erlaubt. Wer einen Presseausweis hat, darf ein Notebook oder einen Block und Stifte in den Saal nehmen.

Zwischen Kontrollraum und Sitzungssaal ist ein Foyer. Der Boden: bläulicher Granit. Die Wände: teils blau, teils orange, teils weiß gestrichen. Die Wände sind hoch, im oberen Bereich zweier Wände sind große Fenster. Man sieht Baumspitzen, den grauen Himmel und die trüben Wolken. Im Foyer hängt eine Anzeigetafel mit einer Liste terminierter Prozesstage. Die Tafel ist schwarz und verglast, die Liste lang. In der Mitte des Foyers stehen drei massive Sitzbänke aus Holz. Auf den Bänken ist reichlich Platz, doch die meisten, die in das Foyer gekommen sind, bleiben stehen – oder sind bereits in den Saal gegangen, um sich einen Sitzplatz zu suchen. Eine Uhr zeigt 10:03 Uhr. Bald endet der Prozess. Nach 33 Hauptverhandlungstagen.

Das Foyer führt durch eine Holztür in den Sitzungssaal 2. Ganz vorne, am Kopf des Saales, ist die Bank der Richter:innen. Hinter der Bank stehen fast 100 Aktenordner, sämtliche Akten des Verfahrens. Oberhalb der Bank prangt das baden-württembergische Landeswappen. Der Greif und der Hirsch, die Wappentiere von Baden und Württemberg, halten einen Schild mit drei Löwen. Auf der linken Saalseite sind die Plätze der *Bundesan-*

*waltschaft*. Die beiden Vertreter:innen tragen weinrote Roben. Auf der rechten Saalseite sind die Plätze der Verteidigung. Rechtsanwalt Thomas Seifert und Rechtsanwältin Andrea Combé tragen schwarze Roben. Sachverständige und Zeug:innen nehmen in der Saalmitte Platz. Doch heute bleibt der Stuhl leer, denn das *Oberlandesgericht Stuttgart* spricht das Urteil.

Richter:innen, Bundesanwaltschaft und Verteidiger:innen sind durch dicke Glaswände geschützt. Eine Glaswand trennt die 60 Publikumssitze, die fest am Boden montiert sind, vom Rest des Saales ab. Eine weitere separiert die Anklagebank. Wer auf der Anklagebank sitzt, kann lediglich über Kopfhörer und über eine Art Luke in der Glaswand mit der Verteidigung kommunizieren. Die Kommunikation ist vertraulich. Es ist 10:15 Uhr. Im Publikum sitzen zwei Dutzend Interessierte. Filmer:innen und Fotograf:innen richten ihre Kameras auf die Anklagebank. Plötzlich wird die Holztür geöffnet. Zwei Polizisten – muskulös, in dunkelblauer Uniform – führen einen Mann an die Anklagebank. Ein letztes, ein 33. Mal.

Der Mann ist Mitte 50. Er hat einen gräulich-weißen Bart, bräunlich-graue Haare mit einem Pferdeschwanz, Tätowierungen am Hals und an den Händen. Anlässlich des heutigen Urteilsspruchs trägt er einen schwarzen Anzug mit schwarzen Lackschuhen. Eine Frage des Anstands oder der Trauer. Er hat Hand- und Fußfessel; die Handfessel ist am Körper eines Polizisten fixiert. Als der Vorsitzende Richter und die fünf Richter:innen des *7. Strafsenats* den Sitzungssaal 2 betreten, nimmt ein Polizist die Handfessel ab. »Im Namen des Volkes ergeht folgendes Urteil«, setzt der Vorsitzende Richter an. Dann verkündet er das Urteil: 14 Jahre und sechs Monate.[1] Eine Sicherungsverwahrung wird vorbehalten. Die Bundesanwaltschaft hatte eine lebenslängliche Haft mit anschließender Sicherungsverwahrung, die Verteidigung hingegen einen Freispruch gefordert.

**Was geschah am 20. April 2022 in Bobstadt?**
Ingo K., der Mann im schwarzen Anzug, nimmt das Urteil regungslos zur Kenntnis. Er grinst, als der Vorsitzende Richter erklärt, der *7. Strafsenat* habe sich »in aller Neutralität und Sachlichkeit« mit der Tat vom 20. April 2022 befasst. Am Ende ist das *Oberlandesgericht Stuttgart* überzeugt: Als das SEK versuchte, eine illegale Waffe von Ingo K. einzuziehen, hat der militante *Reichsbürger* mit der Absicht geschossen, mehrere SEK-Beamt:innen zu töten.

Die Tat sei ein »schwer fassbares, ungemein komplexes Geschehen« und ein »in vielerlei Hinsicht außergewöhnlicher Fall«. Außergewöhnlich – wegen seiner Persönlichkeit und Radikalisierung, wegen der Dichte und Schwere seiner Tat. Der Vorsitzende Richter sagt, die Tat lasse einen »noch immer erschaudern« und zeige, wohin Radikalisierung und Staatsablehnung führen können. Er spricht vom »blanken und grenzenlosen Hass« und ergänzt: »Es grenzt an ein Wunder«, dass nur zwei SEK-Beamte verletzt wurden.

Das Buch »*Reichsbürger« im Südwesten. Die Akte Ingo K. aus Bobstadt* zeichnet nach, was am 20. April 2022 geschah. Es beleuchtet die Tat und deren Hintergründe. Denn das brutale Verbrechen hat eine lange Vorgeschichte. Die Tat markierte das Ende einer atemberaubenden, erschreckenden Radikalisierung.

Kapitel 1 thematisiert Ingo K.s Radikalisierung. Er besuchte erst rassistische Versammlungen gegen die Asyl- und Migrationspolitik, dann *Querdenken*-Versammlungen gegen die Corona-Politik. In seinem Radikalisierungsprozess spielte *Telegram* eine Schlüsselrolle. Der Messenger-Dienst versorgte ihn mit allerlei Desinformation und Verschwörungsmythen. Kapitel 2 zeigt die Nähe zwischen *Querdenken* und der *Reichsbürger*-Szene auf. Im Kapitel spricht Michael Blume, Beauftragter der Landesregierung gegen Antisemitismus, über die Radikalisierung und die Rolle antisemitischer Verschwörungsmythen in der Pandemie.

Teil I
**Die Tat vom 20. April 2022**

Ingo K.s Verurteilung
am 15. November 2023
(Quelle: Joachim Roettgers)

In Kapitel 3 rückt Ingo K.s Umzug nach Bobstadt in den Fokus. Nur wenige Monate vor der Tat war er auf den Bauernhof der Familie A. in Bobstadt gezogen. Er und sein Vermieter Heiko A. verschickten *Reichsbürger*-Schreiben an unterschiedliche Behörden. Die Ideologie saugten sie aus Büchern und dem Netz. Mit Matthes Haug widmet sich das Kapitel einer Inspirationsquelle. Der Umzug auf den Bauernhof löste einen erheblichen Radikalisierungsschub bei Ingo K. aus. Denn nun lebte er isoliert und unter Gleichgesinnten. Kapitel 4 beschreibt, wie sich der *Reichsbürger* im Zuge seiner Radikalisierung eine Vielzahl an Waffen beschaffte. Es skizziert das Bestreben der Verwaltung, ihn aufgrund seiner Vorstrafen zu entwaffnen, und der Polizei, die Entwaffnung am Morgen des 20. April 2022 zu vollziehen. Im Detail zeichnet das Kapitel die Geschehnisse vom Öffnen des Grundstückszauns bis zur Festnahme und Erstvernehmung nach.

In Kapitel 5 wird der Tatort Bobstadt mit dem Tatort Georgensgmünd (Bayern) verglichen. 2016 erschoss der *Reichsbürger* Wolfgang Plan im Zuge einer Durchsuchung einen Polizisten. Wie militant die Szene bis heute ist, wird am Beispiel des *Reichsbürger*-Netzwerks *Patriotische Union* um Heinrich XIII. Prinz Reuß deutlich. Auch hier griff ein *Reichsbürger* zur Waffe. Kapitel 6 gibt Einblicke, wie der damalige SWR-Reporter Fabian Siegel den 20. April 2022 erlebte. Er war einer der ersten Journalist:innen vor Ort. Außerdem wirft das Kapitel einen Blick zurück. Denn bereits 2016 und 2020 rückte Bobstadt in den Fokus der Medien. Damals fanden Black-Metal-Konzerte mit rechtsextremen Bands statt. Die Konzerte hatte der damalige Vize-Ortsvorsteher veranstaltet.

In Kapitel 7 erklärt Heidrun Beck, die Bürgermeisterin der Stadt Boxberg, wann und wie sie die Nachricht des eskalierten SEK-Einsatzes erreichte. Außerdem berichtet sie über die gespaltene Stimmung in Bobstadt. Denn die Familie A. versucht, ihre eigene Version der Geschehnisse unters Volk zu bringen. Klar ist: Die Familie hat bis heute Verbündete.

»Kein zweites Boxberg« – so lautet der Titel des letzten Kapitels. Kapitel 8 schaut auf eine Razzia vom September 2023 in Kupferzell. Im Zuge des Verbots der rechtsextremen *Artgemeinschaft* durchsuchte das SEK eine Wohnung. Das Kapitel legt offen, was Ingo K. mit den Durchsuchungen in Kupferzell verbindet.

---

1 Das Urteil vom 15. November 2023 ist noch nicht rechtskräftig (Stand: Herbst 2024). *Bundesanwaltschaft* und Verteidigung legten Revision gegen das Urteil ein. Das bedeutet, der *Bundesgerichtshof* prüft das Urteil auf mögliche Rechtsfehler.

# Kapitel 1
# Die Radikalisierung des Ingo K.

Barfuß steht ein Mann mit grauweißem Vollbart und Pferdeschwanz auf einem gepflasterten Platz. Er trägt ein ärmelloses Hemd und einen schwarzen Rock. Seine Arme sind tätowiert. In seiner linken Hand hält er eine Schamanentrommel, in seiner rechten einen Schlegel. Daneben: ein Mann mit Sonnenbrille und neongelber Warnweste. Schwungvoll klatscht er in die Hände. Dahinter: ein Autoanhänger mit hölzernem Rednerpult und ein aufgespanntes Transparent mit der Aufschrift »Querdenker«.

Das Foto, das in den sozialen Netzwerken verbreitet wurde, ist am 13. Juni 2020 entstanden und hält einen Ausschnitt der *4. Mahnwache für das Grundgesetz* fest.[1] Die Versammlung, organisiert von *Querdenken 793 – Bad Mergentheim*, fand auf dem Deutschordenplatz statt. Der Platz liegt inmitten der Altstadt von Bad Mergentheim, unmittelbar vor dem historischen Residenzschloss.

Großflächig war die Mahnwache mit rotweißem Flatterband abgesperrt. Am Rande des Platzes saßen Einheimische und Auswärtige in Cafés. An der Versammlung nahmen rund 60 Menschen teil.[2] Mehrere Redner:innen teilten gegen die Corona-Politik aus – und mittendrin stand der Mann mit der Trommel: Ingo K., der damals 52 Jahre alt war und in Niederstetten-Rüsselhausen im Main-Tauber-Kreis wohnte.

Ingo K. stammt aus Plauen, einer sächsischen Kleinstadt in der ehemaligen DDR.[3] 1987 machte seine Mutter eine Reise in den Westen, um ihre Verwandtschaft in Bottrop (Nordrhein-Westfalen) zu besuchen. Aus ihrer Reise wurde ihre Ausreise. Er beschloss, einen Ausreiseantrag zu stellen. 22 Jahre war Ingo K. alt, als sein Antrag im Juni 1989 bewilligt wurde. Daraufhin verließ er die DDR und folgte seiner Mutter nach Bottrop. Doch rasch zog es ihn in den Süden, da seine damalige Partnerin in Braunsbach im Landkreis Schwäbisch Hall wohnte.

Ingo K. – der bereits mit acht Jahren begann, erst Judo, dann Karate zu trainieren – eröffnete ein Kampfsportstudio in Öhringen im Hohenlohekreis. Bereits nach zwei Jahren ging das Studio insolvent. An verschiedenen Orten versuchte er im Laufe der Zeit, ein erfolgreiches Unternehmen zu führen. Ohne Erfolg. Ingo K. scheiterte nicht nur im Beruflichen, sondern auch im Privaten. Er ist mehrfach geschieden und wurde mehrfach verurteilt.

Ingo K. nahm gemeinsam mit Robert V. aus Schwäbisch Hall an der Mahnwache in

»Querdenken«-Mahnwache am 13. Juni 2020 in Bad Mergentheim (Quelle: Telegram Screenshot)

Kapitel 1
Die Radikalisierung des Ingo K.

Bad Mergentheim teil. Die beiden sind langjährige Weggefährten.⁴ V. betreibt ein *Mahnmal gegen das Vergessen* mit einer *Leine des Grauens*. Das *Mahnmal*, das an die Opfer der deutschen Asyl- und Migrationspolitik erinnern will, zeigt schwarze Hände mit Blutspuren. Die Botschaft, die V. mit dem *Mahnmal* vermittelt, ist klar: Schwarze Menschen seien kriminell, seien Mörder, Räuber, Vergewaltiger. Diese Botschaft ist rassistisch.

An der *Leine des Grauens* hängen Hunderte Zettel. Sie sollen dokumentieren, was einst ein AfD-Politiker mit der Hetzparole »Masseneinwanderung heißt auch Messereinwanderung« beschrieb⁵: dass Asylsuchende einen Hang zu brutaler Gewalt hätten. Sowohl im Netz als auch auf der Straße sucht V. die Öffentlichkeit. So präsentierte er sein Mahnmal samt Leine auf dem Deutschordenplatz. Er nutzte die Bühne, um eine Rede zu halten und die Stimmung anzuheizen.⁶

So rechnete er in seiner Rede vor, wie viele und welche Straftaten die eingewanderten Menschen in der Bundesrepublik begehen und wie hoch der Anteil jener Menschen in deutschen Gefängnissen ist. In seiner Rede behauptete V., die politisch Verantwortlichen würden die Verbrechen »unter den Tisch kehren«. Aufrührerisch verkündete er am Ende: »Wir sind in einer historischen Zeit. Zeit, eine Entscheidung zu treffen. Für die Freiheit oder für die Knechtschaft.« Noch während der Versammlung verließ die Hälfte aller Teilnehmer:innen den abgesperrten Platz.⁷

Im *Telegram*-Chat von *Querdenken 793 – Bad Mergentheim*, in dem die Mahnwachen organisiert wurden, entbrannte harsche Kritik.⁸ »Guten Morgen, ich habe gestern die Demo verlassen«, schrieb eine Frau. »Ich wohne keiner Demo bei, auf der gegen Immigranten gehetzt wird!!!« Sie erntete Widerspruch, aber bekräftigte, die Rede habe »auf einer Demo für Frieden und Freiheit nichts zu suchen«. Eine Mitstreiterin kommentierte: »Also ich fand mich gestern auch fehl am Platz.« Ihr Resümee: »War keine gute Werbung für ›Querdenken‹.« Ein Mann ergänzte: »Meiner Meinung nach war das ›taktisch‹ unklug, ihn reden zu lassen.« Für die Presse sei die Rede ein »gefundenes Fressen« gewesen.

Vor Gericht behauptet Ingo K. später, er selbst habe bloß eine Viertelstunde an der Versammlung teilgenommen, um »für die Mannschaft« zu trommeln.⁹ Wiederholt erklärt er, die Mahnwache vom 13. Juni 2020 sei seine einzige *Querdenken*-Mahnwache in Bad Mergentheim gewesen. Doch das ist gelogen. Beispielsweise besuchte er mit V. auch die *2. Mahnwache für das Grundgesetz*.¹⁰ Die Versammlung fand am 16. Mai 2020 vor dem Alten Rathaus statt. Im grauen Polohemd und in knielanger Wanderhose stand V. auf einem Nachtschränkchen und hielt eine kurze Rede. »Ich bin stolz auf euch«, posaunte er in das Mikrofon, »dass ihr euch endlich traut, auf die Straße zu gehen«.¹¹

Als dieser seine Rede beendete, trat Ingo K. in einer grellen Ordnerweste an das Schränkchen, um das Mikrofon entgegenzunehmen. Auch er, mit Sonnenbrille in den Haaren und seiner Trommel in der Hand, sprach im Laufe der Versammlung. Die beiden hatten Routine: Schon damals, als die *Querdenken*-Mahnwa-

Brandanschlag
vom 17. November 2016
in Pfedelbach
(Quelle: Hohenloher Zeitung)

Demonstration vom
3. März 2018 in Kandel
(Quelle: Alex Wißmann)

chen stattfanden, konnten sie auf unzählige Demonstrationen zurückblicken. Beispielsweise hatten sie an rechtsextremen Versammlungen in Öhringen im Hohenlohekreis und in Kandel (Rheinland-Pfalz) teilgenommen.[12] Die Demonstrationen hatten *ein* Thema: die Einwanderung. Das Thema brachte Besorgte, Empörte, Verängstigte mit AfD, Neonazis und *Reichsbürgern* zusammen.

Ab 2015 protestierte *Hohenlohe wacht auf*, eine Art regionaler PEGIDA-Ableger,[13] in Öhringen. Mit seinen Reden prägte V. die Versammlungen. Regelmäßig trat er auf, um gegen die angebliche »Islamisierung« zu wettern. Auf Worte folgten Taten im Hohenlohekreis: Am 17. November 2016 zündeten Unbekannte eine Asylunterkunft in Pfedelbach an.[14] Nur zwei Monate später, am 19. Januar 2017, brannte eine Unterkunft in Neuenstein.[15] Schnell wurden die beiden Täter im Falle der zweiten Brandstiftung gefasst. Die Männer waren bei *Hohenlohe wacht auf* aktiv.[16] Als *Hohenlohe wacht auf* am 8. September 2018 mit der *Leine des Grauens* durch die Öhringer Innenstadt zog, stand Ingo K. mit seinem Hund am Rande des Protestzugs – denn das Führen von Hunden war untersagt.[17]

Ab 2018 protestierte *Kandel ist überall*, eine Initiative der AfD-Politikerin Christina Baum aus dem Main-Tauber-Kreis, in Kandel. In ihrem *Manifest* forderte *Kandel ist überall* »den sofortigen Stopp jedweder Zuwanderung nach Deutschland«.[18] Man instrumentalisierte ein Verbrechen: Ein afghanischer Migrant hatte Ende 2017 seine deutsche Ex-Freundin in der südpfälzischen Kleinstadt getötet. »Liebe Freunde, ich bin überwältigt«, rief Baum am 3. März 2018 auf der Bühne.[19] »Das macht mir Hoffnung, Hoffnung, dass Deutschland doch noch nicht verloren ist!« An der Demonstration nahmen mehr als 4.000 Menschen teil. Ein Foto zeigt Ingo K. mit einer türkisfarbenen Gesichtsbemalung und seiner Trommel.[20]

Ob er bloß ein friedlicher Trommler war, ist fraglich. Denn an der Demonstration vom 24. März 2018 vermummte er sein Gesicht und trug Handschuhe mit Schutzprotektoren. Das Tragen derartiger Handschuhe ist im Rahmen einer öffentlichen Versammlung strikt untersagt und fällt unter das Waffenrecht. Deshalb zog die Polizei die Handschuhe ein und erstattete Anzeige. Im Juni 2018 fiel das Urteil: Das *Amtsgericht Kandel* verhängte gegen Ingo K. eine Geldstrafe von 1.800 Euro.[21]

In der Corona-Pandemie blickte er mit Ernüchterung auf die Demonstrationen zurück. Offenbar schrieb er im *Telegram*-Chat von *Querdenken 793 – Bad Mergentheim*: »Ich geh jetzt seit fünf Jahren auf Demo und es war immer das gleiche Ergebnis … Infiltration … Zersetzung … Spaltung … Ende«.[22] Die Ernüchterung kam im Zuge seiner Radikalisierung auf. Mit den Protesten gegen die Asyl- und Migrationspolitik setzte die Radikalisierung ein, mit den Protesten gegen die Corona-Politik spitzte sie sich zu. Ingo K. erlebte mit dem Ausbruch der Pandemie und den *Querdenken*-Mahnwachen in Bad Mergentheim einen erheblichen Radikalisierungsschub.[23]

Die Radikalisierung fand Ausdruck in seinem Alltag: Fast täglich ging er mit seiner Nachbarin und den Hunden in Rüsselhausen spazieren. Einmal behauptete er, in FFP2-Masken seien Würmer.[24] Auf die Frage der Nachbarin, warum Würmer in den Masken sein sollten, zuckte er mit den Schultern. Dann entgegnete er, die Würmer würden in die Atemorgane eindringen und die Menschen krankmachen. Ingo K. lehnte das Tragen einer FFP2-Maske ab. »Das hält man nicht aus«, klagte er und verwies auf seine Asthma-Erkrankung.[25] Durch seine Weigerung, eine Maske zu tragen, verlor er einen Arbeitsplatz in einer Firma. Nicht nur die Maske, auch die Impfung lehnte er ab. Sein Sohn Marco S., der aufgrund einer psychischen Erkrankung in einer Wohngruppe in Schwäbisch Hall untergebracht war, musste gegen Covid-19 geimpft werden, um bleiben zu dürfen. »Ich bin von dieser Impfung nicht begeistert«, schildert Ingo K. vor Gericht.[26] Denn sie sei »nie getestet« worden. So entschied er, seinen Sohn aus der Wohngruppe zu nehmen.

Im Prozess sagt die Nachbarin, Ingo K. sei ein »sehr ruhiger Mensch«.[27] Ihr Ehemann bestätigt, er sei »aufgeschlossen« und »freundlich«. Auch der Vermieter pflichtet bei, er sei »freundlich« und »hilfsbereit«.[28] Aber: Für Ingo K. seien *Chemtrails* ein Thema gewesen. *Chemtrails* – das Wort ist eine Zusammensetzung aus Chemicals (Chemikalien) und Contrails (Kondensstreifen). Hinter dem Wort steckt der Glaube, Flugzeuge würden giftige Chemikalien versprühen, um Frauen unfruchtbar zu machen und die Menschheit zu reduzieren. Einmal habe er in den Himmel geschaut und gesagt: »Sie sprühen wieder!« Als er im Sitzungssaal mit der Verschwörungserzählung konfrontiert wird, bekräftigt er seine Haltung.[29] Ein Bekannter berichtet ebenfalls, Ingo K. habe über *Chemtrails* gesprochen.[30] Das Gift werde in den Treibstoff gemischt, um der Menschheit zu schaden.

Neben *Chemtrails* habe er auch über Bunker in Ostdeutschland erzählt.[31] In geheimen Bunkern würden »Millionen arabischer Flüchtlinge« versteckt, um sie »auf einen Schlag« auf die Deutschen »loszulassen«. Daher wolle er mit Freund:innen in den Osten fahren, um nach Bunkern zu suchen. Das habe er durchaus ernst gemeint. Er habe ihm gar angeboten, an der Fahrt teilzunehmen. Doch das Angebot schlug der Bekannte aus. Ingo K. behauptet jedoch, all das sei »Sarkasmus« gewesen.[32] »Mein sächsischer Humor wird nicht immer verstanden«, ergänzt der gebürtige Plauener. Eine ehemalige Arbeitskollegin schildert Gegenteiliges: Vor Gericht sagt sie, er sei »extrem überzeugt« gewesen.[33] So habe er gefragt, ob sie schon einmal im *McDonalds* gegessen habe. Als sie die Frage bejahte, habe er behauptet, »die Juden« würden Kinder schlachten und das Fleisch in *McDonalds*-Filialen verkaufen. Diese Erzählung fußt auf der Ritualmordlegende.[34] Schon im Mittelalter wurde Jüdinnen:Juden unterstellt, sie würden christliche Kinder töten, um deren Blut zu trinken. Eindrücklich beschrieb die ehemalige Arbeitskollegin gegenüber *Spiegel TV*, wie schockiert Ingo K. war, als er erfuhr, dass sie mit ihren Kindern im *McDonalds* gegessen hatte.[35]

Ingo K. erzählt im Prozess, er habe sich, da er am Empfang einer Firma arbeitete und viel Zeit hatte, »durch die Geschichte gewühlt«.[36] Sich »interessehalber« mit Verschwörungsmythen befasst. Stets habe er »mit Leuten drüber reden« wollen, doch habe er »keine Stellung bezogen«. Nie habe er gesagt, dass das, was er gegenüber Bekannten erzählte, auch stimmen würde. Er »provoziere« und »verarsche« bloß gerne. Aber seine Nachbarschaft hat andere Erfahrungen gemacht. Die Nachbar:innen finden klare Worte im Sitzungssaal.[37] Eine Nachbarin sagt, man habe »in verschiedenen Welten gelebt«. Ursache seien Videos, die Ingo K. in *Telegram*-Kanälen angeschaut und verbreitet hatte, gewesen. Offenbar war *Telegram* seine antreibende »Radikalisierungsmaschine«.[38] Ein Nachbar berichtet, man habe »kein normales Gespräch« führen können. Denn Ingo K. habe »keine Gelegenheit ausgelassen, seine politischen Ansichten zu äußern«. Durch die Gespräche gelangten die kruden Inhalte der *Telegram*-Videos aus dem digitalen in den analogen Raum.

## Kapitel 1
### Die Radikalisierung des Ingo K

1 Facebook-Seite *mahnmalgegendasvergessen* vom 13.06.2020. https://www.facebook.com/photo/?fbid=560452384667151&set=pcb.560452468000476 (aufgerufen am 01.10.2024).
2 Sascha *Bickel*: Rund 60 Teilnehmer bei Demo. 2020. https://www.fnweb.de/orte/bad-mergentheim_artikel,-bad-mergentheim-rund-60-teilnehmer-bei-demo-_arid,1650916.html (aufgerufen am 01.10.2024).
3 Teil II, 2. Prozesstag.
4 Teil II, 17. Prozesstag.
5 Deutscher Bundestag: Stenografischer Bericht, 24. Sitzung, Plenarprotokoll 19/24. 2018. https://dserver.bundestag.de/btp/19/19024.pdf (aufgerufen am 01.10.2024).
6 Facebook-Seite *robert.einzelfalle* vom 14.06.2020. https://www.facebook.com/100030624969893/videos/297597704604393/ (aufgerufen am 01.10.2024).
7 Sascha *Bickel*: Rund 60 Teilnehmer bei Demo. 2020. https://www.fnweb.de/orte/bad-mergentheim_artikel,-bad-mergentheim-rund-60-teilnehmer-bei-demo-_arid,1650916.html (aufgerufen am 01.10.2024).
8 Telegram-Kanal *querdenken793* vom 14.06.2020.
9 Teil II, 22. Prozesstag.
10 Facebook-Seite *mahnmalgegendasvergessen* vom 16.05.2020. https://www.facebook.com/mahnmalgegendasvergessen/photos/pb.100067482900571.-2207520000/544233912955665/?type=3 (aufgerufen am 01.10.2024).
11 Facebook-Seite *robert.einzelfalle* vom 17.05.2020. https://www.facebook.com/robert.einzelfalle/videos/280089946355169/ (aufgerufen am 01.10.2024).
12 Timo *Büchner*: Angeklagter Reichsbürger tummelte sich auf Nazidemos. 2023. https://www.zeit.de/gesellschaft/zeitgeschehen/2023-05/ingo-k-prozess-reichsbuerger-naziaufmarsch (aufgerufen am 01.10.2024). – Timo *Büchner*: Ein Hilferuf von Ingo K. geht nach Hall – während der Schießerei. 2023. https://www.swp.de/lokales/crailsheim/reichsbuerger-prozess-in-stuttgart-ingo-k.-ruft-einen-mann-in-schwaebisch-hall-um-hilfe-70995667.html (aufgerufen am 01.10.2024).
13 Andreas *Speit*: Bürgerliche Scharfmacher. Deutschlands neue rechte Mitte – von AfD bis Pegida. Zürich 2016. – Anmerkung: PEGIDA (*Patriotische Europäer gegen die Islamisierung des Abendlandes*) entstand im Herbst 2014 in Dresden (Sachsen). Am 20. Oktober 2014 machte die rechtsextreme Gruppierung einen »Abendspaziergang«, um gegen die Asyl- und Migrationspolitik und die angebliche »Islamisierung« in Deutschland und Europa zu protestieren. Es folgten regelmäßige Proteste – nicht nur in Dresden, sondern bundesweit.
14 N. N.: Geplantes Flüchtlingsheim nach Feuer unbewohnbar. 2016. https://www.stimme.de/polizei/hohenlohe/geplantes-fluechtlingsheim-nach-feuer-unbewohnbar-art-3743853 (aufgerufen am 01.10.2024) – Andrea *Röpke*: 2018 Jahrbuch rechte Gewalt. Chronik des Hasses. Hintergründe, Analysen und die Ereignisse 2017. München 2018, S. 72.
15 Heike *Kinkopf*: Feuer in geplanter Flüchtlingsunterkunft Neuenstein. 2017. https://www.stimme.de/polizei/hohenlohe/feuer-in-geplanter-fluechtlingsunterkunft-neuenstein-art-3781043 (aufgerufen am 01.10.2024).
16 Timo *Büchner*: Aus Protest wurde Brandstiftung. 2022. https://www.zeit.de/gesellschaft/zeitgeschehen/2022-01/brandanschlaege-asylunterkuenfte-hohenlohekreis-baden-wuerttemberg (aufgerufen am 01.10.2024).
17 Timo *Büchner*: Ein Hilferuf von Ingo K. geht nach Hall – während der Schießerei. 2023. https://www.swp.de/lokales/crailsheim/reichsbuerger-prozess-in-stuttgart-ingo-k.-ruft-einen-mann-in-schwaebisch-hall-um-hilfe-70995667.html (aufgerufen am 01.10.2024).
18 Facebook-Seite *Kandelistueberall* vom 03.03.2018. https://www.facebook.com/Kandelistueberall/posts/pfbid0c2CVUnmMUj3Hmh-XN2rFCrBnRNPbPBkNi3gZMxb6ikzHSaW37a2UdArAwrE39Xk5El (aufgerufen am 01.10.2024).
19 YouTube-Kanal *rufusmovie* vom 05.03.2018. https://www.youtube.com/watch?v=bzMCWpHu1uI (aufgerufen am 01.10.2024)
20 Timo *Büchner*: Angeklagter Reichsbürger tummelte sich auf Nazidemos. 2023. https://www.zeit.de/gesellschaft/zeitgeschehen/2023-05/ingo-k-prozess-reichsbuerger-naziaufmarsch (aufgerufen am 01.10.2024).
21 Teil II, 3. Prozesstag.
22 Telegram-Kanal *querdenken793* vom 22.05.2020.
23 Teil II, 27. Prozesstag.
24 Teil II, 9. Prozesstag.
25 Teil II, 2. Prozesstag.
26 Ebd.
27 Teil II, 9. Prozesstag.
28 Teil II, 13. Prozesstag.
29 Teil II, 2. Prozesstag.
30 Teil II, 5. Prozesstag.
31 Ebd.
32 Teil II, 2. Prozesstag.
33 Teil II, 21. Prozesstag.
34 Rainer *Erb*: Drittes Bild: Der ›Ritualmord‹. In: Antisemitismus. Vorurteile und Mythen. Hg. von Joachim Schlör und Julius H. Schoeps. München 1996, S. 74–79.
35 YouTube-Kanal *derspiegel* vom 12.12.2023. https://www.youtube.com/watch?v=x9Qcy7Blon8 (aufgerufen am 01.10.2024).
36 Teil II, 3. Prozesstag.
37 Teil II, 9. Prozesstag.
38 Julia *Ebner*: Radikalisierungsmaschinen. Wie Extremisten die neuen Technologien nutzen und uns manipulieren. Berlin 2019. – Pia *Lamberty* und Katharina *Nocun*: Fake Facts. Wie Verschwörungstheorien unser Denken bestimmen. Berlin 2020.

# Kapitel 2
# Reichsfantasien von »Querdenken«

»Querdenken«-Protest vom 25. April 2020 in Stuttgart (Quelle: picture alliance/dpa, Christoph Schmidt)

Als die Corona-Pandemie im Frühjahr 2020 ausbrach, gründete Michael Ballweg, damals Mitte 40, die Initiative *Querdenken 711 – Stuttgart* und organisierte Versammlungen gegen die Corona-Politik. Am 18. April 2020 fand die erste Versammlung in Stuttgart statt.[1] 80 Menschen kamen auf den Schlossplatz. Nur drei Wochen später protestierten 15.000 Menschen auf dem Cannstatter Wasen. Während die Versammlungen rasant wuchsen, gründeten sich allerlei regionale *Querdenken*-Ableger. Wie Pilze schossen die Ableger aus dem Boden. So entstand auch *Querdenken 793 – Bad Mergentheim*.

Die bundesweite Organisierung des *Querdenken*-Netzwerks erfolgte rasch. Doch ebenso rasch stagnierten die Proteste. »Wir finden, es ist Zeit, dass wir uns nach neuen Möglichkeiten und anderen Strategien umsehen«, verkündete Michael Ballweg am 10. November 2020 in einer E-Mail.[2] Was die »neuen Möglichkeiten« und »anderen Strategien« sein sollten, ließ Ballweg offen. Er kündigte lediglich an, er wolle »zu einem ganz besonderen Zusammentreffen einladen«, und bat, über die Einladung und das Treffen zu schweigen. »Bitte behandelt diese Einladung vertraulich«, betonte er. Die E-Mail erreichte mehr als 100 Aktivist:innen der *Querdenken*-Szene, rund 70 nahmen die Einladung an.[3] Fast die Hälfte aller Zusagen kam aus Baden-Württemberg.

Das Zusammentreffen fand am 15. November 2020 in einem Restaurant in Saalfeld (Thüringen) statt. Am Eingang des *Hacienda Mexicana* stand ein Hinweisschild: »Mit dem Betreten der Räumlichkeiten sind Sie temporärer Staatsangehöriger des Königreiches Deutschland.«[4] Das, was Ballweg in der Einladung angekündigt hatte, war das »erste konspirative Treffen« zwischen *Querdenken* und *Königreich Deutschland* (KRD). Das KRD ist mit mehreren Tausend Mitgliedern der größte Zusammenschluss der – äußerst heterogenen – *Reichsbürger*-Szene.

Diese Szene eint die Überzeugung, die Bundesrepublik Deutschland habe weder einen Friedensvertrag noch eine Verfassung und werde bis heute von den Alliierten besetzt. Laut *Bundesamt für Verfassungsschutz* sind derzeit rund 25.000 *Reichsbürger* in Deutschland aktiv.[5] Alleine im Südwesten zählt das baden-württembergische Landesamt etwa 4.000 *Reichsbürger*.[6] Längst ist das Ländle ein Hotspot der Szene. Neben dem KRD sind Gruppierungen wie *Bismarcks Erben*, *Indigenes Volk Germaniten* und die *Kommissarische Reichsregierung* tätig.[7] Bis zu ihrem Verbot im Frühjahr 2020 war auch die Gruppierung *Geeinte deutsche Völker und Stämme* in Baden-Württemberg aktiv.[8]

Das KRD wurde 2012 in der Lutherstadt Wittenberg (Sachsen-Anhalt) gegründet.

Die »Gründungsurkunde« des KRD (Quelle: Screenshot)

Rund 650 Anhänger:innen hatten an der Gründung des fiktiven Staates teilgenommen. Ein Video, das im Netz kursiert, dokumentiert die feierliche Zeremonie.[9] Es zeigt den Gründer Peter Fitzek, damals Ende 40, im purpurroten Samtmantel. Theatralisch werden ihm eine Krone, ein Schwert und ein »Reichsapfel« überreicht. Dann verliest er die *Gründungsurkunde* des KRD. Das Ziel sei, »den Deutschen nach über 60 Jahren eine Heimat in wahrer Freiheit zu geben«. Daher gründe er »einen neuen deutschen Staat«. Eine »Heimstatt für alle Deutschen«. Die Urkunde trägt die Unterschrift des *Obersten Souveräns*. Sein Name: *König Peter I.*

Weil die Teilnehmer:innen gegen Auflagen der Corona-Verordnung verstießen, löste die Polizei das Treffen zwischen *Querdenken* und KRD auf. *Querdenken 711 – Stuttgart* behauptete später, es sei bloß ein »Arbeitstreffen« gewesen.[10] Und: Fitzek sei gar kein *Reichsbürger*, sondern stehe »auf dem Boden des Grundgesetzes«. Das Treffen soll Christa-Maria E., damals Mitte 20, organisiert haben.

Vor der Pandemie hatte sie als jüngste Schützenkönigin ihrer Heimatstadt Buchen im Neckar-Odenwald-Kreis für Aufsehen gesorgt. Im Hotel *Reichsadler* war ihr die *Königskette* übergeben worden.[11] Mit Beginn der Pandemie besuchte sie die *Querdenken*-Versammlungen in Stuttgart. Sie wurde zunächst Ordnerin, dann Rednerin und schließlich Organisatorin in Ballwegs Initiative. Am 3. November 2020, etwa zwei Wochen vor dem »Arbeitstreffen«, trat Christa-Maria E. mit dem *Querdenken*-Initiator ins KRD ein.[12]

»Das ist ja mal eine Neuigkeit«, frohlockte ein Anhänger des fiktiven Staates.[13] »Ballweg & Co. sind Staatszugehörige!!!« Er teilte Ballweg per E-Mail mit: »Vielen Dank für Deinen so großartigen Einsatz im Sinne der Souveränitätsentwicklung der Menschen, die hier im ›BRD-Raum‹ leben!!!« *Reichsbürger* sind überzeugt, Deutschland brauche eine Verfassung, um Souveränität zu erlangen. Hier werden Schnittmengen mit Akteur:innen der *Querdenken*-Szene deutlich: Christa-Maria E. behauptete in einem Gespräch, »rechtlich gesehen« sei Deutschland »noch ein besetztes Land«.[14] Im Interview mit dem rechtsextremen *Compact*-Magazin forderte sie, die Deutschen bräuchten eine »eigene Verfassung«.[15] Großspurig ergänzte sie: »Endlich mal, nach 70 Jahren«. Indes versuchte Michael Ballweg, eine »verfassungsgebende Versammlung« ins Leben zu rufen. In einer Rede ermutigte er die Menschen, »nach Berlin zu kommen und gemeinsam mit uns an einer neuen Verfassung zu arbeiten«.[16]

Stephan Bergmann, der damalige Sprecher von *Querdenken 711 – Stuttgart*, äußerte in einem Interview, das Grundgesetz sei lediglich »Besatzungsrecht«.[17] Die Deutschen hätten das Recht, eine »eigene Verfassung« zu beschließen. Bergmann, damals Mitte 40, hatte bereits 2016 einen Verein namens *Primus Inter Pares* in Schorndorf im Rems-Murr-Kreis mitgegründet.[18] Der Verein wird seit Jahren vom *Landesamt für Verfassungsschutz Baden-Württemberg* beobachtet.[19] Er wird sowohl der *Reichsbürger*-Szene als auch der extremen Rechten zugeord-

Kapitel 2
Reichsfantasien von »Querdenken«

Michael Blume, Beauftragter der Landesregierung gegen Antisemitismus (Quelle: Linda Roth)

net. Bergmann räumte ein, Gründungsmitglied des Vereins zu sein, aber behauptete zugleich, er sei bloß eingesprungen.[20] Trotz seiner Nähe zur *Reichsbürger*-Szene kritisierte Bergmann das Treffen mit dem KRD. Die Kritik hatte strategische Gründe. So teilte er die Auffassung, mit dem Geheimtreffen habe Ballweg die »deutsche Demokratiebewegung dem Verfassungsschutz zum Fraß vorgeworfen«.[21] Tatsächlich dürfte das Treffen die Haltung des Landesamtes gestärkt haben, das *Querdenken*-Netzwerk ins Visier zu nehmen.

Denn kurze Zeit später erklärte die Behörde, *Querdenken 711 – Stuttgart* und seine regionalen Ableger zu beobachten.[22] Die Beobachtung betreffe ausschließlich die »Organisationsstrukturen«. Es hieß, zum einen seien »maßgebliche Akteure« der *Reichsbürger*-Szene zuzuordnen, zum anderen sei eine intensive Zusammenarbeit mit *Reichsbürgern* und Rechtsextremen festzustellen. Der baden-württembergische Innenminister Thomas Strobl nannte die Zusammenarbeit eine »unheilvolle Allianz«.[23] Die Allianz war Folge einer Entgrenzung und Radikalisierung des *Querdenken*-Milieus. In einer Studie der Universität Basel, die Ende 2021 erschien und die Einstellungen des Milieus in Baden-Württemberg beleuchtete, schrieben Nadine Frei und Oliver Nachtwey, die Bewegung komme »eher von links« und bewege sich »nach rechts«.[24] Viele seien antiautoritär und kosmopolitisch geprägt, aber rechtsoffen.[25] So liefen Esoteriker:innen und Friedensaktivist:innen mit Neonazis und *Reichsbürgern*. Sie schwenkten Regenbogen- neben Reichsflaggen.

Wie Frei und Nachtwey hat sich Michael Blume, der Beauftragte der baden-württembergischen Landesregierung gegen Antisemitismus, mit *Querdenken* beschäftigt. Blume, der Politik- und Religionswissenschaften in Tübingen studierte, übt das Amt des Beauftragten seit 2018 aus. In der Corona-Pandemie beobachtete er die Radikalisierung des *Querdenken*-Milieus und die Rolle antisemitischer Verschwörungsmythen. Er sagt, eine Krise wie die Pandemie werfe komplexe Fragen auf. Feindbilder, etwa Bill Gates, Christian Drosten oder Karl Lauterbach, lieferten simple Antworten. Es heiße, »die da oben« wollen Böses, wollen »die Deutschen« versklaven und vernichten. Die Reichen und Mächtigen wollen einen »Great Reset«. Einen großen Neustart.

Er berichtet, die Pandemie habe gezeigt, wie schnell der Freund-Feind-Dualismus in den antisemitischen Glauben einer globalen Verschwörung mündet. Häufig sei er gefragt worden, ob Drosten, der Direktor des Instituts für Virologie der Berliner Charité, jüdisch sei. Man habe behauptet, »der muss ein Jude sein«. Blume sagt: »Antisemitismus, die Judenfeindschaft, wird seit Jahrhunderten tradiert. In der Pandemie haben wir erneut gesehen, wie fest der Glaube an eine jüdische Weltverschwörung in den Köpfen vieler Menschen verankert ist.« Er nennt *QAnon*, eine antisemitische Verschwörungsideologie aus den USA. *QAnon* besagt, eine pädophile Elite des *Deep State* entführe, foltere und töte Kinder, um aus ihrem Blut ein Stoffwechselprodukt namens Adrenochrom zu gewinnen. Der Konsum des Produkts diene der Verjüngung. Die *QAnon*-Ideologie knüpft an die Ritualmordlegende an;

im Mittelalter wurde behauptet, Jüdinnen:Juden würden christliche Kinder töten, um ihr Blut zu trinken. Das bekannteste Sprachrohr, das die *QAnon*-Ideologie während der Pandemie in Deutschland verbreitete, war Xavier Naidoo.[26] Der Sänger der *Söhne Mannheims*, damals ein Anhänger der *Reichsbürger*-Szene, erreichte Hunderttausende Verschwörungsgläubige über seinen *Telegram*-Kanal. So wurden die sozialen Medien zum Katalysator antisemitischer Verschwörungsmythen. Bis heute ist die *QAnon*-Ideologie, gerade unter *Reichsbürgern*, stark verbreitet.

Das *Center für Monitoring, Analyse und Strategie* (CeMAS) veröffentlichte im Frühjahr 2022 eine Studie zum Protest gegen die Corona-Politik. Ein Ergebnis der Studie lautete: Wer *Telegram* als Informationsquelle nutzt, »glaubt eher an Verschwörungen und ist eher bereit zu protestieren«.[27] Die Radikalisierung des *Querdenken*-Milieus, die insbesondere im digitalen Raum stattfand, war eine Radikalisierung der Gedanken und der Sprache. Eine Enthemmung und Verwahrlosung, fernab jeder Realität. So lautet ein weiteres Ergebnis: Fast 40 Prozent der Befragten mit einer hohen Protestbereitschaft sind der Überzeugung, die Politik gegen die Corona-Pandemie sei mit der Zeit des Nationalsozialismus vergleichbar.[28] Ein Beispiel, wie die Gleichsetzungen aussahen, lieferte Stephan Bergmann in seinem *Telegram*-Kanal.[29] Er postete zwei Fotos: Das eine zeigt die Fassade eines Geschäfts. An der Fassade steht »Ungeimpfte unerwünscht«. Das andere zeigt ein Schild aus dem Nationalsozialismus. Auf dem Schild steht »Juden werden hier nicht bedient«. Bergmann kommentierte die beiden Fotos mit den Worten: »Was in Deutschland gerade passiert, ist unwürdig, unmenschlich und kaum zu glauben. Die Impffetischisten sind die neuen Nazis.«

Derartige Gleichsetzungen wurden reihenweise verbreitet. Sie ließen jedweden Anstand vermissen. So machte ein gelber Stern mit der Aufschrift »Ungeimpft« die Runde. Der Stern erinnerte an den *Judenstern* aus dem Nationalsozialismus. Alle Menschen, die nach den *Nürnberger Rassegesetzen* als jüdisch galten, mussten ab 1941 einen gelben Stern mit der Aufschrift »Jude« tragen. Wer den *Judenstern* trug, wurde diskriminiert und verfolgt. Mit dem Stern wurden die Menschen in die Ghettos und Konzentrationslager deportiert. Der *Judenstern* war ein Teil der Shoah, der millionenfachen Judenvernichtung im Nationalsozialismus. Hierzu merkte Josef Schuster, der Präsident des *Zentralrats der Juden in Deutschland*, im Buch »Fehlender Mindestabstand« (2021) an: »Ich kenne einige alte Menschen, die diesen Stern damals tragen mussten. Ich kenne auch Menschen, die Jahre im Versteck ausharren mussten. Menschen, die als Einzige ihrer Familie überlebt haben. […] Ich wäre froh, wenn sie diese widerliche Instrumentalisierung ihrer Schicksale auf den Demonstrationen gar nicht mitbekommen würden!«[30]

Nadine Frei und Oliver Nachtwey schrieben in ihrer Studie zum *Querdenken*-Milieu in Baden-Württemberg, die Protestierenden seien Expert:innen und Widerstandskämpfer:innen zugleich.[31] Als Expert:innen kennen sie die Wahrheit, als Widerstandskämpfer:innen halten sie – auch öffentlich – an der Wahrheit fest. In der festen Überzeugung, Widerstand gegen eine Diktatur zu leisten, waren allerlei Gleichsetzungen mit dem Widerstand gegen Hitlers Diktatur festzustellen. Gleichsetzungen mit der *Weißen Rose* waren besonders präsent. Die *Weiße Rose* hatte in den frühen 1940er-Jahren mehrere Flugblätter verfasst. Als Hans und Sophie Scholl im Februar 1943 das sechste Flugblatt in der Münchener Universität verteilt hatten, wurden sie verhaftet. Wenige Tage später wurden die Geschwister Scholl enthauptet.

Eine Versammlung, die am 22. August 2020 in Forchtenberg im Hohenlohekreis stattfand, zeigt das Ausmaß der Gleichsetzungen.[32] Die Kleinstadt ist der Geburtsort von Sophie Scholl. Sie wurde 1921 im Rathaus geboren. Heute erinnert eine Büste, die im Eingangsbereich des Rathauses steht, an den Mut der jungen Frau. In der Einladung teilte *Querdenken 713 – Heilbronn* mit, man veranstalte die Kundgebung »zu Ehren der Weißen Rose«. Rund 250 Menschen folgten der Einladung, sie kamen auf den Sportplatz der Geschwister-Scholl-Schule. Der Anmelder der Versammlung erklärte, *Querdenken* protestiere »gegen einen totalitären Staat«. Derweil stellte die Moderatorin klar: »Ich möchte uns nicht mit dem Dritten Reich vergleichen. Unsere Regierung ist nicht die Hitler-Regierung.« Doch einen Moment später berichtete die Frau, sie sei in der Corona-Pandemie »zwangspolitisiert« worden, und ergänzte: »Ein bisschen wie Sophie Scholl.« Die Moderatorin verschenkte weiße Rosen, immer wieder las sie aus einem Buch über die *Weiße Rose* vor.

Sie zitierte das erste Flugblatt: »Nichts ist eines Kulturvolkes unwürdiger, als sich ohne Widerstand von einer verantwortungslosen und dunklen Trieben ergebenen Herrscherclique ›regieren‹ zu lassen.« Das Zitat endete mit den Worten: »Wenn die Deutschen, so jeder Individualität bar, schon so sehr zur geistlosen und feigen Masse geworden sind, dann, ja dann verdienen sie den Untergang.« Die Moderatorin stellte das Zitat in den Kontext des *Querdenken*-Protests, um Assoziationen zwischen Damals und Heute zu erzeugen. Dass Assoziationen geweckt wurden, offenbarte die anschließende Rednerin. Lautstark behauptete sie, was zitiert wurde, sei »Realität in Deutschland heute«. Der Hauptredner war Julian Aicher, ein Neffe der Geschwister Scholl. Er betonte in seiner Rede, ihm – als Nachfahre ermordeter Widerstandskämpfer:innen – liege die Wahrung der Grundrechte ganz »besonders am Herzen«.

1 Nadine *Frei* und Oliver *Nachtwey*: Quellen des ›Querdenkertums‹. Eine politische Soziologie der Corona-Proteste in Baden-Württemberg. 2021. https://www.boell-bw.de/sites/default/files/2022–01/Quellen%20des%20Querdenkertums_Frei_Nachtwey.pdf (aufgerufen am 01.10.2024).
2 AnonLeaks: Michael Ballweg: ›Staatszugehöriger‹ im Königreich Deutschland (Update). 2021. https://anonleaks.net/2021/optinfoil/michael-ballweg-staatszugehoeriger-im-koenigreich-deutschland/#up202107281240 (aufgerufen am 01.10.2024).
3 AnonLeaks: Querdenken und KRD: Mehr Mails, Urkunden und eine sehr lange Liste (Update). 2021. https://anonleaks.net/2021/optinfoil/querdenken-und-krd-mehr-mails-urkunden-und-eine-sehr-lange-liste/ (aufgerufen am 01.10.2024).
4 Andreas *Speit*: Reichs- und Regenbogenfahnen. Allianzen in Zeiten der Pandemie. In: Fehlender Mindestabstand. Die Coronakrise und die Netzwerke der Demokratiefeinde. Hg. von Heike *Kleffner* und Matthias *Meisner*. Freiburg i. B. 2021. S. 192.
5 Bundesamt für Verfassungsschutz: Verfassungsschutzbericht 2023. 2024. S. 133. https://www.verfassungsschutz.de/SharedDocs/publikationen/DE/verfassungsschutzberichte/2024-06-18-verfassungsschutzbericht-2023.pdf?__blob=publicationFile&v=16 (aufgerufen am 01.10.2024).
6 Landesamt für Verfassungsschutz Baden-Württemberg: Verfassungsschutzbericht 2023. 2024. S. 92. https://www.verfassungsschutz-bw.de/site/pbs-bw-lfv-root/get/documents_E-1675609796/IV.Dachmandant/LfV_Datenquelle_neu/Publikationen/Jahresberichte/Verfassungsschutzbericht%20Baden-W%C3%BCrttemberg%202023.pdf (aufgerufen am 01.10.2024).
7 Andreas *Speit*: Reichsträume – Reichsbewegte im ›Ländle‹ zwischen ›Tag X‹ und ›Corona-Protest‹. 2023. https://www.boell-bw.de/de/2023/09/21/reichstraeume-reichsbewegte-im-laendle-zwischen-tag-x-und-corona-protest (aufgerufen am 01.10.2024).
8 Innenministerium Baden-Württemberg: Gruppierung ›Geeinte deutsche Völker und Stämme‹ verboten. 2020. https://www.baden-wuerttemberg.de/de/service/presse/pressemitteilung/pid/gruppierung-geeinte-deutsche-voelker-und-staemme-verboten-1 (aufgerufen am 01.10.2024).
9 YouTube-Kanal *Jen5eits* vom 12.10.2012. https://www.youtube.com/watch?v=wnNl6g2j4aE (aufgerufen am 01.10.2024)
10 Querdenken 711 – Stuttgart: Arbeitstreffen am 15.11.2020 in Wöhlsdorf bei Saalfeld. 2020. https://presse.querdenken-711.de/pressemitteilungen/arbeitstreffen-am-15-11-2020-in-woehlsdorf-bei-saalfeld/ (aufgerufen am 01.10.2024).
11 Schützengesellschaft 1822 Buchen/Odw.: Schützenkönigsfeier 2018. 2024. https://www.sg-buchen.de/galerie/2018.html#schuetzenkoenigsfeier-2018 (aufgerufen am 01.10.2024).
12 AnonLeaks: Michael Ballweg: ›Staatszugehöriger‹ im Königreich Deutschland (Update). 2021. https://anonleaks.net/2021/optinfoil/michael-ballweg-staatszugehoeriger-im-koenigreich-deutschland/#up202107281240 (aufgerufen am 01.10.2024). – AnonLeaks: Querdenken und KRD: Mehr Mails, Urkunden und eine sehr lange Liste (Update). 2021.

https://anonleaks.net/2021/optinfoil/querdenken-und-krd-mehr-mails-urkunden-und-eine-sehr-lange-liste/ (aufgerufen am 01.10.2024).
13. AnonLeaks: Michael Ballweg: ›Staatszugehöriger‹ im Königreich Deutschland (Update). 2021. https://anonleaks.net/2021/optinfoil/michael-ballweg-staatszugehoeriger-im-koenigreich-deutschland/#up202107281240 (aufgerufen am 01.10.2024).
14. YouTube-Kanal *lejeunemartin* vom 25.09.2020. https://www.youtube.com/watch?v=jG1IhQVv1R8 (aufgerufen am 01.10.2024).
15. YouTube-Kanal *COMPACTTV* vom 12.11.2020. https://www.youtube.com/watch?v=HDpQIG3FwOU (aufgerufen am 01.10.2024).
16. Julia *Regis*, Jan *Schmitt* und Mathea *Schülke*: Corona-Proteste: Rechts oder naiv?. 2020. https://www1.wdr.de/daserste/monitor/sendungen/corona-proteste-104.html (aufgerufen am 01.10.2024).
17. Ebd.
18. Alexander *Roth*: Verein Primus inter Pares aus Schorndorf: Nur für Weiße – Reichsbürger plant ›Arche‹ in Ungarn. 2020. https://www.zvw.de/rems-murr-kreis/verein-primus-inter-pares-aus-schorndorf-nur-f%C3%BCr-wei%C3%9Fe-reichsb%C3%BCrger-plant-arche-in-ungarn_arid-146347 (aufgerufen am 01.10.2024).
19. Landtag von Baden-Württemberg: Proteste gegen Corona-Auflagen. 2020. https://www.landtag-bw.de/files/live/sites/LTBW/files/dokumente/WP16/Drucksachen/9000/16_9568_D.pdf (aufgerufen am 01.10.2024).
20. Querdenken 711 – Stuttgart: Stellungnahme von Stephan Bergmann zu Zeitungsverlag Waiblingen. 2020. https://presse.querdenken-711.de/pressemitteilungen/stellungnahme-von-stephan-bergmann-zu-zeitungsverlag-waiblingen/ (aufgerufen am 01.10.2024).
21. Telegram-Kanal *peacecrowd* vom 16.12.2023.
22. Ministerium des Inneren, für Digitalisierung und Kommunen Baden-Württemberg: ›Querdenken 711‹ wird beobachtet. 2020. https://im.baden-wuerttemberg.de/de/service/presse-und-oeffentlichkeitsarbeit/pressemitteilung/pid/querdenken-711-wird-beobachtet (aufgerufen am 01.10.2024).
23. Ministerium des Inneren, für Digitalisierung und Kommunen Baden-Württemberg: Verfassungs-schutzbericht 2020 vorgestellt. 2021. https://im.baden-wuerttemberg.de/de/service/presse-und-oeffentlichkeitsarbeit/pressemitteilung/pid/verfassungsschutzbericht-2020-vorgestellt (aufgerufen am 01.10.024).
24. Nadine *Frei* und Oliver *Nachtwey*: Quellen des ›Querdenkertums‹. Eine politische Soziologie der Corona-Proteste in Baden-Württemberg. 2021. https://www.boell-bw.de/sites/default/files/2022–01/Quellen%20des%20Querdenkertums_Frei_Nachtwey.pdf (aufgerufen am 01.10.2024).
25. Ebd. S.7.
26. Jakob *Baier* und Melanie *Jakob*: ›… der Schmock ist'n Fuchs‹ – Verschwörungsglaube, Autoritarismus und Antisemitismus bei Xavier Naidoo. In: Klaviatur des Hasses. Antisemitismus in der Musik. Hg. von Lukas *Geck* und Maria *Kanitz*. Baden-Baden 2022, S.161. – Center für Monitoring, Analyse und Strategie: Q vadis? Zur Verbreitung von QAnon im deutsch-sprachigen Raum. 2022. https://cemas.io/publikationen/q-vadis-zur-verbreitung-von-qanon-im-deutschsprachigen-raum/CeMAS_Q_Vadis_Zur_Verbreitung_von_QAnon_im_deutschsprachigen_Raum.pdf (aufgerufen am 01.10.2024).
27. Center für Monitoring, Analyse und Strategie: Zwischen ›Spaziergängen‹ und Aufmärschen: Das Protestpotential während der COVID-19-Pandemie. 2022. https://cemas.io/publikationen/zwischen-spaziergaengen-und-aufmaerschen-das-protestpotential-waehrend-der-covid-19-pandemie/2022–05–09_PolicyBrief Protestpotential.pdf (aufgerufen am 01.10.2024).
28. Ebd. S.6.
29. Telegram-Kanal *peacecrowd* vom 27.11.2021.
30. Josef *Schuster*: Für einen gesellschaftlichen Klimawandel. In: Fehlender Mindestabstand. Die Coronakrise und die Netzwerke der Demokratie-feinde. Hg. von Heike *Kleffner* und Matthias *Meisner*. Freiburg i. B. 2021, S.10.
31. Nadine *Frei* und Oliver *Nachtwey*: Quellen des ›Querdenkertums‹. Eine politische Soziologie der Corona-Proteste in Baden-Württemberg. 2021. https://www.boell-bw.de/sites/default/files/2022–01/Quellen%20des%20Querdenkertums_Frei_Nachtwey.pdf (aufgerufen am 01.10.2024).
32. Timo *Büchner*: Alle sind die Weiße Rose. 2020. https://www.der-rechte-rand.de/archive/7207/alle-sind-die-weisse-rose/ (aufgerufen am 01.10.2024).

# Kapitel 3
# Die Germanen und das Großherzogtum

Rüsselhausen ist ein beschauliches Dorf im Main-Tauber-Kreis. Etwa 120 Menschen leben in dem Ortsteil der Stadt Niederstetten. Durch das Dorf fließt der gemächliche Aschbach und im Zentrum steht eine alte Linde. Am prächtigen Baum führt die Hauptstraße vorbei. Die Ausläufer jener Straße führen in die Ecken der Ortschaft. In einem Eck lebte Ingo K. mit seiner Mutter. Ein Foto, das er in den sozialen Netzwerken verbreitete, zeigt die Terrasse der damaligen Wohnung. Die Mutter erkrankte und starb 2018. Nun war er alleine. Im Herbst 2020 holte er seinen Sohn aus dem betreuten Wohnen nach Rüsselhausen. »Glücklich und zufrieden« sei er mit Marco S. gewesen, sagt Ingo K. vor Gericht.[1] »Ich hatte das erste Mal im Leben das Gefühl, das Richtige zu machen«, ergänzt er. Doch plötzlich, im Juni 2021, kam der Schock: Sein Vermieter kündigte die Wohnung. Denn seine Tochter plante, in die Wohnung einzuziehen. Ingo K. schildert im Prozess, die Kündigung sei »überraschend« gekommen und »ein Schlag« gewesen.[2] Der Vermieter gab ihm ein halbes Jahr Zeit, um die alte Wohnung zu verlassen – und eine neue Wohnung zu finden.

Im November 2021 zogen er und sein Sohn nach Boxberg-Bobstadt. Das 450-Seelen-Dorf liegt, wie Rüsselhausen, im Main-Tauber-Kreis. Zwischen den Dörfern liegen rund 20 Autominuten. Ingo K. schildert vor Gericht, »zufällig« habe er eine Bleibe auf dem Hof der Familie A. gefunden.[3] Mit Zufall hatte der Fund recht wenig zu tun: Heiko A., ein enger Freund und der Eigentümer des Hofes, bot ihm an, das Erdgeschoss seines Wohnhauses zu beziehen. Er selbst lebte mit seiner Frau Bianca und seinem älteren Sohn Max im Obergeschoss. Leon, der jüngere Sohn, lebte mit seiner Partnerin in einem angrenzenden Gebäude.

Mit dem Bezug der Wohnung waren Renovierungsarbeiten verbunden. Ingo K. und sein Sohn durften mietfrei wohnen. Heiko A. wollte lediglich, dass die Renovierungskosten und, ab und zu, eine Rechnung bezahlt werden. Außerdem halfen die beiden auf dem Hof. Heiko A. und seine Familie sahen in ihrem Hof einen autarken Selbstversorgerhof. Im Prozess erzählt der Eigentümer, man wolle sich »aus dem System zurückziehen«.[4] Das »System« – damit meint er die Bundesrepublik Deutschland.

Ingo K. und die Familie A. hatten gemeinsame Interessen. Neben dem Bestreben, sich selbstversorgen und unabhängig machen zu wollen, prägte die Beschäftigung mit der germanischen Mythologie ihren Alltag. Ingo K. trug etliche Runen auf seinem Körper.[5] Runen sind die alten Schriftzeichen der Germanen. Auf dem Bauch: vier große Runen. Sie ergeben das Wort *Odin*. Das ist der Allvater, der Göttervater, der Gott der Runen. Auf der rechten Hand: ein knappes Dutzend kleine Runen. Sie bilden die Worte *Odins Waffe*. Auf dem Hals: eine Berserk-Rune, die einen germanischen Krieger symbolisiert. Die Mythologie besagt, Berserker seien kampfeswütig und unverwundbar. Auch Max A., der mit Ingo K. eine enge Freundschaft pflegte und Kampfsport trainierte, trug eine Berserk-Rune am Hals. Die Identifikation mit dem Germanentum ging über die Tattoos hinaus: Ingo K. gab seiner Hündin den Namen *Runa*, er selbst nutzte in den sozialen Netzwerken den Namen *tyrsringer*.[6] Tyr ist der Gott des Krieges. Heiko A., sein Freund und Vermieter, brachte zwei – große, leuchtend rote – Runen an der Fassade seiner Gebäude an. Die eine Rune ist eine Tyr-Rune, die Kampf und Krieg bedeutet. Die andere ist eine Binderune, eine

Rune am Gebäude der Familie A. in Bobstadt (Quelle: Nicholas Potter)

Kombination zweier Runen, die für Liebe stehen soll. Vor Gericht behauptet Ingo K. plötzlich, er sei »nicht in der Lage« gewesen, die Bedeutung jener Runen zu verstehen.[7]

Nicht nur die germanische Mythologie prägte ihren Alltag, sondern auch die *Reichsbürger*-Ideologie. Ingo K. und Heiko A. nutzten Vorlagen aus dem Internet, um Schreiben mit allerlei *Reichsbürger*-Vokabular an Behörden zu schicken. Schreiben sind eine beliebte Methode in der Szene, um die Ideologie zu verbreiten und die Arbeit der staatlichen Verwaltung zu behindern. Im Buch »Die Reichsbürger. Ermächtigungsversuche einer gespenstischen Bewegung« (2023) halten Christoph und Sophie Schönberger fest: »Amtliche Stellen werden mit weitschweifigen, oft pseudo-rechtlichen Argumentationen überzogen, in denen es vor allen Dingen um die fehlende Legitimation ihres Handelns und die Unabhängigkeit der Person des Schreibers geht.«[8] Oft enthalten die Schreiben neben den Argumentationen auch Drohungen und Einschüchterungen, weshalb die Vielschreiberei als »Papierterrorismus« bezeichnet wird.[9]

Drei Schreiben verschickte Ingo K. am 30./31. Dezember 2021 und 24. Januar 2022 an die *Bußgeldstelle Bad Mergentheim* und die *Staatsanwaltschaft Ellwangen* im Ostalbkreis. Formulierungen aus den Schreiben zeigen exemplarisch, wie typisches *Reichsbürger*-Vokabular klingt. So behauptete Ingo K., die »BRD« sei kein Staat, sondern eine »Staatssimulation«.[10] Anstelle des Grundgesetzes gelte das Reichs- und Staatsangehörigkeitsgesetz (RuStAG). Das RuStAG stammt aus dem Kaiserreich und wurde 1913 im Reichsgesetzblatt verkündet. Außerdem schrieb er, die »BRD« sei eine »Firma« und die »Firma Bundesrepublik Deutschland« sei in Delaware, einem Bundesstaat an der US-amerikanischen Ostküste, registriert.[11] Das »Oberkommando der Alliierten« habe die Macht. In der Kopfzeile mehrerer Schreiben stand »Ingo [K.] / Mensch Deutscher / Durch Geburt und Ahnennachweis«. Mit den Worten »Ingo aus dem Hause K.« endeten die Schreiben. Was all das bedeuten soll, weiß Ingo K. angeblich nicht.[12]

Hinter den Formulierungen steckt eine »gedankliche Unterscheidung zwischen ›Mensch‹ und ›Person‹«.[13] Christoph und Sophie Schönberger merken in ihrem Buch an: »Während das eigentliche Individuum sich nur als ›Mensch‹ oder ›Bürger‹ entfalten kann, soll die Bezeichnung als ›Person‹ oder als ›juristische Person‹ eine Beziehung der Unselbständigkeit oder auch Versklavung durch die ›BRD-GmbH‹ anzeigen. Das natürliche Ich wird also vom unterdrückten, zum System gehörenden Ich abgespalten.«[14] Offenbar wollte Ingo K. in seinen Schreiben zur Schau stellen, dass er ein freier, unabhängiger Mensch ist – und kein Sklave der »BRD«. Vor Gericht behauptet er jedoch: »Ich hab's nicht begriffen.«[15] Das sei ihm »alles viel zu hoch«. Im Laufe des Verfahrens präzisiert er, es sei die Idee seines Vermieters gewesen, die Schreiben zu verschicken.[16] Er selbst habe mit den Schreiben nur provozieren und schauen wollen, wie die Behörden reagieren würden. Doch sein Vermieter widerspricht.[17] Gemeinsam hätten sie die Schreiben verschickt, um die Behörden über die »BRD« zu informieren. Heiko A. berichtet, man habe »Fragen gestellt, ob sie berechtigt sind, das zu tun, was sie tun«. Eine Antwort der Behörden sei ausgeblieben. Auf die Frage einer Richterin, ob Ingo K. die

Ansichten geteilt hat, die in den Schreiben verbreitet wurden, antwortet der Vermieter: »ein Stück weit schon«.

Eine Nähe zur *Reichsbürger*-Szene hatte Ingo K. bereits seit Jahren. Das belegt ein Schreiben vom 18. Mai 2017.[18] Mehr noch: Ein Anschreiben vom 18. Juni 2016 hält die Bestellung eines *Reichs-Personenausweises* fest. Im Anschreiben einer Berliner *Reichsdruckerei* ist die Rede vom »Volks- und Heimatstaat Deutsches Reich«.[19] Die *Reichsdruckerei* vertreibt allerlei Fantasiedokumente; neben dem *Reichs-Personenausweis* auch eine *Reichs-Fahrerlaubnis* und einen *Reichs-Reisepass*.[20] Auf seiner Website schreibt der Betreiber des Online-Shops, das Deutsche Reich in den Grenzen von 1914 sei der »unveräußerliche und nichtverhandelbare Gebietsstand«.[21] Ingo K. erklärt vor Gericht, er habe den *Reichs-Personenausweis* aus Neugierde bestellt.[22] Der »Ausweis« habe etwa 30 Euro gekostet. Rasch habe er feststellen müssen, einen »Scherzartikel« gekauft zu haben. Doch für Ingo K. war die *Reichsbürger*-Ideologie kein Scherz. Immer wieder brachte er gegenüber Arbeitskolleg:innen, Freund:innen und Nachbar:innen seine Ideologie zum Ausdruck. Ein enger Freund erzählt im Prozess, man habe überlegt, ob die Bundesrepublik »rechtens oder nicht rechtens« ist.[23] Ingo K. sei überzeugt gewesen, »dass die BRD nicht rechtens ist«. Ein ehemaliger Arbeitgeber berichtet im Prozess, Ingo K. habe gesagt, Deutschland sei ein »besetztes Land« und eine »GmbH«.[24]

Der *Reichsbürger* suchte die direkte Konfrontation mit Behörden: Nachdem er ein Schreiben vom *Hauptzollamt Heilbronn* erhalten hatte, rief er in der Behörde an. Im Telefonat stellte er die Rechtmäßigkeit des Zollamtes in Frage und kündigte an, nach Heilbronn fahren und Beschwerde gegen einen Behördenmitarbeiter einlegen zu wollen. Daraufhin fuhr er, begleitet von Max A., nach Heilbronn. Ein Mitarbeiter des Zollamtes schildert vor Gericht, er habe die beiden empfangen.[25] Das Gespräch sei anfangs locker, später ernst gewesen. In Berlin regiere die Mafia, habe Ingo K. posaunt. Die Regierung besitze »keine Gültigkeit«. Dann habe er gedroht: »Ich komme aus Sachsen. Wir haben euch 1989 nochmal davonkommen lassen. Das nächste Mal lassen wir euch nicht mehr davonkommen!« Auf die Frage, ob Ingo K. seine Worte ernst gemeint habe, antwortet der Mitarbeiter, er habe die Worte »aus tiefster Überzeugung« gesagt. Ingo K. ignorierte mehrere Versuche, das Gespräch zu beenden. Erst mit Androhung des Hausrechts und der Polizei konnte das Gespräch beendet werden.

Ihre Ideologie haben Ingo K. und Heiko A. aus dem Netz. So schildert K. im Prozess, er habe reichlich Zeit am Arbeitsplatz gehabt, um im Internet zu recherchieren.[26] Mit der Zeit habe er sich »durch die Weltgeschichte gewühlt«. Auf den Handys der beiden wurden unzählige Audios, Fotos und Videos aus den sozialen Netzwerken sichergestellt. Viele hatten einschlägige Inhalte der *Reichsbürger*-Szene. Doch die Ideologie haben Ingo K. und Heiko A. nicht nur aus dem Netz, sondern auch aus Büchern. Vor Gericht erzählt Heiko A. beispielsweise, er habe das Buch »Das Deutsche Reich 1871 bis heute« gelesen.[27] Stolz hebt er hervor, der Autor Matthes Haug habe im Buch geschrieben, einen Rechtsstreit gegen das *Finanzamt Tübingen* gewonnen zu haben. Für Heiko A. scheint der Erfolg zu belegen, dass *Reichsbürger* wie Haug der staatlichen Verwaltung überlegen sind.

Matthes Haug, Mitte 60, lebt in Horb am Neckar im Landkreis Freudenstadt. Der ehemalige Physiklehrer gibt an, ein Institut mit einer Adresse in Stuttgart zu betreiben. Das Institut wirbt auf seiner Webseite, Schadstoffe in der Luft zu messen und Problemlösungen anzubieten, »um Ihr Wohlbefinden in Ihrem zu Hause, Ihrem Betrieb oder an Ihrem Arbeitsplatz zu steigern«.[28] Das mag sein Beruf sein, doch seine Berufung sieht Haug in der *Reichsbürger*-Szene. Seit Jahrzehnten ist er in der Szene aktiv. Mit der Veröffentlichung seines Buches, das 2020 im Selbstverlag erschien, wurde er zum einflussreichen Protagonisten der Szene. Bereits im Klappentext des Buches werden die reichsideologischen Inhalte

Matthes Haug am
6. April 2024 in Gera
(Quelle: Thomas Witzgall)

deutlich.²⁹ Das Buch thematisiere das »völkerrechtlich zweifelsfrei noch heute bestehende Deutsche Kaiserreich von 1871« und vermittle, »wieso dieses Reich auch heute noch Bestand hat«. Die Deutschen lebten heutzutage unter »Fremdherrschaft«, »ohne jegliche Souveränität und Selbstbestimmung«. Daher müsse der »souveräne Status« wiederhergestellt werden.

Haug berichtete in seinem Telegram-Kanal über die Entstehung des Buches.³⁰ 2020 habe er das Buch in einer Pizzeria in Kroatien geschrieben. Der Besitzer jener Pizzeria habe gesagt, »daß ich das verkaufen soll«. Bernhard Grabert, der Geschäftsführer des rechtsextremen Hohenrain-Verlags aus Tübingen, habe das Buch gesetzt und Jan Udo Holey den Buchvertrieb übernommen. Holey wurde Mitte der 1990er-Jahre bekannt. Damals hatte er unter dem Pseudonym Jan van Helsing ein Buch über die angebliche Macht der »Geheimgesellschaften« im 20. Jahrhundert veröffentlicht.³¹ Das Buch wurde ein Bestseller, weshalb rasch ein zweites Buch folgte. Die Bücher, die eine Vielzahl antisemitischer Verschwörungsmythen enthielten, wurden nach Anzeigen beschlagnahmt und indiziert.³²

Heute ist Holey der Geschäftsführer des rechtsesoterischen Amadeus Verlags mit Sitz in Fichtenau im Landkreis Schwäbisch Hall. Der Verlag hat Bücher über »Bevölkerungsaustausch«, »Klimaschwindel« und »Plandemie« im Angebot. Was die Bücher eint: angebliches exklusives Wissen über die Machenschaften geheimer Eliten. Auch Bücher mit reichsideologischen Inhalten sind im Verlag zu finden. Auf Telegram kommentierte Haug das Buch »Geheimsache Staatsangehörigkeit«, das im Amadeus Verlag erschienen ist, mit den Worten: »Das kann ich nur empfehlen. Wir arbeiten zusammen und dies stellt eine wertvolle Ergänzung zu meinen Ausführungen dar.«³³ Anfang 2021 stellte Haug sein Buch »Das Deutsche Reich 1871 bis heute« in einem Interview mit Holey vor.³⁴ Darin betonte er, Holey habe ihn inspiriert: »Sie gaben mir damals 1999 – ich erinnere mich noch genau – eine Information auf einem DIN-A4-Blatt«, erzählte Haug. Das Blatt sei eine »Art Initialzündung« gewesen. Denn: Es habe brisante Informationen zur »Besatzersituation« enthalten.

In der Reichsbürger-Szene macht Haugs Buch die Runde. Nicht zuletzt, weil er eine Reihe an Vorträgen anbietet. So warb er in seinem Telegram-Kanal: »Ihr habt private Räumlichkeiten oder kennt jemanden, der welche hat?« Und: »Ihr habt interessierte Menschen im Umfeld? Ihr würdet gerne einen Vortrag mit Dr. Matthes Haug bei euch organisieren?«³⁵ Im Kanal werden etliche Veranstaltungen angekündigt. So wurde im November 2022 ein Vortrag für Braunsbach im Landkreis Schwäbisch Hall beworben. Der exakte Ort der Veranstaltung, die am 16. Dezember 2022 stattfinden sollte, blieb im Verborgenen. Am Ende fand der Vortrag in einem Hotel in Kupferzell im Hohenlohekreis statt.³⁶ Zwischen Braunsbach und Kupferzell liegen nur wenige Kilometer. Die ersten Interessierten trafen um 17 Uhr am Veranstaltungsort ein. Zwei Dutzend Interessierte nahmen teil. Sie reisten teils regional, teils überregional an. Autos trugen Kennzeichen

Kapitel 3
Die Germanen und das Großherzogtum

Demonstration vom 6. April 2024 in Gera (Quelle: Thomas Witzgall)

aus Künzelsau, Öhringen, Schwäbisch Hall, aber auch aus Calw, Heidelberg, Karlsruhe, Reutlingen. Sogar Autokennzeichen aus Neuruppin (Brandenburg) und Speyer (Rheinland-Pfalz) waren zu sehen. Auf der Heckscheibe eines Autos stand in großer Schrift: »Fachkräftemangel haben wir nur in der Regierung! 416 Regierungsabgeordnete, 950 Unterstützungs- und Beraterverträge. Noch Fragen???«. Bis heute finden Vorträge des *Reichsbürgers* statt – insbesondere im Südwesten der Republik.

Längst ist Haug eine Art Promi in der *Reichsbürger*-Szene: Am 6. April 2024 fand *Das Große Treffen der 25+1 Bundesstaaten* in Gera (Thüringen) statt.[37] 25+1, weil das deutsche Kaiserreich aus 25 Bundesstaaten bestand und die *Reichsbürger* mit Elsass-Lothringen eine Region im heutigen Frankreich beanspruchen. Auf Flyern, die im Rahmen der Versammlung verteilt wurden, behaupteten die Veranstalter:innen: »Die Handlungsfähigkeit des Deutschen Reiches bringt den Weltfrieden. Allein die heute lebenden Deutschen können dieses Wunder vollbringen.« Der Kaiser sei »der einzige Mensch auf dieser Welt, der den Weltkrieg beenden kann«. Mit knapp 1.000 Menschen war das Treffen eine der größten *Reichsbürger*-Versammlungen in Deutschland. Die Menschen zogen mit Fahnen der einzelnen Bundesstaaten ein. So schwenkten einige Teilnehmer:innen die Fahnen des *Großherzogtums Baden* und des *Königreichs Württemberg*. Nachdem die Kaiserhymne angestimmt wurde, betrat Haug als erster Redner des Events die Bühne. Im hellbraunen Sakko trat er ans Rednerpult. An der Frontseite des Pults war eine schwarz-weiß-rote Flagge mit den Worten »Frieden«, »Freiheit« und »Souveränität« zu sehen. Neben dem Pult hingen eine Preußenflagge und bunte Luftballons. »Ich bin begeistert«, begann Haug seine Rede mit Blick in das Fahnenmeer.[38] Dann folgten Ausführungen zur deutschen Geschichte. Vom Kaiserreich bis zur »BRD«. Haug versprach: »Die Wahrheit wird sich ihren Weg bahnen – und ist das Deutsche Reich von 1871!«

1 Teil II, 2. Prozesstag.
2 Ebd.
3 Ebd.
4 Teil II, 14. Prozesstag.
5 Teil II, 6. Prozesstag.
6 Ebd.
7 Teil II, 20. Prozesstag.
8 Christoph *Schönberger* und Sophie *Schönberger*: Die Reichsbürger. Ermächtigungsversuche einer gespenstischen Bewegung. München 2023, S. 74.
9 Ebd. S. 75.
10 Teil II, 27. Prozesstag.
11 Teil II, 3. Prozesstag.
12 Ebd.
13 Christoph *Schönberger* und Sophie *Schönberger*: Die Reichsbürger. Ermächtigungsversuche einer gespenstischen Bewegung. München 2023, S. 69
14 Ebd.
15 Teil II, 3. Prozesstag.
16 Teil II, 20. Prozesstag.
17 Teil II, 14. Prozesstag.
18 Teil II, 3. Prozesstag.
19 Ebd.
20 Deutsche Reichsdruckerei: Shop. 2024. https://www.reichsdruckerei.de/shop/ (aufgerufen am 01.10.2024).
21 Deutsche Reichsdruckerei: Reichsdruckerei und das Personenstandsregister. 2024. https://www.reichsdruckerei.de/ (aufgerufen am 01.10.2024).
22 Teil II, 3. Prozesstag.
23 Teil II, 16. Prozesstag.
24 Teil II, 11. Prozesstag.
25 Teil II, 3./11. Prozesstag.
26 Teil II, 3. Prozesstag.
27 Teil II, 14. Prozesstag.
28 Institut Dr. Haug: Wohlbefinden steigern. 2024. https://www.institut-dr-haug.de/ (aufgerufen am 01.10.2024).
29 Amadeus Verlag: Das Deutsche Reich 1871 bis heute. 2024. https://amadeus-verlag.de/buecher/zeitgeschichte/920-das-deutsche-reich-1871-bis-heute-dr.-matthes-haug (aufgerufen am 01.10.2024).
30 Telegram-Kanal *DeutschesReich1871bisheute* vom 23.10.2021.
31 Matthias *Pöhlmann*: Rechte Esoterik. Wenn sich alternatives Denken und Extremismus gefährlich vermischen. Freiburg i. B. 2021, S. 137.
32 Ebd. S. 141 ff.
33 Telegram-Kanal *DeutschesReich1871bisheute* vom 13.02.2022.
34 Jan *van Helsing*: ›Wir sind immer noch besetzt!‹ Jan van Helsing im Interview mit Dr. Matthes Haug. 2021. https://amadeus-verlag.de/aktuelles/interviews/jan-van-helsing-im-interview-mit-dr.-matthes-haug (aufgerufen am 01.10.2024).
35 Telegram-Kanal *DeutschesReich1871bisheute* vom 12.08.2023.
36 Timo *Büchner*: Nach der Großrazzia: Geheimes Reichsbürger-Treffen in einem Hotel. 2022. https://www.swp.de/lokales/crailsheim/reichsbuerger-in-hohenlohe-geheimes-reichsburger-treffen-in-einem-hotel-68209993.html (aufgerufen am 01.10.2024). – Judith *Brosel* und David *Meiländer*: Einblick in geheimes Szene-Treffen. 2022. https://www.ardmediathek.de/video/report-mainz/einblick-in-geheimes-szene-treffen/das-erste/Y3JpZDovL3N3ci5kZS9hZXgvbzE3NzkyNTU (aufgerufen am 01.10.2024).
37 Dominik *Lenze*: Rechter Traum vom Kaiserreich. 2024. https://www.zeit.de/gesellschaft/zeitgeschehen/2024-04/reichsbuerger-afd-extremismus-netzwerk-umsturz (aufgerufen am 01.10.2024)
38 YouTube-Kanal *PostVonHaJo* vom 06.04.2024. https://www.youtube.com/watch?v=l3Tbzh2H-nI (aufgerufen am 01.10.2024)

# Kapitel 4
# Tatort Bobstadt

Ingo K. arbeitete jahrelang im Sicherheitsgewerbe. Der erfahrene Kampfsportler war Türsteher in einer Diskothek und ging auf Streife, um Events und Parks zu bewachen. Zwischenzeitlich war er als Personenschützer im *Griechischen Generalkonsulat* in Stuttgart tätig. Durch seine Arbeit im Sicherheitsdienst bekam er einen Waffenschein. 2006 erwarb er seine Dienstwaffe. Eine Kurzwaffe der Marke Glock. Sie soll 700 Euro gekostet haben.

Ab 2015/16 – als Ingo K. begann, gegen die Asylpolitik auf die Straße zu gehen – kaufte er eine Vielzahl illegaler Waffen auf dem Schwarzmarkt. Auch Kriegswaffen, aus dem Ersten und Zweiten Weltkrieg. Der Preis für eine Waffe soll zwischen 1.500 und 2.500 Euro gelegen haben. »Stück für Stück« habe er die illegalen Waffen gekauft, schildert er vor Gericht.[1]

So kaufte er bereits im Februar 2016 eine *Zastava M70*. Das ist eine Langwaffe und ein Vollautomat. Er kaufte die *Zastava M70* im entmilitarisierten Zustand. Das bedeutet: Sie war funktionsunfähig. Eine sogenannte Dekowaffe. Spätestens 2017 soll er die *Zastava M70* militarisiert haben. Aus der Dekowaffe machte er eine funktionsfähige Waffe. Im Laufe der Jahre hortete er eine ganze Reihe von Schusswaffen. Kurz- und Langwaffen, Halb- und Vollautomaten.

Das Sammeln der Waffen sei ein »Hobby« gewesen, sagt er im Prozess.[2] Die »Arbeit an der Waffe«, das »Dranrumbasteln« habe ihn interessiert. Die Geschichte und die Technik. Und das Schießen? Das habe ihn nicht interessiert. Ingo K. erzählt, er sei nur »sporadisch« ins Schießtraining gegangen.[3] »Um rauszukommen«, fügt er hinzu.

Auf Nachfrage bekennt er, einmal im Monat trainiert zu haben. Zuletzt war er Mitglied in der *Deutschmeister-Schützengilde von 1478 Bad Mergentheim*. Vor Gericht berichtet der Vorsitzende des Schützenvereins, Ingo K. habe ein knappes Dutzend Schießtrainings besucht.[4] Fotos zeigen ihn mit seiner ehemaligen Lebensgefährtin Annett van H. im Schützenhaus. Die Frau sagt im Prozess, sie hätten mehrere Schießtrainings besucht.[5]

Neben den Waffen hortete er eine Vielzahl an Zubehör. Rückstoßdämpfer, Vorderschaftgriff, Zielfernrohr: Über Jahre hinweg bestellte er die Ausrüstung in diversen Online-Shops. Zudem hortete er Tausende Schuss Munition. Auf die Frage einer Richterin, warum er die Munition besaß, wenn er doch kein Interesse am Schießen habe, hat Ingo K. keine plausible Antwort parat.[6]

Als das *Landratsamt Main-Tauber-Kreis* im Juni 2021 ein Schreiben an den *Reichsbürger* verschickte, um ihm den Widerruf seiner Waffenbesitzerlaubnis mitzuteilen, wusste die Behörde nicht, dass Ingo K. ein Arsenal

Beschlagnahmte Schusswaffen von Bobstadt (Quelle: SWR)

einsatzfähiger Waffen besaß. Sie wusste lediglich, dass er eine Schusswaffe besitzen würde. Die Kurzwaffe der Marke Glock.

Das Landratsamt begründete den Widerruf mit seinen diversen Vorstrafen. Es hieß im Schreiben, »maßgebliche Einträge« ließen die »waffenrechtliche Zuverlässigkeit entfallen«.[7] Das bedeutete: Ingo K. musste seine Kurzwaffe in der Behörde abgeben oder an eine Person mit einer Berechtigung, die Waffe besitzen zu dürfen, weitergeben. Am 12. Juli rief Ingo K. im Landratsamt an. Er bezeichnete den Widerruf als »absolutes Fehlurteil« und »Enteignung«.[8]

Eine Woche später, am 19. Juli, rief Ingo K. ein zweites Mal im Landratsamt an. Nun kündigte er an, seine Waffe abgeben zu wollen. Daraufhin schickte ihm die Behörde ein Schreiben mit der Bitte, seine Ankündigung mit einer Unterschrift zu bestätigen. Doch eine schriftliche Bestätigung blieb aus. Die Behörde schickte ein weiteres Schreiben – und erneut blieb eine Antwort aus.

Im August 2021 folgte ein Schreiben mit der Ankündigung, die Waffe einzuziehen. Auch dieses Schreiben blieb unbeantwortet. Nun bat das Landratsamt die *Staatsanwaltschaft Mosbach*, einen Durchsuchungsbeschluss zu beantragen. Am 31. März 2022 beschloss das *Amtsgericht Mosbach*, seine Wohnung zu durchsuchen, um die Waffe zu beschlagnahmen. Bis zuletzt gab das Landratsamt dem *Reichsbürger* die Gelegenheit, seine Waffe freiwillig abzugeben. Sämtliche Gelegenheiten ließ er verstreichen.

Ingo K. hingegen behauptet, er habe das Landratsamt im August 2021 in Tauberbischofsheim besucht, um die Waffe abzugeben.[9] Er habe die Pistole zerlegt und in einem Beutel transportiert. Vor Ort habe er eine Quittung für die angebliche »Enteignung« verlangt. So soll er den Widerruf bezeichnet haben. Die Behörde habe eine derartige Quittung verweigert und ihn mit seiner Waffe nach Hause geschickt. Das ist die Erzählung des *Reichsbürgers*. Seiner Erzählung widersprechen die Mitarbeiter:innen der Waffenbehörde. Sie betonen, noch nie sei eine Person, die eine Waffe abgeben möchte, einfach nach Hause geschickt worden.[10]

Da er die Gelegenheiten verstreichen ließ, seine Waffe abzugeben, entschied der Einsatzleiter der Polizei, die Durchsuchung umzusetzen, und forderte das *Spezialeinsatzkommando* (SEK) an. Das SEK wird im Falle einer besonderen Gefährdungslage eingesetzt. In Bobstadt war die Gefahr konkret: Ingo K. ist *Reichsbürger*, mehrfach vorbestraft und im Besitz einer illegalen Schusswaffe. Nicht zuletzt leben gefährliche Hunde auf dem Grundstück. »Da brauche ich Spezialisten«, resümiert der Einsatzleiter.[11]

Morgens um 5 Uhr trifft die Polizei mit mehreren Fahrzeugen in Boxberg-Schweigern ein. Auf dem Parkplatz des Sportplatzes ist die »Kräftesammelstelle«. Ehe die Fahrzeuge nach Bobstadt aufbrechen, findet eine Einsatzbesprechung statt. Der Plan klingt simpel: Das SEK soll die Lage absichern (»statisch machen«), damit die Kriminalpolizei in die Wohnung gehen und Ingo K.s Waffe beschlagnahmen kann. Doch vor Ort wird klar, wie schwer der Plan umzusetzen ist.

Um 5:58 Uhr brechen die Fahrzeuge auf. Drei Wagen fahren in einer Kolonne an das Zielobjekt, ein Wagen parkt am Dorfgemeinschaftshaus. Jenes Haus ist einige Meter vom Objekt entfernt. Vor dem Zielobjekt bleiben ein Transporter (Mercedes Sprinter) und ein SUV (Toyota Cruiser) stehen. Der Einsatzplaner berichtet im Prozess, man habe gepanzerte Wagen genutzt, um »alle Eventualitäten auszuräumen«.[12] Die Einsatzleiterin erklärt, sie habe größten Wert auf die Erkennbarkeit der Polizei gelegt.[13] Um die Erkennbarkeit zu gewährleisten, seien Blaulicht und Martinshörner eingesetzt worden. Per Lautsprecher seien Durchsagen gemacht worden.

Um 6:08 Uhr werden »Irritationsmittel« auf das Grundstück geworfen. Der Knall zweier Nebelkerzen soll die Hunde erschrecken. Im Prozess wird ein Videozusammenschnitt mehrerer SEK-Helmkameras gezeigt.[14] Das anonymisierte Video dokumentiert nicht nur

## Kapitel 4
## Tatort Bobstadt

Beschädigter Schild des SEK-Beamten Nr. 16 (Quelle: SWR)

das Blaulicht und die Martinshörner, sondern auch lautstarke Polizeirufe. Aus der Perspektive einer Helmkamera ist zu sehen, wie ein SEK-Beamter den Grundstückszaun mit einem Trennschleifer aufschneidet. Eigentlich hatte das SEK vor, mithilfe des Sprinters den Zaun zu durchrammen. Allerdings standen Fahrzeuge zwischen Haus und Zaun.

Im Video ist eine Frau am Dachfenster zu erkennen. Sie blickt aus dem Fenster, als der Zaun aufgeschnitten wird. Die Frau wird angeleuchtet: »Bleiben Sie da oben!« Hastig schließt sie das Fenster. Ein SEK-Beamter schreit: »Hier ist die Polizei! Kommen Sie sofort aus dem Haus raus!« Beamte betreten das Grundstück, mehrere gehen an die Terrassentür der Erdgeschosswohnung. Hier wohnt Ingo K. mit seinem Sohn. Der SEK-Beamte Nr. 10, der bereits den Zaun geöffnet hat, setzt mit dem Trennschleifer an, um den Rollladen aufzuschneiden. Die SEK-Beamten Nr. 9 und 16 tragen massive Schilder, um potenzielle Schüsse abwehren zu können.

Zwar ist der Rollladen geschlossen, aber die Lamellen sind geöffnet. Sprich: Aus dem Inneren der Wohnung sind Bewegungen wahrnehmbar. Der SEK-Beamte Nr. 10

schneidet erst vertikal, dann horizontal. Er legt die Flex auf den Boden und greift nach dem Entglasungswerkzeug. Ein Polizeiruf ist zu vernehmen. Plötzlich fallen Schüsse aus dem Wohnungsinneren. Es ist 6 Uhr 11 Minuten 5 Sekunden. Schreiend sackt der SEK-Beamte Nr. 10 zusammen. Chaotisch-hektische Rufe folgen. SEK-Beamte erwidern die Schüsse. Aus dem Inneren folgen etliche Schüsse. Die meisten aus dem Schlafzimmer, einige aus dem Wohnzimmer. Wer den Videozusammenschnitt gesehen hat, gewinnt den Eindruck: Der Schütze will ein Massaker anrichten.

Zwei Schüsse treffen die Oberschenkel des SEK-Beamten. Der rechte Schenkel erleidet einen Durchschuss, der linke einen »Steckschuss«. Rund zwei Zentimeter tief stecken die Geschossteile fest. Der Beamte muss sofort operiert werden. Nach acht Tagen darf er das Krankenhaus verlassen. Eine Rechtsmedizinerin, die ihn im Krankenhaus untersucht hat, stellt ihr Gutachten im Prozess vor.[15] Sie sagt, zwar habe »kein akut lebensbedrohlicher Zustand« bestanden. Jedoch sei die Oberschenkelschlagader um anderthalb Zentimeter verfehlt worden. Hätte das Geschoss die Ader getroffen, wären die Folgen »potentiell lebensbedrohlich« gewesen.

Der SEK-Beamte Nr. 7 sagt vor Gericht, aus dem Inneren sei gerufen worden: »Verpisst euch, ich mach euch alle fertig!«[16] Die SEK-Beamten Nr. 2, 3 und 5 versuchen, den Verletzten zu evakuieren. Kurz bleibt ein Beamter in der Schaufel des Radladers hängen, dann erreichen sie die Hecktür des Transporters. Es ist 6 Uhr 12 Minuten 14 Sekunden. Als der Verletzte in das Fahrzeug getragen wird, ist das Heck unter Beschuss. Der Verletzte wird medizinisch versorgt und kurze Zeit später in einen Krankenwagen verlegt. Der SUV wird mit Dauersalven beschossen. Als der SEK-Beamte Nr. 8 aus der Dachluke schaut, schlagen Schüsse in der Luke ein. Sofort verschließt er die Klappe. Der Polizeihundeführer berichtet im Prozess, sein Fahrzeug habe knapp 100 Meter abseits des Zielobjekts gestanden.[17] Die – ungepanzerte – Fahrerseite sei getroffen worden. Er schätzt: Bloß ein Meter höher, dann wäre er getroffen worden.

Kurze Zeit nach den Schüssen verlassen Heiko A., Bianca A. und Marco S. das Haus und werden festgenommen. Ingo K. und Max A. hingegen bleiben im Haus. So bleibt die Gefahr weiterer Schüsse bestehen. Drei SEK-Beamte – Nr. 6, 9 und 16 – stecken am Hauseck fest. Um 6:45 Uhr werden mehrere Nebelhandgranaten eingesetzt, um die Beamten evakuieren zu können. Die Granaten vernebeln die Fenster, sodass die Beamten das Eck verlassen und zum Fahrzeug gehen können. Nach der Evakuierung bricht ein Feuer aus. Eine Granate, die im Bereich des Carports eingesetzt wurde, scheint einen Holzstapel in Brand gesetzt zu haben.

Die Feuerwehr wird alarmiert und trifft um 7:06 Uhr ein. Ein Löschen würde die Einsatzkräfte aufgrund des laufenden Tatgeschehens gefährden. Daher legt die Feuerwehr einen Schlauch, damit das SEK, aus der Deckung heraus, löschen kann. Doch die Anstrengungen sind vergebens: Aus einem »Entstehungsbrand« wird ein »Wohnhausbrand«. Erst brennt der Carport. Dann greift das Feuer auf das Dachgeschoss über. Um 7:55 Uhr steht der Spitzboden in Flammen. Auch das Erdgeschoss, die Terrasse und zwei Fahrzeuge, die am Haus parken, geraten in Brand. Erst später kann die Feuerwehr beginnen, das brennende Haus zu löschen.

Um 6:59 Uhr schreibt Ingo K. seiner ehemaligen Lebensgefährtin Annett van H. eine Nachricht: »Wir werden gerade von den Bullen gestürmt.«[18] Ähnliches lässt er seinen engen Freund Robert V. in einer Nachricht wissen. Um 7:22 Uhr folgt ein Anruf. Das Telefonat dauert eine Minute und vier Sekunden. Ingo K. bittet in dem Telefonat, V. solle nach Bobstadt fahren und das Geschehen dokumentieren.[19] Er solle sein Umfeld informieren, alle sollten kommen. Gesagt, getan: V. ruft Bekannte an und fährt los. Vor Ort muss er feststellen, dass »alles dicht« war.

Max A. schildert vor Gericht, er sei eine knappe Viertelstunde im Erdgeschoss gewesen.[20] Er habe weder Munition noch Waffen gesehen und Ingo K. mit Blick auf die Schüsse gefragt, »was das sein könnte«. Eine halbe Stunde sei er im Treppenhaus zwischen Erd- und Obergeschoss gestanden, sagt er. Eine Erklärung, warum er so lange im Treppenhaus war, hat er nicht. Immer wieder sei Ingo K. aus seiner Erdgeschosswohnung ins Treppenhaus gekommen. Warum? Das weiß Max A. nicht. Die beiden hätten im Treppenhaus gerätselt, wer geschossen haben könnte. Man habe »in Frage gestellt«, dass das ein Einsatz der Polizei ist. Daher habe er die Idee gehabt, die Polizei anzurufen und nachzufragen. Tatsächlich kontaktieren sie die Polizei.[21]

Als Ingo K. das Handy seines Sohnes greift und den Notruf wählt, steht Max A. daneben. Der erste Notruf geht um 7:20 Uhr ein. »Schönen guten Tag«, grüßt Ingo K. in entspanntem Ton. Er fordert einen »Verhandler«, um die sieben Hunde, die im Wohnhaus sind, herauszuholen. Erst, wenn die Hunde in Sicherheit sind, würden die beiden das Haus verlassen. Um 7:36 Uhr folgt ein zweiter Notruf. Er bekräftigt seine Haltung und ergänzt: »Ziehen Sie Ihre Leute bitte zurück!« Und um 7:47 Uhr folgt ein dritter Notruf. Ingo K. wird ungeduldig. »Wie lange dauert das?«, will er sofort wissen. Wenige Minuten später gelingt einer Polizistin, die beiden zum Aufgeben zu bewegen. Um 8:03 Uhr verlassen Ingo K. und Max A. das Haus – und um 8:12 Uhr werden sie festgenommen.

Ein Beamter der *Beweissicherungs- und Festnahmeeinheit* (BFE) sagt aus, Max A. habe mit Blick auf die Verhaftung behauptet, die Bundesrepublik bestehe soundso »nicht mehr lange«.[22] Ingo K. habe ergänzt, die Polizisten seien »gute Jungs«, aber kämpften »auf der falschen Seite«. Die Polizei werde »bald aufwachen« und »Seite an Seite« mit den beiden kämpfen. Zur Tat habe Ingo K. gesagt, die Polizei sei »selbst schuld«, schließlich seien die Polizisten »auf sein Grundstück gekommen«. Mehrere SEK-Beamte beschreiben im Prozess, wie Ingo K. und Max A. während der Festnahme auftraten. So sagt Nr. 7, die beiden hätten »wie ein eingespieltes

## Kapitel 4
## Tatort Bobstadt

Beschlagnahmte Munition von Bobstadt (Quelle: SWR)

Team gewirkt«.[23] Nr. 8 berichtet, sie seien »auffällig gelassen« gewesen.[24] Ingo K. habe den Eindruck gemacht, der Einsatz sei amüsant und lächerlich. Nr. 6 bestätigt, er habe sich »kasperhaft« verhalten.[25]

Am späten Nachmittag kann die Kriminalpolizei mit der Spurensicherung beginnen. Drei Tage dauert die Sicherung, schließlich hat der Brand die Arbeit vor Ort erschwert. Da aufgrund der schwelenden Glut ein erneuter Ausbruch des Brandes droht, muss die Feuerwehr in den Nächten an der Ruine bleiben.

Ein Großteil des Wohnhauses brennt nieder. Besonders stark ist die Erdgeschosswohnung betroffen. Dennoch können etliche Spuren gefunden werden. Die Polizei stellt 39 Patronenhülsen im Wohnzimmer fest. Ein Kriminaltechniker schildert eindrücklich, man habe die Hülsen »aus dem Dreck rausziehen müssen«.[26] Allerlei Brandschutt liegt auf dem Boden.

13 Patronenhülsen sichert die Polizei im Schlafzimmer. Auf der Bettkante und der Fensterbank stehen offene Munitionsschachteln. Über das Schlafzimmer ist eine Waffenkammer zu erreichen. An den Wänden hängen eine Maschinenpistole und ein Repetierer, auf einem Regal liegen zwei Maschinenpistolen. Im Regal sind Magazine und Munition gestapelt.

Auf einer Kühltruhe, die im Eingang des Wohnhauses steht, liegt mit der *Zastava M70* die Tatwaffe. Ebenso auf der Truhe liegt ein Handy. Jenes Handy hat Ingo K. benutzt, um die Notrufe zu tätigen. Hinzu kommen ein Maschinengewehr, zwei Pistolen, zwei Schutzwesten. Die Westen tragen DNA-Spuren von Ingo K. und Max A.

Ingo K. und die Familie A. werden zur Kriminaltechnik nach Tauberbischofsheim gebracht, um Spuren zu sichern. Dann wird Ingo K. vernommen.[27] Schon bevor sein Rechtsanwalt eingetroffen ist, spricht er über die Tat. Als er seinen Sohn gesehen habe, auf dem Boden liegend und wimmernd, habe er einen »Blackout« bekommen. Einen Filmriss. Dann trifft der Rechtsanwalt ein. Die Vernehmung, die um 15:58 Uhr beginnt, dauert eine knappe halbe Stunde. Ingo K. erklärt wiederholt, er habe seinen Sohn beschützen wollen. »War mir scheißegal, wer da ist«, stellt er klar. »Die wollten rein, ich bin durchgetickt.«

Dass das ein Einsatz der Polizei war, habe er nicht gewusst. Er habe weder das Blaulicht gesehen noch das Martinshorn gehört. Jedoch hat das *Fraunhofer-Institut für Bauphysik* in Stuttgart mithilfe komplexer Untersuchungen festgestellt, dass er die Signale im Inneren wahrgenommen haben muss.[28] Durch die geöffneten Lamellen muss er sogar die Silhouetten der SEK-Beamten erkannt haben.

In der Vernehmung räumt Ingo K. ein, geschossen zu haben. »Aus einer Reflexhaltung heraus«, behauptet er. Die Schüsse seien Notwehr gewesen. In Gesprächen mit psychiatrischen Gutachtern, die in der JVA geführt werden, und im Prozess knüpft Ingo K. an seine Erzählungen aus der Vernehmung an.[29] In einem Gespräch beklagt er die »völlig überzogene Polizeiaktion«. Über den angeblichen Filmriss sagt er, die Erinnerung habe mit der Betrachtung seines Sohnes ausgesetzt – und habe eingesetzt, als er mit einer Waffe im Zimmer stand und das Schießpulver roch. Dann sei ihm bewusst geworden, »was passiert war«.

Die Bundesanwaltschaft hingegen ist überzeugt, spätestens, als der SEK-Beamte

Nr. 10 den Trennschleifer einsetzte, habe Ingo K. beschlossen, die Beamten zu erschießen.³⁰ Er habe »regelrecht Jagd« auf das SEK gemacht. Dass niemand gestorben ist, sei purer Zufall gewesen. Die staatsfeindliche *Reichsbürger*-Ideologie habe Ingo K. motiviert, das Feuer zu eröffnen. Er habe sich im »Kampf um Leben und Tod gegen den Staat und seine Repräsentanten« gesehen.

Der *7. Strafsenat* ist davon überzeugt, Ingo K. habe »Hass auf den Staat«.³¹ Mit den Schüssen habe er sich für das »brutalstmögliche Vorgehen« entschieden. Der Vorsitzende Richter spricht über den Radikalisierungsprozess. Wie konnte eine derartig brutale Tat geschehen? Nach Einschätzung des Senats ist der Umzug nach Bobstadt der »entscheidende Schub« seiner Radikalisierung gewesen. In Bobstadt lebte er isoliert, unter Gleichgesinnten. Nun schloss er seine Waffen nicht mehr ein, sondern hatte sie griff- und mehr noch: einsatzbereit.

Ingo K.s Verteidigung macht die Opfer zu Tätern:³² Mit dem Einsatz des Trennschleifers habe das SEK den Grundsatz der Verhältnismäßigkeit verletzt und somit einen »rechtswidrigen Angriff« begangen. Gleichzeitig macht sie den Täter zum Opfer: Ingo K. sei in einer »überforderten Situation« gewesen und habe aus »Notwehr« gehandelt, um die »Eindringlinge vom Grundstück zu vertreiben«.

Die Verteidigung belastet Max A. schwer. Rechtsanwalt Thomas Seifert behauptet, es liege nahe, dass mehr als eine Person geschossen und er versucht habe, Schmauchspuren zu entfernen. Zwar spricht vieles dafür, dass ein zweiter Schütze auszuschließen ist. Allerdings bleibt offen, welche konkrete Rolle er am Tatmorgen spielte. Denn gemeinsam mit Ingo K. verbrachte er eine lange Zeit im Erdgeschoss sowie im Treppenhaus zwischen Erd- und Obergeschoss.

1 Teil II, 3. Prozesstag.
2 Ebd.
3 Teil II, 2. Prozesstag.
4 Teil II, 9. Prozesstag.
5 Teil II, 6. Prozesstag.
6 Teil II, 3. Prozesstag.
7 Teil II, 11./16. Prozesstag.
8 Teil II, 11. Prozesstag.
9 Teil II, 21. Prozesstag.
10 Teil II, 17. Prozesstag.
11 Teil II, 7. Prozesstag.
12 Ebd.
13 Teil II, 8. Prozesstag.
14 Teil II, 7. Prozesstag.
15 Teil II, 12. Prozesstag.
16 Teil II, 24. Prozesstag.
17 Ebd.
18 Teil II, 6. Prozesstag.
19 Teil II, 17. Prozesstag.
20 Teil II, 14. Prozesstag.
21 Teil II, 16. Prozesstag.
22 Teil II, 13. Prozesstag.
23 Teil II, 24. Prozesstag.
24 Teil II, 23. Prozesstag.
25 Teil II, 28. Prozesstag.
26 Teil II, 4. Prozesstag.
27 Teil II, 16. Prozesstag.
28 Teil II, 24. Prozesstag.
29 Teil II, 21./25. Prozesstag.
30 Teil II, 30. Prozesstag.
31 Teil II, 33. Prozesstag.
32 Teil II, 32. Prozesstag.

# Kapitel 5
# Die Waffenarsenale der »Reichsbürger«

Die Schüsse vom 20. April 2022 erinnern an die – tödlichen – Schüsse vom 19. Oktober 2016 in Georgensgmünd (Bayern).[1] Auch damals wollte das SEK am frühen Morgen einen militanten *Reichsbürger* entwaffnen. Wolfgang Plan, damals 49 Jahre alt, war Jäger, Sportschütze und im legalen Besitz von 31 Schusswaffen. Wie Ingo K. war er ein gescheiterter Kampfsportlehrer mit Insolvenz und enormen Schulden. Seine Radikalisierung begann 2015: Aus Wolfgang Plan wurde *Mensch Wolfgang*. Er gab seinen Personalausweis zurück und meldete seinen Wohnsitz ab. Mit einer gelben Linie grenzte er sein Grundstück ein. Nachdem das Landratsamt die Besitzerlaubnis seiner Waffen widerrief, schrieb er: »All mein Tun geschieht immer in friedlicher und liebevoller Absicht. So wünsche ich mir, dass die Angelegenheit geregelt wird, ohne dass ein Mensch zu Schaden kommt.« Doch seine Waffen behielt er, weshalb das Verwaltungsgericht einen Durchsuchungsbeschluss erließ, um die Waffen beschlagnahmen zu können.

Blaulicht und Martinshorn kündigten, wie in Bobstadt, den Einsatz des SEK an. Als ein Beamter in die Hocke ging, um die Haustür im ersten Stock mit einem Hydraulikspreizgerät zu öffnen, schoss Plan mit einer Pistole durch die Tür. Er feuerte elf Schüsse ab, sieben Schüsse trafen den Beamten. Ein Projektil drang in den Brustkorb ein und beschädigte die Lunge. Am Folgetag erlag er seinen Verletzungen. Ein Zeuge berichtete am *Landgericht Nürnberg-Fürth*, vor der Tat habe der Schütze angekündigt: »Bei mir kommen die nicht rein.«[2] Und: »Ein paar von denen nehme ich mit.« Am 23. Oktober 2017 fiel das Urteil des Landgerichts. Wegen Mordes erhielt Wolfgang Plan eine lebenslängliche Haftstrafe.

Das Urteil ist rechtskräftig.[3] Der Tod des SEK-Beamten markierte in der Sicherheitsarchitektur einen Wendepunkt: Viele hatten die *Reichsbürger*-Szene belächelt und verharmlost. Doch nun setzte eine Debatte um die Gewaltbereitschaft der Szene ein. Mehrere Innenminister:innen forderten, die Waffen der Szene einzuziehen.

Die Forderungen mündeten in einen Beschluss der Innenministerkonferenz 2017 in Dresden (Sachsen).[4] Der Beschluss sah den »Entzug waffenrechtlicher Erlaubnisse« vor. Die Begründung lautete, *Reichsbürgern* fehle im Umgang mit Waffen die nötige Zuverlässigkeit. Seitdem wurden mehr als 1.100 waffenrechtliche Erlaubnisse entzogen.[5] Immer wieder sorgen Razzien mit erschreckenden Waffenfunden für Schlagzeilen. Auch und gerade im Südwesten. So stellte die Polizei am 5. Mai 2023 auf dem Grundstück eines 47-jährigen *Reichsbürgers* in Singen im Landkreis Konstanz mehrere Schusswaffen mit rund 13.000 Schuss Munition sowie eine Armbrust mit Zielfernrohr, Schleudern und Zwillen mit rund 2.000 Stahlkugeln sicher.[6] Die Polizei durchsuchte am 14. März 2024 das Lager und das Wohnhaus eines professionellen Waffenhändlers in Aldingen im Landkreis Tuttlingen. Der 56-jährige Mann soll der *Reichsbürger*-Szene angehören und mit seinem Handel gegen das Waffengesetz und das Kriegswaffenkontrollgesetz verstoßen haben. Mehrere Hundert Schusswaffen und Waffenteile wurden beschlagnahmt.[7]

Nichtsdestotrotz sind bis heute mehrere Hundert *Reichsbürger* im Besitz einer waffenrechtlichen Erlaubnis in Deutschland.[8] In Baden-Württemberg sind mehr als zwei Dutzend *Reichsbürger* mit entsprechender Erlaubnis registriert.[9] In den meisten Fällen wird der Waffenbesitz mit Sportschießen, in mehreren Fällen mit dem »Altbesitz« und der Jagd begründet. Wie groß und militant die Szene ist, offenbarten – nicht zuletzt – die Aktivitäten der *Patriotischen Union*. Etwa 3.000 Polizist:innen durchsuchten in den Morgenstunden des 7. Dezember 2022 mehr als 130 Objekte in elf Bundesländern sowie in Österreich und Italien.[10] Ein Schwerpunkt lag in Baden-Württemberg. Insgesamt waren 52 Personen betroffen, 25 wurden festgenommen. Im Rahmen der Großrazzia wurden 17 Sprengmittel, 347 Hieb- und Stichwaffen, 362 Schusswaffen und 148.761 Munitionsteile sichergestellt.[11]

Die *Bundesanwaltschaft* wirft der *Patriotischen Union* vor, sie habe die bestehende Staatsordnung beseitigen und durch ein eigenes, neues System ersetzen wollen.[12] Der Plan sei gewesen, mit Waffengewalt in den Bundestag einzudringen und Abgeordnete festzunehmen. Es heißt: »Ihren Mitgliedern war bewusst, dass die geplante Machtübernahme mit der Tötung von Menschen verbunden wäre.« Vorwürfe lauten: Mitgliedschaft in einer terroristischen Vereinigung, Vorbereitung eines hochverräterischen Unternehmens, Vorbereitung einer schweren staatsgefährdenden Gewalttat. Die Grundlage des Plans sei laut *Bundesanwaltschaft* ein »Konglomerat aus Verschwörungsmythen« mit Elementen der *Reichsbürger*- und *QAnon*-Ideologie. Die Mitglieder der *Patriotischen Union* hätten geglaubt, der *Deep State* – eine Art böse Schattenregierung – kontrolliere die Bundesrepublik und die *Allianz* – ein fiktiver Geheimbund aus Regierungen und Militärs – werde den Staat befreien. In der *Allianz* nehme Russland eine Schlüsselrolle ein.

»Der geplante Umsturzversuch hat«, schreiben Christoph und Sophie Schönberger, »eine völlig neue Ebene der Gefährlichkeit betreten«.[13] Weiter: »Denn auch wenn der beabsichtigte Umsturz keinerlei ernsthafte Erfolgschance besaß, hätte doch im schlimmsten Fall ein gewaltsames Eindringen der Putschisten in den Bundestag und ein dort möglicherweise angerichtetes Blutbad eine gewaltsame Erschütterung der demokratischen Institutionen zur Folge gehabt, wie es sie in der Bundesrepublik noch nicht gegeben hat.« Entsprechend riefen die Großrazzia und das Bekanntwerden der Umsturzpläne eine Welle der Empörung und des Entsetzens in der Bevölkerung, den Medien und der Politik hervor.

Die extreme Rechte hingegen verharmloste die Pläne der Vereinigung. So sprachen die AfD-Bundesvorsitzende Alice Weidel und der Thüringer AfD-Landesvorsitzende Björn Höcke vom »Rollator-Putsch«.[14] Christina Baum, AfD-Bundestagsabgeordnete aus Main-Tauber, schrieb via *Telegram*, die Großrazzia sei eine »billige Inszenierung«.[15] Das »Märchen von einem Putschversuch angeblicher Reichsbürger«, die »teilweise schon im Rentenalter« sind, sei »absurd und lebensfremd«. Auf die Frage des ZDF-Magazins *Frontal*, ob sie sich von den Beschuldigten distanziere, antwortete sie: »Ich weiß nicht, warum ich mich distanzieren soll. Ich kenne niemanden von denen und distanzieren bedeutet ja auch immer: ausgrenzen, mit denen möchte ich nichts zu tun haben. Das ist keine Lösung. Wir müssen mit allen in unserer Gesellschaft reden. Wir haben schon genug Spaltung. Wir müssen uns

Großrazzia gegen »Patriotische Union« (Quelle: picture alliance/dpa, Boris Roessler)

mit den Gedanken auch auseinandersetzen.«[16] Nicht nur die AfD verharmloste die Pläne der Vereinigung. Stellenweise reichten die Verharmlosungen bis an die Spitze des deutschen Parlaments. Beispielsweise amüsierte sich Bundestagsvizepräsident Wolfgang Kubicki (FDP) über die Pläne. Die Vereinigung nannte er eine »Mickey-Mouse-Truppe«.[17]

Allerdings klingt das, was die *Bundesanwaltschaft* ermittelte, weder amüsant noch inszeniert: Die Gründung der *Patriotischen Union* soll am 29. Juli 2021 in Buch am Wald (Bayern) erfolgt sein.[18] Die fränkische Gemeinde liegt nahe der baden-württembergischen Landesgrenze. An der Gründung sollen Maximilian E., Peter W. und Rüdiger von P. beteiligt gewesen sein. E. und W. sind ehemalige Mitglieder des *Kommando Spezialkräfte* (KSK), von P. ist ehemaliger Kommandeur des *Fallschirmjägerbataillons 251* der *Luftbrigade 25*. Gemeinsam mit Heinrich XIII. Prinz Reuß soll von P., der lange Zeit in Brasilien gelebt hatte und in Münstertal im Landkreis Breisgau-Hochschwarzwald festgenommen wurde, die *Patriotische Union* angeführt haben.[19] Prinz Reuß soll an der Spitze des *Rates*, der aus einzelnen Ressorts bestand, gestanden haben. Sämtliche Treffen des *Rates* sollen auf seinem Jagdschloss *Waidmannsheil* in Bad Lobenstein (Thüringen) stattgefunden haben. Das erste der sechs Treffen war am 11. Februar 2022.[20] Laut *Bundesanwaltschaft* sollte der *Rat* nach dem Putsch eine Art Übergangsregierung stellen und Verhandlungen mit der *Allianz* führen, um – gemäß der *Reichsbürger*-Ideologie – einen Friedensvertrag und eine neue Staatsordnung zu bekommen.

Von P. soll den *militärischen Arm* und das Militärressort des *Rates* geleitet und die Idee, *Heimatschutzkompanien* aufzubauen, entwickelt haben.[21] Das Ziel: 286 Kompanien. Bundesweit. Zum Aufbau der Kompanien sollen zahlreiche Rekrutierungsveranstaltungen stattgefunden haben. Insbesondere aktive oder ehemalige Polizist:innen und Soldat:innen sollten rekrutiert werden. Nach der Großrazzia ist klar: Dutzende Personen, die im Netzwerk der *Patriotischen Union* verankert waren, haben Erfahrung im Umgang mit Waffen. Gerade aufgrund ihrer Arbeit im Militär.[22] Zudem sollen Mitglieder der *Patriotischen Union* eine Reihe an Bundeswehrkasernen inspiziert haben, offenbar, um die Nutzbarkeit für die Zeit nach dem Putsch zu überprüfen. Beispielsweise die *Wilhelmsburg-Kaserne* in Ulm, die *Kurt-Georg-Kiesinger-Kaserne* in Laupheim im Landkreis Biberach und die *Hermann-Köhl-Kaserne* in Niederstetten im Main-Tauber-Kreis. Das geht aus der Anklageschrift des Frankfurter Verfahrens hervor.

In der ARD-Doku »Schattenreich – Die Umsturzpläne der Reichsbürger«, die ein Jahr nach der Großrazzia erschien, wird die Rolle des *Reichsbürgers* Matthes Haug thematisiert.[23] Haug erhielt im März 2022 ein Schreiben von Heinrich XIII. Prinz Reuß. Der Titel lautete: »Kompetenzteam Patrioten«. Im Schreiben deutete Prinz Reuß den geplanten Umsturz an: »Es wird für die Zeit der bevorstehenden Wende eine Übergangsregierung benötigt. Diese steht. Alles Fachleute auf ihrem Gebiet, aber leider ohne die uns eigenen Kenntnisse zur Historie und aktuellen staatlichen Situation.« Prinz Reuß äußerte, er denke über die Bildung eines »Kompetenzteams der Patrioten« nach. Am Ende des Schreibens fragte er: »Möchten Sie über eine Unterstützung dazu nachdenken?«

Haug erzählt in der Doku, er habe im Sommer 2022 das Jagdschloss des Prinzen besucht, um in geselliger Runde einen Vortrag über sein Buch »Das Deutsche Reich 1871 bis heute« zu halten. Er habe gerne referiert, schildert Haug, denn das Ambiente sei toll gewesen. Die Runde sei an einem großen Tisch gesessen. Prinz Reuß am einen, er am anderen Ende. Zugleich betont er seine – angebliche – Naivität. In welcher Runde er saß, will Haug nicht gewusst haben. Bloß zwei Personen habe er gekannt. Am Morgen des 7. Dezember 2022 wurde auch Haugs Wohnung durchsucht. Allerdings ist er – im Gegensatz zu Prinz Reuß & Co. – auf freiem Fuß.

Razzia vom 22. März 2023 in Reutlingen
(Quelle: picture alliance/dpa, Julian Rettig)

Auf die Großrazzia folgten etliche Razzien. Eine Durchsuchung fand am frühen Morgen des 22. März 2023 in Reutlingen statt. Die Polizei plante, unterstützt vom SEK, die Wohnung des Zeugen Markus L. zu durchsuchen. Der Sportschütze, damals 46 Jahre alt, besaß vier Waffenbesitzkarten, einen Kleinen Waffenschein und eine sprengstoffrechtliche Erlaubnis.[24] Auf seinen Namen waren 22 Waffen und 15 Waffenteile registriert.[25] Er soll in der Vergangenheit an Schießwettbewerben teilgenommen haben.[26]

Wie in Bobstadt und Georgensgmünd kündigte sich das SEK mit Blaulicht und Martinshorn an. Daraufhin soll Markus L., der eine geladene Pistole unter seinem Kopfkissen und ein geladenes Gewehr an seiner Tür lagerte, eine Waffe ergriffen haben.[27] Minutiös beschrieb der *Stern*, wie sich der Sportschütze ausgerüstet und verschanzt haben soll: »L. legt Schallschutzkopfhörer, Handschuhe und eine schusssichere Weste an. In seinem Wohnzimmer, hell gefliest, geht er hinter einem Drehsessel mit rotem Lederbezug in Stellung, mit einem halb automatischen Gewehr im Anschlag, Typ AR-15. Die Lehne des Sessels hat er mit einer ballistischen Weste gepanzert.«[28] Der Mann scheint, wie in Bobstadt und Georgensgmünd, regelrecht auf die Polizei gewartet zu haben, um das Feuer eröffnen zu können.

Markus L. soll durch die geschlossene Zimmertür gefeuert haben.[29] Es fielen mindestens 26 Schüsse; teils aus seiner Waffe, teils aus den Waffen des SEK. Vier Schüsse trafen – in Brusthöhe – das Schutzschild eines SEK-Beamten. Ein Schuss traf den Ellenbogen jenes Beamten. Nach dem Kugelhagel verließ Markus L. die Wohnung und wurde festgenommen. Später, als die Tatwaffe untersucht wurde, stellte die Kriminalpolizei fest: Der erfahrene Schütze hatte Einzelteile im Internet erworben und die halbautomatische Langwaffe selbst gebaut.

Inzwischen steht Markus L. wegen versuchten Mordes vor dem Oberlandesgericht Stuttgart. Mehr noch: Ihm wird vorgeworfen, Teil der *Heimatschutzkompanie Nr. 221* und damit ein Mitglied der *Patriotischen Union* gewesen zu sein. Die Kompanie, die wohl »mehr als zwei Dutzend feste Mitglieder« zählte,[30] sollte für die beiden Regionen Freudenstadt und Tübingen zuständig sein. Am 9. Juli 2022 soll Markus L. eine Rekrutierungsveranstaltung in Baisingen im Landkreis Tübingen besucht und eine Verschwiegenheitserklärung zur »Reaktivierung Deutschlands« unterzeichnet haben.[31] Die Erklärung forderte absolute Geheimhaltung. Es hieß: Wer Geheimnisse über die Aktivitäten des Netzwerks verrät, begehe Hochverrat – und habe mit der Todesstrafe zu rechnen.

Neben Markus L. sitzen acht Männer auf der Anklagebank in Stuttgart.[32] Die meisten sollen in den Aufbau und die Leitung der *Heimatschutzkompanie 221* involviert gewesen sein. Nicht nur am *Oberlandesgericht Stuttgart*, auch an den Oberlandesgerichten in Frankfurt am Main und München wird gegen die *Patriotische Union* verhandelt.[33] Die drei Gerichte führen die Verhandlungen gegen insgesamt 27 Angeklagte. 22 Männer und fünf Frauen. Von der Ärztin und Astrologin bis zum Soldaten und Survival-Trainer: In Anbetracht der Berufe erscheint das Netzwerk der Vereinigung recht heterogen. Mit Birgit Malsack-Winkemann ist sogar eine ehemalige Richterin angeklagt. Von 2017 bis 2021 saß die

Auftakt des Strafprozesses am Oberlandesgericht Frankfurt am Main (Quelle: picture alliance/dpa, Boris Roessler)

promovierte Juristin für die AfD-Fraktion im Bundestag. Die Bundesanwaltschaft wirft Malsack-Winkemann vor, das Justizressort des *Rates* geleitet und ihre Privilegien genutzt zu haben, um Mitglieder der *Patriotischen Union* in das Parlament zu schleusen.

Relativ viele Angeklagte stammen aus Baden-Württemberg. Während Markus L. in Stuttgart angeklagt ist, sitzt Johanna Findeisen-Juskowiak in Frankfurt am Main auf der Anklagebank. Die Persönlichkeitscoachin wohnte in Frickingen im Bodenseekreis, ehe ihr Anwesen am 7. Dezember 2022 durchsucht und sie am 22. Mai 2023 verhaftet wurde. Sie soll Mitglied der Vereinigung gewesen sein und mehrere Treffen mit Führungsmitgliedern, darunter eine Sitzung des *Rates*, besucht haben.[34] Um die Pläne der Vereinigung zu bewerben, soll Findeisen-Juskowiak mit Vertreter:innen der russischen Generalkonsulate in Baden-Baden und Frankfurt am Main gesprochen haben.[35] An ihrem Beispiel wird deutlich, wie stark die Solidarität mit einer Beschuldigten eines Terrorverfahrens sein kann – und ab wann der Druck so groß ist, dass die Solidarität endet.

Zur Bundestagswahl 2021 kandidierte Findeisen-Juskowiak für die Partei *die Basis*, die im Zuge der Corona-Pandemie entstand,[36] und brachte sich im Landesvorstand der Partei ein. Lange Zeit unterstützte *die Basis* das Vorstandsmitglied. Nach der Großrazzia vom Dezember 2022 teilte die Partei in einer Stellungnahme mit, Findeisen-Juskowiak sei eine »überzeugte Demokratin, die fest auf dem Boden des Grundgesetzes und unserer oben genannten Werte steht«.[37] Und nach der Festnahme vom Mai 2023 betonte sie in einer Stellungnahme: »Wir sehen ihr stetiges Bestreben, Achtsamkeit und Menschlichkeit im Sinne der Werte in unserer Partei zu leben.«[38] Im Juli 2023 wurde Findeisen-Juskowiak, trotz Haft, erneut in den Landesvorstand gewählt und im November 2023 riefen zwei Mitglieder aus den Kreisverbänden Esslingen und Rems-Murr eine Initiative für die Terrorverdächtige ins Leben. Sie baten, Briefe zu schreiben, Geld zu spenden, Mahnwachen zu veranstalten. »Bitte helft mit, dass Johanna nicht vergessen wird«, schrieben sie. Die Initiative wurde in diversen *Telegram*-Kanälen beworben.[39]

Der *Bundesgerichtshof* gab im Dezember 2023 bekannt, dass Findeisen-Juskowiak ein Teilgeständnis ablegte.[40] Die Beschuldigte habe eingeräumt, mehrere Treffen besucht und im Rahmen einer Sitzung des *Rates* einen Vortrag gehalten zu haben. Zudem habe die Beschuldigte gestanden, handschriftliche Notizen mit Codewörtern angefertigt zu haben. Das Codewort *Buntstifte* stand für *Waffen*, *Strohhalm* für *Munition* – und *Abholzen* für *Personenbeseitigung*. Der *Bundesgerichtshof* schlussfolgert, »dass sie von der Existenz der terroristischen Vereinigung und deren Ziele Kenntnis hatte«. Nachdem über das Teilgeständnis von Findeisen-Juskowiak berichtet wurde, schickte der Bundesvorstand der Partei ein Schreiben an die Beschuldigte.[41] In Anbetracht des Teilgeständnisses forderte er: »Wir möchten Dich deshalb bitten, selbst Deine Mitgliedschaft zu beenden.«[42]

Doch in Teilen der *Querdenken*-Szene scheint die Solidarität mit den Angeklagten des Terrorverfahrens ungebrochen. So betreibt der ehemalige Organisator der Corona-Proteste in Pforzheim einen Blog mit dem Namen

*Gefängnispost* und veröffentlicht Auszüge von Briefen und Postkarten der Inhaftierten. In den Auszügen wird die Loyalität zwischen den Angeklagten im Gefängnis und dem Protest auf der Straße deutlich. »An alle Demonstranten, meine Freunde, meine Familie!« – so begann Marco v. H. eine Postkarte.[43] Ehe er festgenommen wurde, lebte er in Pfinztal im Landkreis Karlsruhe und soll die Pforzheimer Versammlungen besucht haben.[44] »Heute möchte ich einfach nur Danke sagen«, setzte er sein Schreiben fort. »Ihr seid die tollsten herzensguten Menschen, die ich je kennenlernen durfte.« Die Karte beendete er mit den Worten: »Wir werden NIEMALS weichen!« Über Inhaftierte wie Marco v. H. urteilt der Betreiber der Website, es seien »Menschen, die sich für Frieden, Freiheit, Selbstbestimmung und Souveränität eingesetzt haben« und »hoffentlich bald wieder frei sind«.

Es wird wohl mehrere Jahre dauern, bis die Urteile gegen die 27 Angeklagten in Frankfurt am Main, München und Stuttgart gesprochen werden. Solange gilt die Unschuldsvermutung. Wer am Ende »wieder frei« sein wird, werden die drei Oberlandesgerichte entscheiden.

1 Landgericht Nürnberg-Fürth: Verurteilung eines ›Reichsbürgers‹ wegen Mordes - Heimtückische Tötung eines Polizeibeamten bei Einsatz aus niedrigen Beweggründen. 2017. https://openjur.de/u/2285194.html (aufgerufen am 01.10.2024).
2 Andreas *Speit*: Reichsbürger – eine facettenreiche, gefährliche Bewegung. In: Reichsbürger. Die unterschätzte Gefahr. Hg. von Andreas *Speit*. Berlin 2017. S. 7.
3 Bundesgerichtshof: Beschluss. 2019. http://juris.bundesgerichtshof.de/cgi-bin/rechtsprechung/document.py?Gericht=bgh&Art=en&nr=92232&pos=0&anz=1 (aufgerufen am 01.10.2024).
4 Ständige Konferenz der Innenminister und -senatoren der Länder: Sammlung der zur Veröffentlichung freigegebenen Beschlüsse der 206. Sitzung der Ständigen Konferenz der Innenminister und -senatoren der Länder am 12. bis 14. Juni 2017 in Dresden. 2017. https://www.innenministerkonferenz.de/IMK/DE/termine/to-beschluesse/2017-06-14_12/beschluesse.pdf?__blob=publicationFile&v=2 (aufgerufen am 01.10.2024).
5 Zeitraum: November 2016 bis Ende Dezember 2022. – Deutscher Bundestag: Waffenbesitz und Waffeneinsatz von und durch Neonazis und Reichsbürger bzw. Selbstverwalter sowie Waffenfunde in Deutschland. 2024. https://dserver.bundestag.de/btd/20/108/2010843.pdf (aufgerufen am 01.10.2024).
6 Polizeipräsidium Konstanz: POL-KN: Gemeinsame Pressemitteilung der Staatsanwaltschaft Konstanz und des Polizeipräsidiums Konstanz - Durchsetzung Waffenverbot bei einer den Reichsbürgern zurechenbaren Person. 2023. https://www.presseportal.de/blaulicht/pm/110973/5505239 (aufgerufen am 01.10.2024).
7 Tim *Richter*: Razzia bei mutmaßlichem ›Reichsbürger‹: Mehrere hundert Waffen gesichert. 2024. https://www.swr.de/swraktuell/baden-wuerttemberg/tuebingen/waffen-beschlagnahmt-bei-durchsuchung-von-mutmasslichem-reichsbuerger-in-aldingen-100.html (aufgerufen am 01.10.2024).
8 Stand: 31.12.2022. – Deutscher Bundestag: Waffenbesitz und Waffeneinsatz von und durch Neonazis und Reichsbürger bzw. Selbstverwalter sowie Waffenfunde in Deutschland. 2024. https://dserver.bundestag.de/btd/20/108/2010843.pdf (aufgerufen am 01.10.2024).
9 Stand: 01.02.2023. – Landtag von Baden-Württemberg: Waffen in der Reichsbürgerszene. 2023. https://www.landtag-bw.de/files/live/sites/LTBW/files/dokumente/WP17/Drucksachen/4000/17_4572_D.pdf (aufgerufen am 01.10.2024).
10 Der Generalbundesanwalt beim Bundesgerichtshof: Festnahmen von 25 mutmaßlichen Mitgliedern und Unterstützern einer terroristischen Vereinigung sowie Durchsuchungsmaßnahmen in elf Bundesländern bei insgesamt 52 Beschuldigten. 2022. https://www.generalbundesanwalt.de/SharedDocs/Pressemitteilungen/DE/2022/Pressemitteilung-vom-07-12-2022.html (aufgerufen am 01.10.2024).
11 N. N.: ›Reichsbürger‹ hatten riesiges Waffenarsenal. 2023. https://www.zdf.de/nachrichten/politik/deutschland/reichsbuerger-prinz-reuss-hunderte-waffen-umsturzplaene-102.html (aufgerufen am 01.10.2024).
12 Der Generalbundesanwalt beim Bundesgerichtshof: Anklage gegen zehn Personen u. a. wegen Mitgliedschaft in oder Unterstützung einer terroristischen Vereinigung und Vorbereitung eines hochverräterischen Unternehmens vor dem Oberlandesgericht Frankfurt erhoben. 2023. https://www.generalbundesanwalt.de/SharedDocs/Pressemitteilungen/DE/2023/Pressemitteilung-vom-12-12-2023_.html?nn=1650120 (aufgerufen am 01.10.2024).
13 Christoph *Schönberger* und Sophie *Schönberger*: Die Reichsbürger. Ermächtigungsversuche einer gespenstischen Bewegung. München 2023, S. 108/109.
14 Roland *Preuß*: Weidel spricht von ›Rollator-Putsch‹. 2022. https://www.sueddeutsche.de/politik/reichsbuerger-afd-rollator-putsch-1.5714829?reduced=true (aufgerufen am 01.10.2024). – Telegram-Kanal *BjoernHoeckeAfD* vom 08.12.2022.
15 Telegram-Kanal *KlartextBaum* vom 08.12.2022.

16 Arndt *Ginzel* u. a.: Reichsbürger-Putsch gegen die Demokratie. Die Razzia gegen Prinz Reuß und sein Reichsbürger-Netzwerk. www.zdf.de/politik/frontal/reichsbuerger-putsch-gegen-die-demokratie-youtube-100.html (aufgerufen am 01.10.2024).

17 YouTube-Kanal *ralf-schuler* vom 20.12.2022. https://www.youtube.com/watch?v=uKRmagLiCUc (aufgerufen am 01.10.2024).

18 Der Generalbundesanwalt beim Bundesgerichtshof: Anklage gegen zehn Personen u.a. wegen Mitgliedschaft in oder Unterstützung einer terroristischen Vereinigung und Vorbereitung eines hochverräterischen Unternehmens vor dem Oberlandesgericht Frankfurt erhoben. 2023. https://www.generalbundesanwalt.de/SharedDocs/Pressemitteilungen/DE/2023/Pressemitteilung-vom-12-12-2023_.html?nn=1650120 (aufgerufen am 01.10.2024).

19 Ebd.

20 David *Holzapfel* u. a.: Angriff auf den Staat: Wie sich eine Gruppe an die Macht putschen wollten. 2024. https://www.stern.de/gesellschaft/reichsbuerger-um-prinz-reuss--wie-sie-sich-an-die-macht-putschen-wollten-34391708.html (aufgerufen am 01.10.2024). – Der Artikel ist am 25.01.2024 in der Ausgabe 05/2024 des Magazins erschienen (S. 24–37).

21 Der Generalbundesanwalt beim Bundesgerichtshof: Anklage gegen zehn Personen u.a. wegen Mitgliedschaft in oder Unterstützung einer terroristischen Vereinigung und Vorbereitung eines hochverräterischen Unternehmens vor dem Oberlandesgericht Frankfurt erhoben. 2023. https://www.generalbundesanwalt.de/SharedDocs/Pressemitteilungen/DE/2023/Pressemitteilung-vom-12-12-2023_.html?nn=1650120 (aufgerufen am 01.10.2024).

22 Sebastian *Leber*: Weder verwirrt noch harmlos. Reichsbürger im Staatsdienst und das mutmaßlich rechtsterroristische Netzwerk um Heinrich XIII. Prinz Reuß. In: Staatsgewalt. Wie rechtsradikale Netzwerke die Sicherheitsbehörden unterwandern. Hg. von Heike *Kleffner* und Matthias *Meisner*. Freiburg i. B. 2023. S. 159.

23 Theo *Heyen*: Schattenreich – Die Umsturzpläne der Reichsbürger. 2023. https://www.ardmediathek.de/video/story/schattenreich-die-umsturzplaene-der-reichsbuerger/das-erste/Y3JpZDovL2Rhc2Vyc3RlLmRlL2FyZC1zdG9yeS8yMDIzLTEyLTA1XzIzLTE1LU1FWg (aufgerufen am 01.10.2024).

24 Landtag von Baden-Württemberg: Waffen in der Reichsbürgerszene. 2023. https://www.landtag-bw.de/files/live/sites/LTBW/files/dokumente/WP17/Drucksachen/4000/17_4572_D.pdf (aufgerufen am 01.10.2024).

25 Michael *Götschenberg* und Holger *Schmidt*: ›Wenn Du Frieden willst, bereite den Krieg vor‹. 2024. https://www.tagesschau.de/investigativ/reuss-prozess-stuttgart-100.html (aufgerufen am 01.10.2024).

26 Christian *Fuchs* u. a.: Wer ist der Schütze von Reutlingen?. 2023. https://www.zeit.de/gesellschaft/zeitgeschehen/2023-03/razzia-reutlingen-reichsbuerger-durchsuchung-schuesse (aufgerufen am 01.10.2024).

27 Michael *Götschenberg* und Holger *Schmidt*: ›Wenn Du Frieden willst, bereite den Krieg vor‹. 2024. https://www.tagesschau.de/investigativ/reuss-prozess-stuttgart-100.html (aufgerufen am 01.10.2024).

28 David *Holzapfel* u. a.: Angriff auf den Staat: Wie sich eine Gruppe an die Macht putschen wollten. 2024. https://www.stern.de/gesellschaft/reichsbuerger-um-prinz-reuss--wie-sie-sich-an-die-macht-putschen-wollten-34391708.html (aufgerufen am 01.10.2024).

29 Michael *Götschenberg* und Holger *Schmidt*: ›Wenn Du Frieden willst, bereite den Krieg vor‹. 2024. https://www.tagesschau.de/investigativ/reuss-prozess-stuttgart-100.html (aufgerufen am 01.10.2024).

30 David *Holzapfel* u. a.: Angriff auf den Staat: Wie sich eine Gruppe an die Macht putschen wollten. 2024. https://www.stern.de/gesellschaft/reichsbuerger-um-prinz-reuss--wie-sie-sich-an-die-macht-putschen-wollten-34391708.html (aufgerufen am 01.10.2024).

31 Ebd.

32 Am 29. April 2024 begann die Verhandlung am Oberlandesgericht Stuttgart. – Der Generalbundesanwalt beim Bundesgerichtshof: Anklage gegen neun Personen u.a. wegen Mitgliedschaft in einer terroristischen Vereinigung, Vorbereitung eines hochverräterischen Unternehmens sowie versuchten Mordes vor dem Oberlandesgericht Stuttgart erhoben. 2023. https://www.generalbundesanwalt.de/SharedDocs/Pressemitteilungen/DE/2023/Pressemitteilung-vom-12-12-2023-Nr-54_.html?nn=1650120 (aufgerufen am 01.10.2024).

33 Am 21. Mai bzw. 18. Juni 2024 begann die Verhandlung am Oberlandesgericht Frankfurt am Main bzw. München. – Der Generalbundesanwalt beim Bundesgerichtshof: Anklage gegen zehn Personen u.a. wegen Mitgliedschaft in oder Unterstützung einer terroristischen Vereinigung und Vorbereitung eines hochverräterischen Unternehmens vor dem Oberlandesgericht Frankfurt erhoben. 2023. https://www.generalbundesanwalt.de/SharedDocs/Pressemitteilung-vom-12-12-2023_.html?nn=1650120 (aufgerufen am 01.10.2024). – Der Generalbundesanwalt beim Bundesgerichtshof: Anklage gegen acht Personen u.a. wegen Mitgliedschaft in einer terroristischen Vereinigung und Vorbereitung eines hochverräterischen Unternehmens vor dem Oberlandesgericht München erhoben. 2023. https://www.generalbundesanwalt.de/SharedDocs/Pressemitteilungen/DE/2023/Pressemitteilung-vom-12-12-2023-Nr-53_.html?nn=1650120 (aufgerufen am 01.10.2024).

34 Der Generalbundesanwalt beim Bundesgerichtshof: Festnahme von drei weiteren mutmaßlichen Mitgliedern einer terroristischen Vereinigung. 2023. https://www.generalbundesanwalt.de/SharedDocs/Pressemitteilungen/DE/2023/Pressemitteilung-vom-23-05-2023.html?nn=1650120 (aufgerufen am 01.10.2024) – Der Generalbundeswalt beim Bundesgerichtshof: Anklage gegen zehn Personen u.a. wegen Mitgliedschaft in oder Unterstützung einer terroristischen Vereinigung und Vorbereitung eines hochverräterischen Unternehmens vor dem Oberlandesgericht Frankfurt erhoben. 2023. https://www.generalbundesanwalt.de/SharedDocs/Pressemitteilungen/DE/2023/Pressemitteilung-vom-12-12-2023_.html?nn=1650120 (aufgerufen am 01.10.2024).

35 Anton *Shekhovtsov*, Anton (2024): Germany: The Far-Right Plot and Russian Malign Inspiration. In: Russia and the Far-Right Insights from Ten European Countries. Hg. von Bàrbara *Molas*, Kacper *Rekawek* und Thomas *Renard*. Den Haag 2024. S. 50.
36 Lucius *Teidelbaum*: Partei dieBasis – Nicht auf der Basis von Tatsachen. 2022. https://www.boell-bw.de/de/2022/11/07/partei-diebasis-nicht-auf-der-basis-von-tatsachen (aufgerufen am 01.10.2024).
37 Basisdemokratische Partei Deutschlands Baden-Württemberg: Pressemitteilung: Razzia bei dieBasis-Mitglied. 2022. https://diebasis-bw.de/2022/12/pressemitteilung/ (aufgerufen am 01.10.2024).
38 Basisdemokratische Partei Deutschlands Baden-Württemberg: Stellungnahme zur Festnahme von Johanna F. 2023. https://diebasis-bw.de/2023/05/stellungnahme-zur-festnahme-von-j-f/?fbclid=IwZXh0bgNhZW0CMTAAAR1ljY2ygp6bVQTnh22X10jyO7lhuPRIF6RrPWh_iCN0wfnRrWmwGsQR440_aem_XUdZr4Zg7xW8V1J2CxKZAg (aufgerufen am 01.10.2024).
39 Telegram-Kanal *dieBasis_Hohenlohe* vom 26.11.2023. – Telegram-Kanal *QUERDENKEN791_aktiv* vom 26.11.2023.
40 Bundesgerichtshof: Beschluss (AK 89/23). 2023. http://juris.bundesgerichtshof.de/cgi-bin/rechtsprechung/document.py?Gericht=bgh&Art=en&nr=136066&pos=0&anz=1 (aufgerufen am 01.10.2024).
41 Florian *Peking*: ›Reichsbürgerin‹ vom Bodensee sollte nach Umsturz zentrale Rolle übernehmen. 2024. https://www.schwaebische.de/regional/bodensee/friedrichshafen/reichsbuergerin-vom-bodensee-sollte-nach-umsturz-zentrale-rolle-uebernehmen-2214191 (aufgerufen am 01.10.2024).
42 Florian *Peking*: ›Basis‹ fordert mutmaßliche ›Reichsbürgerin‹ vom Bodensee zum Austritt auf. 2024. https://www.schwaebische.de/regional/bodensee/friedrichshafen/basis-fordert-mutmassliche-reichsbuergerin-vom-bodensee-zum-austritt-auf-2287647 (aufgerufen am 01.10.2024).
43 Friedens- und Freiheitsbewegung Pforzheim: Karte vom 10.09.2023. 2024. http://gefaengnispost.de/Briefe/Marco_v_H/2023-09-10-Karte.jpg (aufgerufen am 01.10.2024).
44 Daniel *Streib*: ›Reichsbürger‹: Generalbundesanwalt klagt Ettlinger und Pforzheimer an. 2023. https://bnn.de/karlsruhe/karlsruhe-stadt/generalbundesanwalt-reichsbuerger-marco-v-h-aus-pforzheim-hatte-zentrale-rolle-in-verschwoerung (aufgerufen am 01.10.2024).

# Kapitel 6
# Black Metal und Judenhass

Einer der ersten Reporter:innen, die am Morgen des 20. April 2022 vor Ort waren, ist Fabian Siegel. Damals arbeitete er im SWR-Studio Heilbronn und berichtete für *SWR Aktuell* über das Geschehen. Wie hat der Reporter den Tag erlebt und welche Stimmung hat er unter den Anwohner:innen und Polizist:innen wahrgenommen?

Morgens um 8:30 Uhr sei er ins Büro gekommen, berichtet Siegel. Kaum habe er das Büro betreten, sei die Nachricht eingetroffen, über Bobstadt sei eine Rauchsäule. Im Dorf finde ein Großeinsatz der Polizei statt. Prompt rief der SWR-Reporter die Polizei an. Sie bestätigte den Einsatz, er stieg ins Auto und fuhr los. Als Siegel am Sportplatz des Nachbardorfes Schweigern vorbeifuhr, wurde ihm das Ausmaß des Einsatzes deutlich. »Der gesamte Sportplatz war voll«, schildert er. Auf dem Sportplatz, der »Kräftesammelstelle« der Polizei, standen unzählige Einsatzwagen und mehrere Hubschrauber.

Um 9:45 Uhr kam er in Bobstadt an. Die Polizei hatte die Ortseinfahrt abgesperrt. Als Journalist durfte Siegel die Absperrung passieren, um über das Geschehen berichten zu können. Bis dahin wusste der SWR-Reporter noch nicht, dass Schüsse gefallen waren. Aber schnell machte das Gerücht die Runde, ein *Reichsbürger* habe geschossen. Der Sprecher des *Polizeipräsidiums Heilbronn* blieb vage. In der ersten Pressemitteilung, die um 12:51 Uhr veröffentlicht wurde, schrieben Polizei und Staatsanwaltschaft bloß, ein »politisch motivierter Hintergrund« könne »nicht ausgeschlossen werden«.[1]

Als Siegel in Bobstadt ankam, waren die Verdächtigen, die auf dem Grundstück wohnten, festgenommen worden. Das Wohnhaus war eine Brandruine. Doch der Einsatz dauerte an. Am Straßenrand, durch eine Hecke geschützt, lag ein SEK-Beamter. Sein Maschinengewehr richtete er auf den Eingang des Wohnhauses. Hinter einem gepanzerten Transporter, der vor dem Haus stand, war das SEK mit Maschinengewehren positioniert. Es sicherte das Wohnhaus ab, damit die Feuerwehr den Brand löschen konnte. Nach den Löscharbeiten waren Knallgeräusche zu hören. »Als ich den ersten Knall hörte, sprang ich zur Polizei und fragte sofort, was los ist«, berichtet Siegel. Die Polizei habe geantwortet, es sei eine »kontrollierte Sprengung« gewesen. Der Reporter erzählt, es habe mehrere Explosionen gegeben. Später begann die Polizei, die Brandruine zu durchsuchen und Spuren zu sichern.

Siegel erzählt, er habe im Gespräch mit der Polizei gespürt, dass das »kein normaler Einsatz«, sondern ein »Ausnahmezustand« war. Nicht nur für die Polizei, auch für den Reporter selbst war der Einsatz eine Ausnahme. »Das habe ich noch nicht erlebt«, betont er. Die Einsatzlage war chaotisch, mehr als 200 Polizist:innen waren im Einsatz. Später,

SWR Aktuell vom 20. April 2022 mit Fabian Siegel (Quelle: SWR Screenshot)

als die Polizei den Ort verließ, sah der SWR-Reporter einen Tarnwagen mit Geschützturm: »Das war eine Art Humvee. Man kennt diese Fahrzeuge aus dem Krieg. Aus Afghanistan, aus dem Irak. Ich hatte den Eindruck, der Wagen kam direkt aus den Straßen von Kabul.«

Am Mittag sprach Siegel mit einigen Anwohner:innen. Der Reporter erinnert sich, sie seien »gesprächsbereit«, ja regelrecht »mitteilungsbedürftig« gewesen. Über die Familie A. berichtete eine Anwohnerin: »Man hat nur gewusst, sie sind anders, aber dass es solche Hintergründe hat, hat man nicht gedacht.« Ähnliches schilderte ein Anwohner: »Ich meine, sie haben sich ein bisschen abgekapselt gehabt, […] aber dass jetzt so etwas dabei rauskommt, hätte man sich jetzt eigentlich nicht gedacht.« Eine Anwohnerin erzählte: »Sie waren etwas Besonderes, kann man sagen, also nicht so wie die übrigen Dorfbewohner, muss aber dazusagen, sie waren immer freundlich, wenn sie vorbeigefahren sind, sie haben immer gegrüßt, aber nein, das hätten wir nicht gedacht.« Damals, als Siegel mit den Anwohner:innen sprach, war noch unklar, wer geschossen und welche Rolle die Familie A. gespielt hat.

Siegel berichtet, gleich mehrere Anwohner:innen hätten gesagt, die Menschen, die auf dem Areal lebten, seien »komisch« gewesen. Als Polizei und Staatsanwaltschaft am Folgetag eine Pressekonferenz veranstalteten und zahlreiche Waffen, aber auch diverse NS-Devotionalien präsentierten,[2] dürfte den Anwohner:innen klargeworden sein, wie »komisch« die Menschen gewesen sind. Die Polizei äußerte in der Konferenz, man habe »begehbare Waffenkammern« entdeckt und sei »heilfroh«, das Gefahrenpotenzial beseitigt zu haben. Der SWR-Reporter vermutet, erst nach der Pressekonferenz sei den Anwohner:innen die Dimension der Tat bewusstgeworden. Nun nahm deren Gesprächsbereitschaft ab. Siegel erinnert sich, man habe lange Zeit suchen müssen, um Menschen in Bobstadt zu finden, die über die Tat vom 20. April 2022 sprechen wollten.

Black-Metal-Konzert »Torn your Ties« vom 3. September 2016 in Bobstadt (Quelle: Facebook Screenshot)

»Wir sind bisher ein beschaulicher, ruhiger Teilort von Boxberg gewesen, mit einer funktionierenden Vereins- und Dorfgemeinschaft«, berichtete der damalige Ortsvorsteher Alwin Deißler. »So ein Erlebnis« sei »nie da gewesen«. Das stimmt grundsätzlich, allerdings werden Erinnerungen wach. Denn bereits vor wenigen Jahren war Bobstadt wegen staatsfeindlicher Umtriebe in die Schlagzeilen geraten. Was war geschehen?

*Torn your Ties* heißt: Zerreiße deine Fesseln! So lautet das Motto eines Black-Metal-Konzerts vom 3. September 2016 in Bobstadt. Der Black Metal ist eine Subkultur des Metal. Er ist in den 1980er-Jahren entstanden und »durch schnelle, schrille Gitarrenriffs, treibende Schlagzeugrhythmen und kreischenden ›Gesang‹ gekennzeichnet«.[3] Black Metal ist, wie bereits der Name verspricht, düster. Man trägt schwarze Kleidung, Munitionsgurte, historische Waffen. Kriegs- und Leichenbemalung. Es geht um Okkultismus und Satanismus, um Vernichtung und Zerstörung.[4] Um Misanthropie. Menschenhass. Der neonazistische Black Metal (*National Socialist Black Metal*) verbindet die Themen des Black Metal mit dem

Weltbild der Neonazis. Das Weltbild tritt meistens in den Songtexten, gelegentlich im Artwork der Tonträger, in der Bühneninszenierung, im Aktivismus der Bandmitglieder zutage.[5]

Der Veranstalter des Black-Metal-Konzerts: Heiko Gubelius. Damals: der stellvertretende Ortsvorsteher. Mit *Permafrost* lud er eine neonazistische Black-Metal-Band aus Zeitz (Sachsen-Anhalt) ein. Die Band wurde vom sachsen-anhaltischen *Landesamt für Verfassungsschutz* beobachtet. Nicht zuletzt, weil *Permafrost* das antisemitische *Blutlied* der Neonazi-Band *Tonstörung* aus Mannheim gecovert hatte. *Tonstörung* sang Anfang der 1990er-Jahre: »Wetzt die langen Messer auf dem Bürgersteig / Lasst die Messer flutschen in den Judenleib / Blut muss fließen, knüppelhageldick / Und wir scheißen auf die Freiheit dieser Judenrepublik«. Das *Blutlied* ist nichts weniger als ein Aufruf zum Mord an Jüdinnen:Juden.

*Permafrost* erklärte im Netz, sie sei »keine Band, welche politische Inhalte transportiert«.[6] Das Cover sei instrumental, ohne Stimme, bloß eine »Aneinanderreihung von 3 Akkorden«. Aber die Live-DVD, auf der das Cover im Jahr 2007 erschienen war, zeigt: Der Sänger forderte das Publikum auf, das *Blutlied* zu singen. Bandmitglieder und Publikum grölten den antisemitischen Songtext. Sie grölten ihn – aber nicht ins Mikrofon. Neonazis wissen genau, was erlaubt und was strafbar ist. Dass Bands und Publikum das *Blutlied* anstimmen, beobachtete der Journalist Thomas Kuban, der jahrelang undercover in der Neonazi-Musikszene recherchierte, regelmäßig. Kuban nannte das *Blutlied* einen »Evergreen«.[7] Einen Gassenhauer militanter Neonazis.

Die *Stuttgarter Zeitung* machte den Auftritt der neonazistischen Black-Metal-Band *Permafrost* im Juli 2016, einige Wochen vor der Veranstaltung, einer breiten Öffentlichkeit bekannt.[8] Sie machte nicht nur auf das Cover des antisemitischen *Blutliedes*, sondern auch auf die einschlägige Gesinnung des Sängers aufmerksam. Er spielte in der Neonazi-Band *Heiliges Reich*. Die Band verharmloste im Song *Reisegruppe Tolerant* die Deportationszüge in die Vernichtungslager: »Die Züge sind voll / Die Stimmung ist toll / Die Fahrt geht in Richtung Osten«. Mit dem Bericht der *Stuttgarter Zeitung* setzte eine Debatte um den Auftritt von *Permafrost* ein. Daraufhin veröffentlichte Gubelius ein Foto in den sozialen Netzwerken. Das Foto zeigte den damaligen Amtsträger mit schwarzer Sonnenbrille, schwarzer Kutte – und zwei gestreckten Mittelfingern. Die Botschaft: Er lasse sich keine Fesseln anlegen. »Keine religiösen, keine gesellschaftlichen, erst recht keine politischen«. Mit der Botschaft war klar: Gubelius handelte aus Überzeugung.

Das Konzert hätte am Dorfrand, unweit des Sportheims, stattfinden sollen. Wie in den vergangenen Jahren. Das erste Black-Metal-Konzert veranstaltete er im Frühjahr 2012. *Groll der Allmacht* hieß das Motto, Bands trugen Namen wie *Apokrypha* oder *Baraqel*. Mit der Kritik am Auftritt von *Permafrost* änderte Gubelius den Konzertort. Aus der öffentlichen wurde eine geheime Veranstaltung. In einem Schreiben teilte er mit: »Der Veranstaltungsort wird nicht öffentlich bekanntgegeben.« Er schrieb, sein Konzert sei eine »reine Musikveranstaltung ohne politische Beweggründe«. Sie werde »von Black-Metal-Fans besucht und nicht von Rechtsradikalen«. Gleichzeitig merkte er an: »Den ein oder anderen Besucher, der rechts gesinnt ist, kann ich aber auch nicht ausschließen«.

Gubelius führte sein Konzert wie ein konspiratives Neonazi-Konzert durch: Der exakte Veranstaltungsort wurde erst kurz vor Einlass bekanntgegeben. Letztendlich fand das Konzert mit *Permafrost* in einer Holzscheune abseits des Dorfes statt. In der Scheune war eine Bühne mit professioneller Lichttechnik, vor der Scheune standen Bierbänke und Stehtische. Autos der Teilnehmer:innen parkten auf einem Acker und am Waldrand. Ein asphaltierter Feldweg führte vom Parkplatz zur Scheune. Rund 200 Black-Metal-Fans nahmen am Konzert teil. Unter den Fans waren

Mitglieder der *Black Metal Legion*, einer Bruderschaft aus der Bodenseeregion. Die *Black Metal Legion* schrieb, man habe »viele Freunde getroffen«.⁹ Es sei »ein sehr gelungener Tag« gewesen. Damals stellte das baden-württembergische Innenministerium fest, Mitglieder der *Black Metal Legion* seien Teil der Neonazi-Szene.¹⁰ Auf Fotos der Veranstaltung wurde die Nähe zur Szene sichtbar; Mitglieder trugen Aufnäher neonazistischer Black-Metal-Bands.

Am Abend fand der Auftritt von *Permafrost* statt. Wenige Kilometer entfernt, im *Evangelischen Gemeindehaus* in Boxberg, machte ein regionales Protestbündnis eine Veranstaltung mit Musik- und Redebeiträgen. Dass der Protest durchgeführt werden konnte, war möglich, weil die Kirche – im Gegensatz zur Boxberger Stadtverwaltung – das Anliegen des Bündnisses unterstützte.

Nun folgte eine Konzertpause. Denn Heiko Gubelius gründete eine Zimmerei in Bobstadt. Brandruine und Zimmerei liegen in unmittelbarer Nachbarschaft. Inzwischen scheint Max A. in der Zimmerei beschäftigt zu sein. Das legen Fotos in den sozialen Netzwerken nahe. Die Pause endete am 15. Februar 2020: Gubelius lud zum *Groll der Allmacht*.¹¹ Damals waren die ersten Corona-Fälle in Deutschland bekannt. Ein paar Wochen später, im März 2020, wurde die Pandemie ausgerufen. Mit dem *Groll der Allmacht* machte Gubelius erneut seine Nähe zur extremen Rechten deutlich. Unter den angekündigten Black-Metal-Bands war *Eishammer*. Die Band, 2018 gegründet, spielte im Juli 2019 die ersten Konzerte, veröffentlichte im September 2019 das erste Demo-Tape *Söhne Teuts*.

Ein paar Jahre zuvor hatte der szenebekannte Neonazi-Musiker Michael *Lunikoff* Regener eine CD mit dem ähnlichen Titel *Teuts Söhne* veröffentlicht. Auf beiden Tonträgern werden die antiken Teutonen besungen. *Eishammer* macht in Songs eine Gratwanderung zwischen germanischer Mythologie und Neonazismus: »Söhne Teuts, Wotans Krieger / Aus Sagen und Heldenliedern / Söhne Teuts aus Germania / Von Flandern bis nach Bavaria / [...] / Aus Eisen schuf er die Ahnen / Stolz tragen wir seinen Namen / Empor aus des Vaters Glut / Erhob sich germanische Wut«. Die Gratwanderung ist keine Seltenheit im neonazistischen Black Metal. Man liebt Andeutungen und Anspielungen, liebt die Provokation. Die Gesinnung der *Eishammer*-Bandmitglieder führt vor Augen, dass all das nur eine Fassade ist.

Der Sänger Dennis H. besuchte 2019 die *Tage der nationalen Bewegung*. Das war ein mehrtägiges Neonazi-Festival in Themar (Thüringen). Angekündigt waren *Blutlinie*, *Feindnah*, *Sturmwehr*. Mit *Germanium* und *Killuminati* waren auch Bands aus Baden-Württemberg vertreten. Headliner war *Oidoxie*, eine militante Neonazi-Band aus Dortmund (Nordrhein-Westfalen). Die Band sang 2018: »Wir sind hier, um zu verletzen / Mit unseren Worten und unseren Texten / [...] / Dies ist eine Warnung, legt euch nicht mit uns an / [...] / Doch stellt ihr euch uns in den Weg / Dann bleibt euch nichts erspart«. Ein Foto zeigt Dennis H. mit Sonnenbrille und Thors-

Black-Metal-Konzert »Groll der Allmacht« vom 15. Februar 2020 in Bobstadt (Quelle: Facebook Screenshot)

hammer-Kette. Der Thorshammer, ein Symbol aus der germanischen Mythologie, ist seit Jahren in der Neonazi-Szene beliebt. Eine junge Frau, die gemeinsam mit H. anreiste, trug ein *Eishammer*-Shirt.

Im Gegensatz zu *Permafrost* stammt *Eishammer* aus der Region. Als die Band ihr Demo-Tape bewarb, sprach sie »Heiko G.« einen ausdrücklichen Dank »für die Unterstützung« aus.[12] Am 20. April 2022 stellte die Polizei auf dem Areal der Familie A. eine Demo-CD von *Eishammer* sicher. Nachdem Gubelius den Auftritt von *Eishammer* angekündigt hatte, trat das Protestbündnis, das bereits 2016 gegen den Auftritt von *Permafrost* laut wurde, in Aktion. Das Motto lautete nun: »Neonazis keine Bühne bieten!«[13] Wieder signalisierte die Boxberger Stadtverwaltung, sie werde das Anliegen des Bündnisses nicht unterstützen. Um die Infoveranstaltung zu ermöglichen, mieteten Gemeinderäte das Alte Rathaus in Boxberg an. Derweil fand der *Groll der Allmacht* mit knapp 100 Black-Metal-Fans statt. Stolz schrieb *Eishammer* nach dem Konzert: »Trotz Hetze und Rufmord kapitulierten wir nicht. Wir haben uns bewiesen gegen die Presse. Die Leute kamen auf uns zu und haben sich ein eigenes Bild gemacht. Lasst euch nicht abschrecken von Lügen über uns.«[14]

Seit dem *Groll der Allmacht* wurde vieles über die Bandmitglieder bekannt: Mitglieder waren in der Neonazi-Kameradschaft *Junge Revolution* aktiv. Die *Junge Revolution* trat 2020 durch mehrere Wanderungen im Landkreis Schwäbisch Hall in Erscheinung.[15] Eine Wanderung fand nahe Schloss Langenburg, eine im Raum Satteldorf statt. 2021 ging die Neonazi-Kameradschaft mit der *Jungen Tat* aus der Schweiz wandern. Theatralisch schrieb die *Junge Tat* in den sozialen Netzwerken:

»Der Schweiß rinnt die Stirn herunter, die Beine werden schwer, die Luft ist bei dir und deinen Kameraden knapp. Schritt für Schritt erklimmt ihr den Berg.«[16] Ein Foto, das die Kameradschaft mit dem Text verbreitete, zeigt Mitglieder der *Jungen Tat* mit grünweißen Sturmhauben. Daneben stehen *Eishammer*-Musiker mit einem Transparent der *Jungen Revolution*.

Längst war die *Junge Revolution* ins Visier der Polizei geraten. Denn in einer Dezembernacht 2020 hatte ein Dutzend vermummter Neonazis der *Jungen Revolution* ein Parkhaus in Osterburken im Neckar-Odenwald-Kreis gestürmt, um Pyrotechnik zu zünden und ein Transparent mit der Parole *Migration tötet* zu hissen.[17] Die *Junge Revolution* filmte die Aktion, sie stellte den Clip ins Netz und forderte: »Deutsche! Geht auf die Straße und werdet ein Teil der jungen Revolution!« Der Clip erreichte innerhalb kürzester Zeit mehrere Tausend Menschen. Die Polizei leitete Ermittlungen wegen des Verdachts der Volksverhetzung ein. Im Januar 2021 fanden Razzien im Hohenlohekreis, im Neckar-Odenwald-Kreis und im Landkreis Schwäbisch Hall statt.[18] Offenbar waren auch *Eishammer*-Musiker betroffen. Die Neonazi-Kameradschaft schrieb im Netz, die Razzien seien ein »billiger Einschüchterungsversuch« des Staates. »Wir machen weiter, wir lassen uns nicht einschüchtern!« Allzu lange machte die *Junge Revolution* nicht mehr weiter: Im August 2021 verkündeten die Neonazis, man habe nach »reiflicher Überlegung« beschlossen, die Kameradschaft aufzulösen. Inzwischen sind Mitglieder in den Reihen der *Jungen Alternative* und *Jungen Nationalisten* präsent. Das sind die Jugendorganisationen der AfD und der Partei *Die Heimat* (ehemals NPD).

1 Polizeipräsidium Heilbronn: POL-HN: Gemeinsame Pressemitteilung der Staatsanwaltschaft Mosbach und des Polizeipräsidiums Heilbronn vom 20.04.2022. 2022. https://www.presseportal.de/blaulicht/pm/110971/5200778 (aufgerufen am 01.10.2024).
2 Sascha *Bickel*: Boxberg-Bobstadt: Mit Kriegswaffe auf Polizei geschossen. 2022. https://www.fnweb.de/orte/boxberg_artikel,-boxberg-boxberg-bobstadt-mit-kriegswaffe-auf-polizei-geschossen-_arid,1940488.html (aufgerufen am 01.10.2024).
3 Johannes *Lohmann* und Hans *Wanders*: Evolas Jünger und Odins Krieger. Extrem rechte Ideologien in der Dark-Wave- und Black-Metal-Szene. In: Rechts-Rock. Bestandsaufnahme und Gegenstrategien. Hg. von Christian *Dornbusch* und Jan *Raabe*. Münster 2002, S. 296.
4 Christian *Dornbusch* und Hans-Peter *Killguss*: Unheilige Allianzen. Black Metal zwischen Satanismus, Heidentum und Neonazismus. Münster 2005, S. 79–144.
5 Timo *Büchner*: ›Der Judengott verglüht‹. 2023. https://www.landesarchiv-bw.de/sixcms/media.php/120/RECHTS.GESCHEHEN_8.pdf (aufgerufen am 01.10.2024).
6 Facebook-Seite *permafrost68686* vom 14.07.2016. https://www.facebook.com/permafrost68686/posts/pfbid0jYLMwHqJCjpVPxQ9cigL4TUYSjFf4JW5m3P2igoiqcCPhBhqCnXY9BnsBzaZXiaTl?locale=de_DE (aufgerufen am 01.10.2024).
7 Thomas *Kuban*: Blut muss fließen. Undercover unter Nazis. Frankfurt a. M. 2012.
8 Sven *Ullenbruch*: Fragwürdige Band Permafrost in Boxberg. 2023. https://www.stuttgarter-zeitung.de/inhalt.black-metal-konzert-im-main-tauber-kreis-geplant-fragwuerdige-band-permafrost-in-boxberg.d5902f53-abb1-49cb-89b0-42c689f2b0cd.html (aufgerufen am 01.10.2024).
9 Facebook-Seite *Black Metal Legion BML* vom 04.09.2016. https://www.facebook.com/media/set/?set=a.1110514212331345&type=3 (aufgerufen am 01.10.2024).
10 Landtag von Baden-Württemberg: ›National Socialist Black Metal‹. 2017. https://www.landtag-bw.de/files/live/sites/LTBW/files/dokumente/WP16/Drucksachen/2000/16_2240_D.pdf (aufgerufen am 01.10.2024).
11 Timo *Büchner* und Anna *Hunger*: Eine trügerische Idylle. 2020. https://www.kontextwochenzeitung.de/kultur/462/eine-truegerische-idylle-6496.html (aufgerufen am 01.10.2024).
12 YouTube-Kanal *EishammerOfficial* vom 09.09.2019. https://www.youtube.com/watch?v=acG5KThMGe8 (aufgerufen am 01.10.2024).
13 Timo *Büchner*: Wie sich Bürger gegen Neonazikonzerte wehren. 2020. https://blog.zeit.de/stoerungsmelder/2020/03/06/wie-sich-buerger-gegen-neonazi-konzerte-wehren_29624 (aufgerufen am 01.10.2024). Hinweis zur Transparenz: Der Autor dieses Buches referierte im Rahmen der Infoveranstaltung.
14 Facebook-Seite *EishammerOfficial* vom 16.02.2020. https://www.facebook.com/EishammerOfficial/posts/pfbid028ssCi3WhJzv4TyabBtJQmFziNLWZ96wbQdzNV1QaicqaApxo1HUQWP5i4vn4QC5El (aufgerufen am 01.10.2024).
15 Landtag von Baden-Württemberg: Aktivitäten der Gruppierung ›Nord Württemberg Sturm‹ (bzw. ›Junge Revolution‹). 2021. https://www.landtag-bw.de/files/live/sites/LTBW/files/dokumente/WP16/Drucksachen/9000/16_9929_D.pdf (aufgerufen am 01.10.2024).
16 Telegram-Kanal *Jungetat* vom 07.07.2021.
17 Timo *Büchner*: Propaganda auf dem Parkdeck. 2021. https://blog.zeit.de/stoerungsmelder/2021/01/13/propaganda-auf-dem-parkdeck_30496 (aufgerufen am 01.10.2024).
18 Polizeipräsidium Heilbronn: POL-HN: Gemeinsame Pressemitteilung der Staatsanwaltschaft Mosbach und des Polizeipräsidiums Heilbronn vom 28.01.2021. 2021. https://www.presseportal.de/blaulicht/pm/110971/4824481 (aufgerufen am 01.10.2024).

# Kapitel 7
# Der Opfermythos der Familie A.

Als die rechtsextremen Black-Metal-Konzerte in Bobstadt stattfanden, war Heidrun Beck noch nicht im Amt. Die Juristin, die in Bobstadt aufgewachsen ist und den Alltag und die Menschen im Dorf bestens kennt, wurde im März 2021 – etwa ein Jahr nach dem Konzert mit *Eishammer* – zur Bürgermeisterin der Stadt Boxberg gewählt. Wie hat sie den Morgen der Tat erlebt? Und: Wie nimmt sie die Stimmung seit der Tat wahr? Erst ein Jahr war sie im Amt, als die Schüsse des *Reichsbürgers* das Dorf erschütterten.

Per *WhatsApp* erfuhr sie am frühen Morgen, dass das SEK in Bobstadt ist und Schüsse gefallen sind. »Ich bin erschrocken«, erzählt sie. Heidrun Beck war zu Hause und gerade aufgestanden, als sie die Nachricht erreichte. Kurze Zeit später bekam sie eine Meldung, dass ein Feuer ausgebrochen ist und die Feuerwehr löschen muss. »Bei einem Einsatz bekomme ich als Bürgermeisterin ein Signal«, erklärt sie und deutet auf ihr Handy.

Beck fuhr nach Boxberg und sah aus der Ferne die aufsteigenden Rauchschwaden. Im Rathaus hörte sie, wie Fahrzeuge mit Martinshorn durch die Hauptstraße rauschten. »Es war Dampf im Kessel«, stellt sie fest. Man habe die Anspannung gespürt. Nach Bobstadt fuhr sie erst, als die Lage vor Ort gesichert war. Sie nahm an einer Besprechung der Feuerwehr und Polizei teil. So habe sie einen Eindruck bekommen, was am Morgen geschehen war, schildert sie.

Das Areal, auf dem das Feuer ausgebrochen war, ist Beck bekannt. Die Bürgermeisterin schildert, sie habe zur Kenntnis genommen, dass die Familie A. ihr Grundstück einzäunte und sich im Zuge der Corona-Pandemie abschottete. Über Ingo K. wusste sie nichts. Lediglich, dass ein Mann mit Sohn und Hund auf das Areal gezogen war.

Wie der Reporter Fabian Siegel nahm auch Beck eine Mischung aus Entsetzen und Ratlosigkeit unter den Anwohner:innen wahr. Wie konnte solch ein Verbrechen in unserem Dorf geschehen? Viele trieb die Frage um: Wie viele Menschen hätten in Anbetracht des massiven Schusswechsels sterben können?

Die Familie A. hatte Antworten parat: Nicht Ingo K., sondern das SEK soll das Verbrechen begangen haben. Ihr Mieter sei unschuldig, die Polizei schuldig. So trat Heiko A. kurz nach der Tat mit dem *Reichsbürger* Matthes Haug in Kontakt. »Guten Tag Herr Dr. Haug«, setzte er in einem öffentlichen *Telegram*-Kanal an.[1] Er behauptete, das SEK sei »mit über tausend Mann« auf seinen Hof gekommen. Es »begann ohne Vorwarnung durch die geschlossenen Fensterläden auf mich, meine Familie und meinen Freund Ingo [...] zu schießen«. Heiko A. betonte: »Wir wussten zu diesem Zeitpunkt nicht, wer und warum

Bürgermeisterin Heidrun Beck
(Quelle: Nicholas Potter)

auf uns mit Granaten und Feuerwaffen schoss.« Am Ende formulierte er sein Anliegen: »Ich erbitte Ihren Rat, wie ich mich gegen dieses Verbrechen zur Wehr setzen kann.«

Vor Gericht knüpft er mit seiner Familie an die *Telegram*-Nachricht an.[2] Heiko A. behauptet, er habe »keinen rechten Plan gehabt, wer schießt und warum«. Über die Schüsse seines Mieters sagt er, Ingo K. habe wohl »aus Selbstschutz zurückgeschossen«. Seine Ehefrau Bianca A. spricht vom »Überfall« und ist sich sicher, »die Polizei« habe das Haus angezündet. »Diese Zerstörung« sei eine »Sauerei«, klagt sie. Heiko A.s Sohn Max sagt aus, »keiner« habe gewusst, »was draußen vorgeht«. Denn: »Es hat sich niemand zu erkennen gegeben.«

Alle drei – Heiko, Bianca und Max A. – behaupten, es habe kein Blaulicht, kein Martinshorn und keine »Polizei«-Rufe vor dem Haus gegeben. Selbst als der Videozusammenschnitt der SEK-Helmkameras thematisiert wird, beharren sie auf ihrer – offensichtlichen – Lüge. Bianca A., der das Video im Saal gezeigt wird, räumt ein, am Dachfenster gestanden und auf die Straße geschaut zu haben, leugnet aber, die Polizei erkannt zu haben. Heiko und Max A. fantasieren sogar, das Video könne manipuliert worden sein.

Die Familie A. ging in die Offensive und gewährte Medien mit großer Reichweite, die über die Tat vom 20. April 2022 berichteten, den Zutritt. Offenbar wollte sie die Berichterstattung der Medien nutzen, um ihre Version der Geschehnisse zu erzählen und das angeblich erlittene »Unrecht« – das abgebrannte Haus – zu zeigen. Aber: Dass das Haus in Brand geriet, war kein Unrecht, sondern ein tragisches Unglück. Denn wer Unrecht begeht, handelt absichtsvoll.

Im Prozess stellt ein Sachverständiger sein Gutachten zur Brandursache vor.[3] Der staatlich geprüfte Elektrotechniker kommt zum Ergebnis, dass eine Nebelhandgranate, die im Bereich des Carports eingesetzt wurde, um drei SEK-Beamten einen sicheren Rückzug zu ermöglichen, die »wahrscheinlichste« Ursache ist. Offenbar geriet die Granate während der Zündung mit Holz oder Papier in Kontakt. Der Sachverständige betont, er habe »keinen Hinweis« auf eine absichtliche Brandstiftung feststellen können.

Dennoch behauptete Heiko A. im Gespräch mit dem *Stern*, man habe mit dem »Überfall« ein »Zeichen an die Bevölkerung schicken« und signalisieren wollen, wie »das System« mit Andersdenkenden umgeht.[4] »Unser Haus sollte abbrennen, weil wir die Wahrheit kennen«, sagte er. Mit der »Wahrheit« dürfte er die angebliche Besatzung Deutschlands gemeint haben.

Im Gespräch mit *Spiegel TV* äußerte Heiko A., das SEK habe »ein Blutbad anrichten« wollen.[5] Weiter: »Die sind geschickt worden mit dem Auftrag, uns zu töten und den Hof komplett niederzubrennen.« Auf die Nachfrage der Journalistin Melina Hemmer, warum das SEK versucht haben soll, seine Familie zu töten, antwortete er: »Um eben andere Leute einzuschüchtern. So nach dem Motto: einen bestrafen, hundert erziehen.«

Die *Süddeutsche Zeitung*, die auf ihrer prominenten *Seite Drei* über den Tatort Bobstadt berichtete, wurde durch die Trümmer der Brandruine geführt.[6] Die Frage, ob Bianca A. auf den Mieter und Schützen sauer

Brandruine Bobstadt
(Quelle: Nicholas Potter)

Kapitel 7
Der Opfermythos der Familie A.

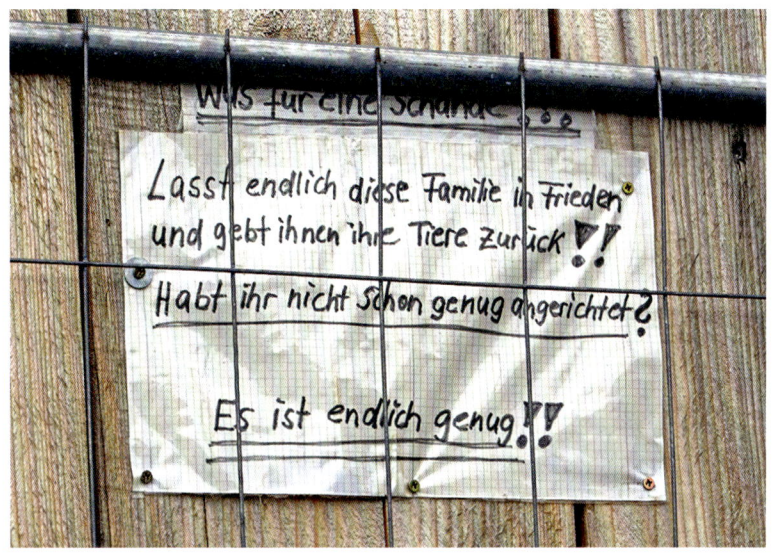

»Habt ihr nicht schon genug angerichtet?«
(Quelle: Nicholas Potter)

sei, unterbricht sie: »Der Ingo ist ein Freund.« Die Frage der Zeitung ist berechtigt, denn die Rechnung ist simpel: Das Landratsamt hatte Ingo K. mehrfach gebeten, seine Waffe freiwillig abzugeben.

Hätte er die Waffe abgegeben, wäre der SEK-Einsatz ausgeblieben. Weder hätte das Haus gebrannt noch hätte die Polizei die Waffenkammern im Haus entdeckt. Laut Familie A. ist Ingo K. nicht nur ein Freund, sondern mehr: ein Held. So äußerte Heiko A. gegenüber dem *Stern*: »Aus meiner Sicht hat Ingo uns das Leben gerettet, weil er sich zur Wehr gesetzt hat. Erst als er schoss, haben sich die Polizisten zurückgezogen.«⁷

Die Familie hat Verbündete. Vor Gericht erzählt ein Bekannter, Heiko A. habe ihn nach der Tat angerufen und um Hilfe gebeten.⁸ Die beiden sind Mitglieder im *Motorradclub Bad Company – Tauberkreis*. Laut Vereinsregister scheint A. bis heute der Kassierer des Vereins zu sein. Der Bekannte sagt aus, er habe ihm Kleidung und eine Stange Zigaretten gebracht.

Mehr noch: Er habe Geld im Motorradclub gesammelt, um die Familie zu unterstützen. Die Sammlung sei »selbstverständlich« gewesen, schildert er. Nach dem Brand soll die Familie A. in einem Boxberger Stadtteil untergekommen sein. Sie soll Material wie Balken und Steine erhalten haben, um das Nebengebäude der Brandruine einzurichten.

Die Bürgermeisterin Heidrun Beck berichtet, Familie A. versuche im Dorf, ihre Version der Geschehnisse unters Volk zu bringen. Bobstadt ist gespalten: Wem sollen die Einwohner:innen glauben? Einer alteingesessenen Familie oder der Presse? Es herrsche eine »gewisse Spannung«, berichtet sie. All das geschehe in einer Zeit, in der das gesellschaftspolitische Klima »aufgeheizt« und ein Teil der Bevölkerung »unheimlich unzufrieden« sei, stellt die Bürgermeisterin fest. Viele seien gegen »die da oben« und der Meinung, »die können's nicht«. Die repräsentative Mitte-Studie, die im Zwei-Jahres-Rhythmus erscheint, belegt ein starkes Misstrauen gegen »die da oben«.⁹ Gegen Politik und Presse. Das Misstrauen wird durch Fake News und Verschwörungserzählungen in den sozialen Netzwerken befeuert.

Die Tatsache, dass das Haus in Brand geriet, schuf einen Nährboden für den Opfermythos der Familie. Denn ein Unglück wie der Brand ruft – natürlicherweise – Solidarität hervor. Dass das Veterinäramt des Main-Tauber-Kreises am 3. November 2022 mit Transportern nach Bobstadt kam und die 84 Tiere der Familie beschlagnahmte, nährte die Solidarität. Das Amt zog 36 Schafe, 18 Hühner, 14 Rinder, sieben Hunde, sechs Pfauen, zwei Enten und eine Katze ein.¹⁰

Die Familie startete eine Initiative, um auf die angebliche »Behördenwillkür« aufmerksam zu machen. Auf einem Plakat schrieb sie: »Wir brauchen Ihre Unterstützung, um dieses Unrecht zu stoppen.« Sie bat, man solle das Veterinäramt auffordern, die »Fehlentscheidung rückgängig zu machen«. Das Plakat wurde hauptsächlich in den sozialen Netzwerken verbreitet. Die Initiative der Familie schien, zumindest in Teilen der Bevölkerung, zu verfangen. Zwischenzeitlich hing ein karierter Zettel am Holzzaun der Familie. Auf dem Zettel stand: »Was für eine Schande!!! Lasst endlich diese Familie in Frieden und gebt ihnen ihre Tiere zurück!! Habt ihr nicht schon genug angerichtet? Es ist endlich genug!!«.

Der Opfermythos der Familie verschleiert, dass die *Staatsanwaltschaft Karlsruhe* gegen mehrere Familienmitglieder ermittelte. Es ging um den Verdacht des Verstoßes gegen das Waffen- und das Kriegswaffenkontrollgesetz.[11] Denn neben der Waffenkammer von Ingo K. wurde auf dem Areal eine weitere Waffenkammer entdeckt. Die Polizei stellte etliche Waffen, die Mitgliedern der Familie gehören sollen, sicher. Zwei Maschinenpistolen, zwei Gewehre, zwei Flinten, zwei Revolver, fünf Pistolen und rund 8.000 Schuss Munition.[12] Das *Landgericht Mosbach* wird die Vorwürfe gegen die Familienmitglieder prüfen. Solange gilt die Unschuldsvermutung.

Neben Waffen fand die Polizei eine Vielzahl nationalsozialistischer Symbole: ein Schwert mit Hakenkreuz, eine Dose mit Hakenkreuzorden, gar einen Toaster mit einem Hakenkreuz. Auch Flaggen mit Hakenkreuzen und SS-Runen. *Spiegel TV* veröffentlichte ein Foto, das Max A. mit einer schwarz-weiß-roten Hakenkreuzfahne der NSDAP zeigt.[13] Bereits seit Jahren verkehrt er in der Neonazi-Szene. Fotos belegen: 2014 besuchte er ein Konzert von *Kategorie C*, 2016 einen Liederabend von *Flak*. Zuletzt soll er laut *Spiegel TV* in der Neonazi-Kameradschaft *Junge Revolution* aktiv gewesen sein.[14]

Auf dem Grundstück stellte die Polizei mehrere CDs sicher. Eine der CDs stammt von *Schwarzer Orden*. Der Name, der auf die schwarzen Uniformen der SS anspielt, ist eine Bezeichnung für die mörderische NS-Organisation. »Stehe auf und zeige dich / Kämpfe für Deutschland und sonst für nichts«, singt *Schwarzer Orden* auf dem beschlagnahmten Tonträger. Im Song wird nicht die Bundesrepublik, sondern das Deutsche Reich beschworen. Die bewaffnet marschierenden SS-Kämpfer, die auf dem Cover des Tonträgers abgebildet sind, lassen keine Zweifel aufkommen.

Weitere CDs stammen von Bands wie *Amok* und *Oidoxie*. Jene Bands stehen dem Rechtsterrorismus nahe. Daher verwundert nicht, dass auf dem Areal auch eine Fahne von *Combat 18* (deutsch: Kampftruppe Adolf Hitler) gefunden wurde. *Combat 18* ist der paramilitärische Arm eines internationalen Neonazi-Netzwerks. Im Januar 2020 wurde *Combat 18 Deutschland* durch das Bundesinnenministerium verboten. Anlass des Verbots war die Ermordung des Kasseler Regierungspräsidenten Walter Lübcke. Aufgrund seines Engagements für Asylsuchende war Lübcke in das Schussfeld der extremen Rechten geraten. Der Mörder soll Kontakt zum deutschen Ableger von *Combat 18* gepflegt haben.

Die Funde legen nahe: Offenbar lebt ein Teil der Familie A. in einer fanatisierten Welt aus NS-Ideologie und Waffen. Daher wurde es höchste Zeit, dass das Areal entwaffnet wurde.

---

1 Theo *Heyen*: Reichsbürger im Südwesten. 2024. https://www.ardmediathek.de/video/swr-story/swr-story-reichsbuerger-im-suedwesten/swr/Y3JpZDovL3N3ci5kZS9hZXgvbzIwNDk3OTY (aufgerufen am 01.10.2024).
2 Teil II, 14. Prozesstag.
3 Teil II, 13. Prozesstag.
4 Isabelle *Zeiher*: Das kleine Reich von Boxberg: Wie sich mutmaßliche ›Reichsbürger‹ radikalisieren – und Schüsse auf Polizisten rechtfertigen. 2023. https://www.stern.de/gesellschaft/boxberg--wie-sich-mutmassliche--reichsbuerger--radikalisieren-33512126.html (aufgerufen am 01.10.2024). – Der Artikel ist am 1. Juni 2023 in der Ausgabe Nr. 23 des Magazins erschienen (S. 84–88).
5 YouTube-Kanal *derspiegel* vom 15.09.2023. https://www.youtube.com/watch?v=Hhv_1nUwVw (aufgerufen am 01.10.2024). – YouTube-Kanal *derspiegel* vom 12.12.2023 https://www.youtube.com/watch?v=x9Qcy7Blon8 (aufgerufen am 01.10.2024). – Die Beiträge sind am 11.09.2023 und 11.12.2023 in *Spiegel TV* (RTL) ausgestrahlt worden.
6 Christoph *Koopmann* und Benedikt *Warmbrunn*: Hier regiere ich. 2023. https://www.sueddeutsche.de/projekte/artikel/politik/reichsbuerger-gerichtprozess-stuttgart-boxberg-bobstadt-kriminalitaet-ingo-k-e261787/?reduced=true (aufgerufen am 01.10.2024). – Der Artikel ist am 11. September 2023 in der Ausgabe Nr. 209 der Tageszeitung erschienen (S. 3).
7 Isabelle *Zeiher*: Das kleine Reich von Boxberg: Wie sich mutmaßliche ›Reichsbürger‹ radikalisieren – und Schüsse auf Polizisten rechtfertigen. https://www.stern.de/gesellschaft/boxberg--wie-sich-mutmassliche--reichsbuerger--radikalisieren-33512126.html (aufgerufen am 01.10.2024).

8 Teil II, 9. Prozesstag.
9 Im Rahmen der Mitte-Studie 2022/23 stimmten die Befragten den folgenden Aussagen *teils/teils / eher / voll und ganz* zu: »Die Regierung verschweigt der Bevölkerung die Wahrheit.« (27,7 % / 16,1 % / 17,7 %), »Die regierenden Parteien betrügen das Volk.« (23,1 % / 14,8 % / 14,9 %) und »Die Medien und die Politik stecken unter einer Decke.« (25,9 % / 17,5 % / 14,4 %) – Nico *Mokros* und Andreas *Zick*: Gruppenbezogene Menschenfeindlichkeit zwischen Krisen- und Konfliktbewältigung. In: Die distanzierte Mitte. Rechtsextreme und demokratiegefährdende Einstellungen in Deutschland 2022/23. Hg. von Franziska *Schröter*. Bonn 2023. S. 118/119.
10 Sascha *Bickel*: 84 Tiere unter Polizeischutz abgeholt. 2022. https://www.fnweb.de/orte/boxberg_artikel,-boxberg-84-tiere-unter-polizeischutz-abgeholt-_arid,2014825.html (aufgerufen am 01.10.2024).
11 N. N.: ›Reichsbürger‹-Komplex: Ermittlungen gegen weitere Hofbewohner. 2023. https://www.swr.de/swraktuell/baden-wuerttemberg/heilbronn/ermittlungen-gegen-umfeld-im-reichsbuerger-komplex-boxberg-bobstadt-100.html (aufgerufen am 01.10.2024).
12 Landtag von Baden-Württemberg: Der Reichsbürger-Komplex in Boxberg-Bobstadt. 2024. https://www.landtag-bw.de/files/live/sites/LTBW/files/dokumente/WP17/Drucksachen/6000/17_6961_D.pdf (aufgerufen am 01.10.2024).
13 YouTube-Kanal *derspiegel* vom 12.12.2023. https://www.youtube.com/watch?v=x9Qcy7Blon8 (aufgerufen am 01.10.2024).
14 Ebd.

# Kapitel 8
# »Kein zweites Boxberg«

Die Schüsse vom 20. April 2022 haben sichtbar tiefe Spuren hinterlassen. Das wurde am Morgen des 27. September 2023 in Hesselbronn deutlich.[1] Das 100-Seelen-Dorf der Gemeinde Kupferzell im Hohenlohekreis ist etwa 40 Autominuten vom Tatort in Bobstadt entfernt.

Es ist 5:56 Uhr und ein düsterer, kühler Morgen. In Hesselbronn herrscht Stille. Doch plötzlich findet die Stille ihr jähes Ende. Aus mehreren Richtungen fahren Transporter in das Dorf. Die Transporter sind teils blauweiß, teils dunkelgrau und parken am Straßenrand. Etliche SEK-Beamt:innen steigen aus. Sie sind vermummt, einige tragen Schusswaffen. Eine Drohne verlässt, blinkend und summend, den Boden. Vor einem beigefarbenen Fachwerkhaus leuchtet das Blaulicht. Dann ertönt ein Martinshorn. »Hier spricht die Polizei«, sagt eine männliche Stimme per Lautsprecher. Die Stimme fordert, die Bewohner:innen sollen das Haus mit erhobenen Händen verlassen.

An diesem Morgen wird das bundesweite Verbot des rechtsextremen Vereins *Die Artgemeinschaft – Germanische Glaubens-Gemeinschaft wesensgemäßer Lebensgestaltung* vollstreckt. Mehr als ein Jahr sei das Vereinsverbot vorbereitet worden, teilt das Bundesinnenministerium auf seiner Website mit.[2] »Maßgeblich« seien Erkenntnisse des Verfassungsschutzes gewesen. »Wir verbieten eine sektenartige, zutiefst rassistische und antisemitische Vereinigung«, erklärt Innenministerin Nancy Faeser. Das Verbot sei ein »harter Schlag gegen den Rechtsextremismus«. Rund 700 Polizist:innen durchsuchen 26 Wohnungen von 39 Mitgliedern. Die Durchsuchungen finden in 12 Bundesländern statt. Die einzige Durchsuchung im Südwesten ist in Hesselbronn; dort sind mehr als 100 Polizist:innen im Einsatz, um drei Objekte zu durchsuchen. Ein Wohnhaus, eine Scheune und ein Flurstück.

Die hohe Zahl der Einsatzkräfte überrascht. In Bayern sind lediglich 50 Polizist:innen im Einsatz, um acht Wohnungen zu durchsuchen. Ein Grund sind die Schüsse vom 20. April 2022. Später gibt der Pressesprecher des *LKA Baden-Württemberg* gegenüber der *Südwest Presse* zu verstehen: »Wir wollen kein zweites Boxberg.«[3] Die *Artgemeinschaft* ist kein *Reichsbürger*-Verein. »Sie ist Teil des militanten Neonazismus«, ordnet Christoph Schulze ein. Er arbeitet an der *Emil Julius Gumbel Forschungsstelle Antisemitismus und Rechtsextremismus*. Die Stelle ist beim *Moses Mendelssohn Zentrum für europäisch-jüdische Studien* in Potsdam (Brandenburg) angesiedelt. Seit jeher weist die *Artgemeinschaft* eine Nähe

Razzia vom 27. September 2023 in Hesselbronn
(Quelle: Timo Büchner)

zur Militanz auf. Schulze nennt ein Beispiel, um die Gewaltbereitschaft zu veranschaulichen: Der Neonazi Stephan Ernst, der 2019 den Kasseler Regierungspräsidenten Walter Lübcke auf der Terrasse seiner Privatwohnung erschoss, war Mitglied des Vereins.

Die Nähe zum Rechtsterror ist fest in der Ideologie der *Artgemeinschaft* verankert. Der Verein hat ein *Artbekenntnis* und ein *Sittengesetz unserer Art*.[4] *Art* bedeutet hier: *Rasse*. Es heißt, die »Menschen unserer Art« seien »Menschen nordischer Rasse« und »fälischer Rasse«. Das ist die Rassenlehre der nationalsozialistischen und völkischen Bewegung aus dem 20. Jahrhundert. Das *Artbekenntnis* beginnt mit den Worten: »Die Menschenarten sind verschieden in Gestalt und Wesen.« Weiter heißt es: »Wir bekennen uns zur Erhaltung und Förderung unserer Menschenart als höchstem Lebensziel.« Das *Sittengesetz* fordert »gleichgeartete Gattenwahl« und »gleichgeartete Kinder«. Mehr noch: »Wehrhaftigkeit bis zur Todesverachtung gegen jeden Feind von Familie, Sippe, Land, Volk, germanischer Art und germanischem Glauben«. Sprich: Gewalt scheint ein legitimes Mittel zu sein, um die eigene *Rasse* zu schützen.

Ein paar Wochen vor dem Verbot schrieb die *Artgemeinschaft* in ihrem *Telegram*-Kanal: »Es ist die schönste und höchste Pflicht eines deutschen Menschen, mitzukämpfen an dem größten Kampf aller Zeiten, dem Kampf auf Leben und Tod, dem Kampf um Sein oder Nichtsein, um den Bestand des deutschen Volkes, den Glauben an eine bessere Zukunft für uns alle. Wir haben nur ein Ziel vor Augen: die Freiheit des deutschen Volkes und damit die Freiheit Europas. Wir wissen, wofür wir kämpfen, und das macht uns stark!«[5] Christoph Schulze erklärt, die *Artgemeinschaft* habe »germanisches« Leben als »beständigen Kampf« begriffen. Mit Blick auf die Kinder und Jugendlichen, die im Kreise des Vereins aufgewachsen sind, betont er: »Es ging um die Erziehung zu Hass und Gewalt.« All das ist jahrelang im Verborgenen geschehen.

Verharmlosend schrieb die *Artgemeinschaft* stets, sie sei eine »Religionsgemeinschaft« und die »größte heidnische Gemeinschaft Deutschlands«.

Im beigefarbenen Fachwerkhaus, das die Polizei am frühen Morgen des 27. September 2023 durchsucht, wohnen Alexander Donninger und Inga F. mit ihren beiden Kindern. Vor Ort muss die Polizei zur Kenntnis nehmen, dass lediglich F. im Haus ist. Donninger – ein Österreicher, der lange Zeit im Berchtesgadener Land nahe der deutsch-österreichischen Grenze lebte – ist im Ausland. Sowohl Alexander Donninger als auch Inga F. waren Mitglieder der *Artgemeinschaft*. Donninger war eine treibende Kraft des rechtsextremen Vereins. Seit 2020 war er als Schriftführer im Vorstand aktiv. Offenbar wurde der *Buchdienst* in Hesselbronn betrieben, schließlich wurde im Impressum ein Postfach in Kupferzell genannt. Der *Buchdienst* vertrieb die *Nordische Zeitung* – so hieß die Mitgliedszeitschrift des Vereins – und einige Schriften von Wilhelm Kusserow (1901–1983) und Jürgen Rieger (1946–2009). Die beiden waren einflussreiche Funktionäre: Kusserow hatte 1927 die *Nordische Glaubensgemeinschaft* und 1951 die *Artgemeinschaft* gegründet. Rieger hatte die *Artgemeinschaft* von 1989 bis 2009 geleitet und maßgeblich geprägt.

Christoph Schulze hat 2020 ein Buch über Riegers Schlüsselrolle in der extremen Rechten veröffentlicht.[6] Der Buchtitel lautet: »Rassismus in nationalsozialistischer Tradition«. Im Buch hat er den Einfluss des Hamburger Rechtsanwalts und NPD-Funktionärs beschrieben. Rieger war ein Netzwerker und Organisator. Mehr noch: Er war ein Fanatiker. Ein fanatischer Rassist und Nationalsozialist, der die Irrlehren des »Rassepapstes« Hans F. K. Günther vertrat und die Gedenkmärsche für den Hitler-Stellvertreter Rudolf Heß anführte. Der Fanatismus kam in seinen Schriften zum Ausdruck. Die Cover mehrerer Schriften zeigen eine Irminsul. Im Nationalsozialismus bildete die Irminsul, einst ein Heiligtum der Germanen, das Emblem der *Forschungs- und Lehrge-*

»Artgemeinschaft« mit blau-goldener Irminsul (Quelle: Screenshot)

meinschaft *Das Ahnenerbe*. Mit dem Verbot der *Artgemeinschaft* wurde auch die blau-goldene Irminsul mit Nordstern und Großem Wagen verboten.[7] Das war das Emblem des Vereins.

Alexander Donninger ist eine bundesweite Größe der Neonazi-Szene. Das macht seine regelmäßige Teilnahme an einem *Trauermarsch* anlässlich des Jahrestages der Bombardierung Dresdens im Zweiten Weltkrieg deutlich. Am Ende des Marsches findet ein Gedenken statt. Im Rahmen des Gedenkens werden die Namen der bombardierten Städte des Deutschen Reiches verlesen. Schon mehrfach war Donninger am Verlesen der Städtenamen beteiligt.[8] So stand er am 11. Februar 2024, nachdem rund 1.000 Neonazis durch die sächsische Landeshauptstadt marschiert waren, mit einer Mappe am Mikrofon, um die Namen zu verlesen. Auch in Baden-Württemberg geht Donninger auf die Straße. So besuchte er am 4. Dezember 2021 eine AfD-Demonstration in Bad Mergentheim. Er trug einen schwarzen Pullover der *Artgemeinschaft*. Unter dem Motto »Stoppt die Impfdiktatur!« hatte die *AfD Main-Tauber* vor das Caritas-Krankenhaus mobilisiert.[9]

Die *Artgemeinschaft* hatte nur rund 150 Mitglieder in Deutschland. Aber Christoph Schulze betont, sie sei eine »wichtige Netzwerkorganisation« innerhalb der extremen Rechten gewesen. Bundesweit verfügte sie über *Freundeskreise* und *Gefährtschaften*. Nach dem Verbot heißt es, ab 2019 habe in Baden-Württemberg eine *Gefährtschaft Süd-West* mit einstelliger Mitgliederzahl bestanden.[10] Etwa 30 Menschen – Anwärter:innen, Förderer:innen, Sympathisant:innen – sollen sich im Umfeld des rechtsextremen Vereins bewegt haben. Über die Aktivitäten der *Gefährtschaft Süd-West* ist recht wenig bekannt. Treffen und Veranstaltungen fanden stets intern und im Geheimen statt. Einzig im Dezember 2022 schrieb die *Artgemeinschaft* in den sozialen Netzwerken, man habe eine Ausstellung über die Normannen in Mannheim besucht.[11]

Auf das Verbot reagierte die extreme Rechte mit Empörung und Solidarisierung zugleich. In den sozialen Netzwerken hieß es: »Gegen Faesers antideutsche Verbotspolitik – Solidarität mit der Artgemeinschaft!«[12] Eine Reaktion stach hervor: Die Bundesvorsitzende des rechtsextremen *Bundes für Gotterkenntnis (Ludendorff)*, kurz: BfG, schickte einen Brief an zahlreiche Politiker:innen.[13] Wie die *Artgemeinschaft* ist der BfG ein exklusiver Kreis mit einer antisemitischen und rassistischen Ideologie.[14] Gudrun Klink, die Vorsitzende, bezweifelte in ihrem Brief die Verhältnismäßigkeit der Razzien. Offenbar auf die Durchsuchung in Hesselbronn bezogen, behauptete sie: »Im Haus wurde alles herausgerissen, auf den Boden geworfen und darauf herumgetrampelt.«

Klink nutzte den Brief, um vor einem BfG-Verbot zu warnen. In ihren Zeilen schwang Furcht mit. Schließlich besteht eine ideologische wie personelle Nähe zwischen den Vereinen. So haben Alexander Donninger und Inga F. in der Vergangenheit das *Jugendheim Hohenlohe*, ein altes Fachwerkhaus des BfG in Kirchberg an der Jagst im Landkreis Schwäbisch Hall, besucht. Offenbar griff Bernhard Eisenhut, Abgeordneter der AfD-Fraktion im Stuttgarter Landtag, den Brief auf. Er stellte eine Kleine Anfrage an die Landesregierung.[15] Wie Gudrun Klink zog auch der AfD-Politiker aus dem Wahlkreis Singen die Verhältnismäßigkeit der Razzien in Zweifel. Seine Kritik begründete er mit der Anwesenheit bewaffneter, maskierter SEK-Beamt:innen. Eisenhut vermutete, deren Anwesenheit habe Kinder, die am Morgen der Hausdurchsuchungen in den Wohnungen waren, traumatisieren können.

Vielfach wurde das Treiben des rechtsextremen Vereins kleingeredet. In einem *Telegram*-Kanal aus dem Hohenlohekreis wurde behauptet, mit der *Artgemeinschaft* seien die »Harmlosesten der Harmlosen« ins Visier des Staates geraten: »Singen, tanzen, basteln und Theateraufführungen sind für die rote Nancy bisweilen schon terroristisch-kriminell.«[16] Es hieß, »niemand« sei »vor den bolschewistischen Übergriffen gefeit«. Dass die *Artgemeinschaft* wegen ihrer Glorifizierung des Nationalsozialismus verboten wurde, blieb unerwähnt. Die Verharmlosungen erinnern an die Verharmlosungen im Kontext der Großrazzia gegen die mutmaßlichen Mitglieder der *Patriotischen Union*. In beiden Fällen wurden die Aktivitäten und Ideologien der Netzwerke heruntergespielt.

In den 26 Wohnungen, die am 27. September 2023 in zwölf Bundesländern durchsucht werden, werden Bargeld und Gold, Armbrüste und Schusswaffen, rechtsextreme Bücher und Devotionalien beschlagnahmt.[17] In Hesselbronn wird allerlei Vereinsvermögen, darunter Bücher und Werbematerial, sichergestellt.[18] Dass Literatur eingezogen wurde, bestätigte Heide F. gegenüber dem SWR. Sie ist die Mutter von Inga F. und lebt, gemeinsam mit Bruder Walter und Sohn Wieland, im angrenzenden Wohnhaus. Gleichzeitig verharmloste sie die rassistische Ideologie der *Artgemeinschaft*. Sie sagte im Wortlaut: »Meines Wissens sind da vorne Bücher weggekommen, Lieder, also alte Volkslieder, deutsche Volkslieder, diese deutsche Gedichte, diese Sachen sind weggekommen. Irminsul und der germanische Götterglaube. Das können doch die pflegen. Andere Kulturen pflegen hier drinnen doch auch ihr Kulturgut. Warum dürfen das die Deutschen nicht pflegen?«[19] Im Gespräch mit dem SWR erzählt sie, das seien »anständige Leute«, die bloß tanzen und Volkslieder singen würden.[20]

Seit Jahren agiert Heide F. in der extremen Rechten. Zwischenzeitlich moderierte sie die Proteste der rechtsextremen Gruppierung *Hohenlohe wacht auf*. Die Proteste gegen die Asyl- und Migrationspolitik fanden von 2015 bis 2019 in Öhringen im Hohenlohekreis statt. Immer wieder nimmt sie mit ihrem Bruder Walter F. an rechtsextremen Versammlungen teil. Im Jahr 2020 besuchten sie den *Trauermarsch* in Sachsen, im Jahr 2023 eine Demonstration in Rheinland-Pfalz. Das Motto jener Demonstration, die unweit der *Ramstein Air Base* stattfand, lautete »Ami go home«. Heide und Walter F. besuchten am 16. Dezember 2022 den geheimen Vortrag des *Reichsbürgers* Matthes Haug in einem Hotel in Kupferzell.[21] Am Rande des Vortrags behauptete Walter F. gegenüber *Report Mainz*: »Der Staat, der ist am Ende und der versucht mit aller Macht an der Regierung und am Ruder zu bleiben. Spätestens 2024 ist Feierabend da.«[22]

In Hesselbronn werden nicht nur, wie Heide F. äußerte, Bücher mit »deutschen Volksliedern« beschlagnahmt. Die Polizei stellt ein »sondergeschütztes entmilitarisiertes Fahrzeug« sicher[23]. Dieses Fahrzeug – ein Radpanzer – soll in Tschechien gekauft und in Hesselbronn abgestellt worden sein.[24] Darüber

Alexander Donninger am 13. Februar 2022 in Dresden (Quelle: Recherche Nord)

hinaus entdeckt die Polizei in einer angemieteten Scheune in einem benachbarten Dorf einen Lkw mit zwei verschlossenen Stahltresoren. In den Tresoren sollen zahlreiche Schusswaffen und mehr als 150 Kilogramm Munition deponiert worden sein. Da Schweißarbeiten am Radpanzer stattgefunden haben sollen, prüfen Ermittler:innen, ob der »entmilitarisierte« Panzer mit den sichergestellten Waffen und Waffenteilen wieder »militarisiert« werden konnte. Panzer und Waffen sollen Wieland F., Sohn von Heide F. und Bruder von Inga F., gehören. Gegen ihn ermittelt die *Staatsanwaltschaft Stuttgart* wegen des Verdachts des Verstoßes gegen das Kriegswaffenkontrollgesetz und das Waffengesetz.[25] Bis das Urteil gefallen ist, gilt die Unschuldsvermutung.

Welche Verbindung der Tatverdächtige zur *Artgemeinschaft* hat, ist unklar. Sein Rechtsanwalt lässt gegenüber der *Südwest Presse* erklären, dass er »weder Mitglied der Artgemeinschaft war, noch jemals an einer Veranstaltung dieses Vereins teilgenommen hat«.[26] Weiter: »Die Waffenfunde bei der Hausdurchsuchung stehen in keinerlei Bezug zu diesem Verein.« Was hingegen klar ist: dass *Reichsbürger* Ingo K. einen Draht zur Familie F. aus Hesselbronn hatte. Der Draht wird vor Gericht bekannt. Denn Robert V., der Rechtsextreme und enge Wegbegleiter K.s, erzählt in seiner Vernehmung, es habe in der Vergangenheit ein Treffen mit Ingo K. und Walter F. in Hesselbronn gegeben.[27] Auch Teile der Familie A. aus Bobstadt sollen an dem Treffen teilgenommen haben. Was war der Anlass und Inhalt des Treffens? Und: Nahm auch Wieland F. an dem Treffen teil?

Im Prozess werden Nachrichten zwischen Ingo K. und einem »Wieland« thematisiert.[28] Die Nachrichten stammen vom 5., 12. und 13. April 2022. Exakt eine Woche nach der letzten Nachricht fielen die Schüsse in Bobstadt. Als Ingo K. am Morgen des 20. April 2022 seinen Freund Robert V. anrief und ihn bat, sein Umfeld zu informieren und sofort mit Verstärkung nach Bobstadt zu fahren, kontaktierte er mit Walter F. einen gemeinsamen Verbündeten.[29]

In Bobstadt hatte Ingo K. geschossen, in Hesselbronn konnte – wie der Pressesprecher des *LKA Baden-Württemberg* sagte – »ein zweites Boxberg« mit einem Großeinsatz der Polizei verhindert werden. Der Radpanzer und etliche Waffen, die in den Stahltresoren entdeckt wurden, lassen vermuten, dass nicht nur ein zweites, sondern auch ein drittes Boxberg verhindert werden konnte. Mit Blick auf die Waffenaffinität der *Reichsbürger*-Szene und die engmaschigen Netzwerke zwischen *Reichsbürgern* und der extremen Rechten gilt es, wachsam zu bleiben. Denn auf erschreckende Art und Weise haben die Schüsse vom 20. April 2022 gezeigt, wohin die Ideologie und Radikalisierung der Szene führen kann. Die Gefahren sind real – auch und gerade im Südwesten.

---

1 Timo *Büchner*: Hass in Hesselbronn. 2023. https://www.kontextwochenzeitung.de/gesellschaft/653/hass-in-hesselbronn-9107.html (aufgerufen am 01.10.2024).
2 Bundesministerium des Innern und für Heimat: Rechtsextreme Gruppierung ›Artgemeinschaft‹ verboten. 2023. https://www.bmi.bund.de/SharedDocs/kurzmeldungen/DE/2023/09/verbot-artgemeinschaft.html (aufgerufen am 01.10.2024) – Bundesministerium des Innern und für Heimat: Bundesinnenministerin Nancy Faeser verbietet sektenartige rechtsextreme Gruppierung ›Artgemeinschaft‹. 2023. https://www.bmi.bund.de/SharedDocs/pressemitteilungen/DE/2023/09/verbot-ag.html (aufgerufen am 01.10.2024).
3 Timo *Büchner* und Jens *Sitarek*: Die Hintergründe zur Razzia: ›Wir wollen kein zweites Boxberg‹. 2023. https://www.swp.de/lokales/crailsheim/artgemeinschaft-in-kupferzell-die-hintergruende-zur-razzia_-_wir-wollen-kein-zweites-boxberg_-72032577.html (aufgerufen am 01.10.2024).
4 Timo *Büchner*: ›Art‹ statt ›Rasse‹. 2023. https://www.belltower.news/rechtsextreme-artgemeinschaft-art-statt-rasse-146547/ (aufgerufen am 01.10.2024).
5 Telegram-Kanal *artgemeinschaft* vom 01.08.2023.

6 Christoph *Schulze*: Rassismus in nationalsozialistischer Tradition. Jürgen Rieger (1946–2009). Berlin 2020.
7 Bundesministerium des Innern und für Heimat: Bekanntmachung eines Vereinsverbots gegen ›Die Artgemeinschaft – Germanische Glaubens-Gemeinschaft wesensgemäßer Lebensgestaltung e. V.‹ (Bundesanzeiger). 2023.
8 Timo *Büchner*: Die Artgemeinschaft: Rassismus hinter harmloser Fassade. 2023. https://www.swp.de/lokales/crailsheim/rechtsextremismus-in-hohenlohe-die-artgemeinschaft_-das-steckt-hinter-der-harmlosen-fassade-69635851.html (aufgerufen am 01.10.2024).
9 Olaf *Borges*: AfD-Versammlung verlief friedlich. 2021. https://www.fnweb.de/orte/bad-mergentheim_artikel,-bad-mergentheim-afd-versammlung-verlief-friedlich-_arid,1888342.html (aufgerufen am 01.10.2024).
10 Kai *Laufen*: Das ist die rechtsextreme ›Artgemeinschaft‹ in BW. 2023. https://www.swr.de/swraktuell/baden-wuerttemberg/artgemeinschaft-hintergrund-kupferzell-razzia-voelkische-siedler-100.html (aufgerufen am 01.10.2024). – Landtag von Baden-Württemberg: Verbot der rechtsextremistischen Vereinigung ›Die Artgemeinschaft – Germanische Glaubensgemeinschaft wesensgemäßer Lebensgestaltung e. V.‹: Durchsuchungsmaßnahmen am 27. September 2023 in Baden-Württemberg. 2023. https://www.landtag-bw.de/files/live/sites/LTBW/files/dokumente/WP17/Drucksachen/5000/17_5522_D.pdf (aufgerufen am 01.10.2024).
11 Telegram-Kanal *artgemeinschaft* vom 30.12.2022.
12 Telegram-Kanal *jungenationalisten* vom 27.09.2023.
13 Bund für Gotterkenntnis (Ludendorff): Kommentar zum Artikel der Hohenloher Zeitung vom 26.10.2023. 2023. https://ludendorff.info/kommentar-zum-artikel-der-hohenloher-zeitung-vom-26-10-2023/ (aufgerufen am 01.10.2024). – Jens *Sitarek*: Razzia gegen ›Artgemeinschaft‹ schreckt Ludendorffer in der Region auf. 2023. https://www.swp.de/lokales/crailsheim/rechtsextremismus-in-herboldshausen-razzia-gegen-die-artgemeinschaft_-die-ludendorffer-sind-aufgeschreckt-72070913.html (aufgerufen am 01.10.2024).
14 Timo *Büchner*: Das Ludendorff-Netzwerk in Baden-Württemberg. 2022. https://www.boell-bw.de/de/2022/10/06/das-ludendorff-netzwerk-baden-wuerttemberg (aufgerufen am 01.10.2024).
15 Landtag von Baden-Württemberg: Hausdurchsuchungen bei der ›Artgemeinschaft – Germanische Glaubensgemeinschaft wesensgemäßer Lebensgestaltung e.V.‹. 2023. https://www.landtag-bw.de/files/live/sites/LTBW/files/dokumente/WP17/Drucksachen/5000/17_5951_D.pdf (aufgerufen am 01.10.2024).
16 Telegram-Kanal *Hohenlohekreis Eltern für Aufklärung* vom 28.09.2023.
17 Bundesministerium des Innern und für Heimat: Verbot der rechtsextremen Gruppierung ›Artgemeinschaft‹: Extremistische Literatur, Gold, Bargeld, Schusswaffen und Armbrüste sichergestellt. 2023. https://www.bmi.bund.de/SharedDocs/pressemitteilungen/DE/2023/09/verbot-ag2.html;jsessionid (aufgerufen am 01.10.2023).
18 Landtag von Baden-Württemberg: Verbot der rechtsextremistischen Vereinigung ›Die Artgemeinschaft – Germanische Glaubensgemeinschaft wesensgemäßer Lebensgestaltung e. V.‹: Durchsuchungsmaßnahmen am 27. September 2023 in Baden-Württemberg. 2023. https://www.landtag-bw.de/files/live/sites/LTBW/files/dokumente/WP17/Drucksachen/5000/17_5522_D.pdf (aufgerufen am 01.10.2024).
19 Florian *Barth*, Lukas *Föhr* und Kai *Laufen*: Razzien gegen Rechtsextreme – wie gefährlich sind die Bewegungen mitten unter uns?. 2023. https://www.swrfernsehen.de/zur-sache-bw/razzien-gegen-rechtsextreme-wie-gefaehrlich-sind-die-bewegungen-mitten-unter-uns-100.html (aufgerufen am 01.10.2024).
20 Kai *Laufen*: Die ›Artgemeinschaft‹ in Hohenlohe. 2023. https://www.swr.de/swraktuell/baden-wuerttemberg/heilbronn/rechtsextreme-gruppierung-artgemeinschaft-100.html (aufgerufen am 01.10.2024).
21 Timo *Büchner*: Nach der Großrazzia: Geheimes Reichsbürger-Treffen in einem Hotel. 2022, https://www.swp.de/lokales/crailsheim/reichsbuerger-in-hohenlohe-geheimes-reichsbuerger-treffen-in-einem-hotel-68209993.html (aufgerufen am 01.10.2024).
22 Judith *Brosel* und David *Meiländer*: Einblick in geheimes Szene-Treffen. 2022. https://www.ardmediathek.de/video/report-mainz/einblick-in-geheimes-szene-treffen/das-erste/Y3JpZDovL3N3ci5kZS9hZXgvbzE3NzkyNTU (aufgerufen am 01.10.2024).
23 Landeskriminalamt Baden-Württemberg: Gemeinsame Pressemitteilung der StA Stuttgart und des LKA BW: Sicherstellung von Waffen und Munition sowie eines sondergeschützten entmilitarisierten Fahrzeugs nach Durchsuchungsmaßnahmen. 2023. https://www.presseportal.de/blaulicht/pm/110980/5619202 (aufgerufen am 01.10.2024).
24 Timo *Büchner*, Clara *Schneider* und Jens *Sitarek*: Krasse Entdeckung: Polizei findet Radpanzer bei Rechtsextremen. 2023. https://www.swp.de/lokales/crailsheim/razzia-gegen-die-artgemeinschaft-polizei-entdeckt-einen-radpanzer_-waffen-und-mehr-als-150-kilo-munition-72452671.html (aufgerufen am 01.10.2024).
25 Landtag von Baden-Württemberg: Verbot der rechtsextremistischen Vereinigung ›Die Artgemeinschaft – Germanische Glaubensgemeinschaft wesensgemäßer Lebensgestaltung e. V.‹: Durchsuchungsmaßnahmen am 27. September 2023 in Baden-Württemberg. 2023. https://www.landtag-bw.de/files/live/sites/LTBW/files/dokumente/WP17/Drucksachen/5000/17_5522_D.pdf (aufgerufen am 01.10.2024).
26 Timo *Büchner*, Clara *Schneider* und Jens *Sitarek*: Krasse Entdeckung: Polizei findet Radpanzer bei Rechtsextremen. 2023. https://www.swp.de/lokales/crailsheim/razzia-gegen-die-artgemeinschaft-polizei-entdeckt-einen-radpanzer_-waffen-und-mehr-als-150-kilo-munition-72452671.html (aufgerufen am 01.10.2024).
27 Teil II, 17. Prozesstag.
28 Teil II, 26. Prozesstag.
29 Teil II, 17. Prozesstag.

# Teil II
# Der Prozess am OLG Stuttgart

Vor dem *Oberlandesgericht Stuttgart* fand vom 5. April bis 15. November 2023 der Strafprozess gegen Ingo K. aus Boxberg-Bobstadt (Main-Tauber-Kreis/Baden-Württemberg) statt. Der Prozess umfasste 33 Hauptverhandlungstage. Der *7. Strafsenat* bestand aus dem Vorsitzenden Richter Stefan Maier und vier Beisitzer:innen (drei Richterinnen, ein Richter). Neben dem Staatsschutzsenat waren die Anklägerin (Bundesanwaltschaft mit zwei Vertreter:innen) und die Verteidigung (Rechtsanwalt Thomas Seifert und Rechtsanwältin Andrea Combé) anwesend. Ingo K. saß auf der Anklagebank.

Vorbemerkungen: Die Notizen pro Hauptverhandlungstag umfassen etliche Seiten. Daher enthalten die folgenden Prozessberichte lediglich die zentralen Inhalte und Vorgänge der Hauptverhandlung. Die Namen tatrelevanter Personen (u.a. Arbeitskolleg:innen, Freund:innen, Nachbar:innen) werden i. d. R. teilweise anonymisiert, d.h. der Vorname wird ausgeschrieben und der Nachname abgekürzt. Die Namen tatirrelevanter Personen (v. a. Ermittler:innen der Polizei) werden vollständig anonymisiert, d. h. der Vorname bleibt unerwähnt und der Nachname wird abgekürzt. Die Namen der SEK-Beamt:innen, die in Bobstadt im Einsatz waren, werden ebenso vollständig anonymisiert. Die Beamt:innen werden – dem Strafprozess entsprechend – mit einer Nummer versehen (z.B. SEK-Beamter Nr. 10).

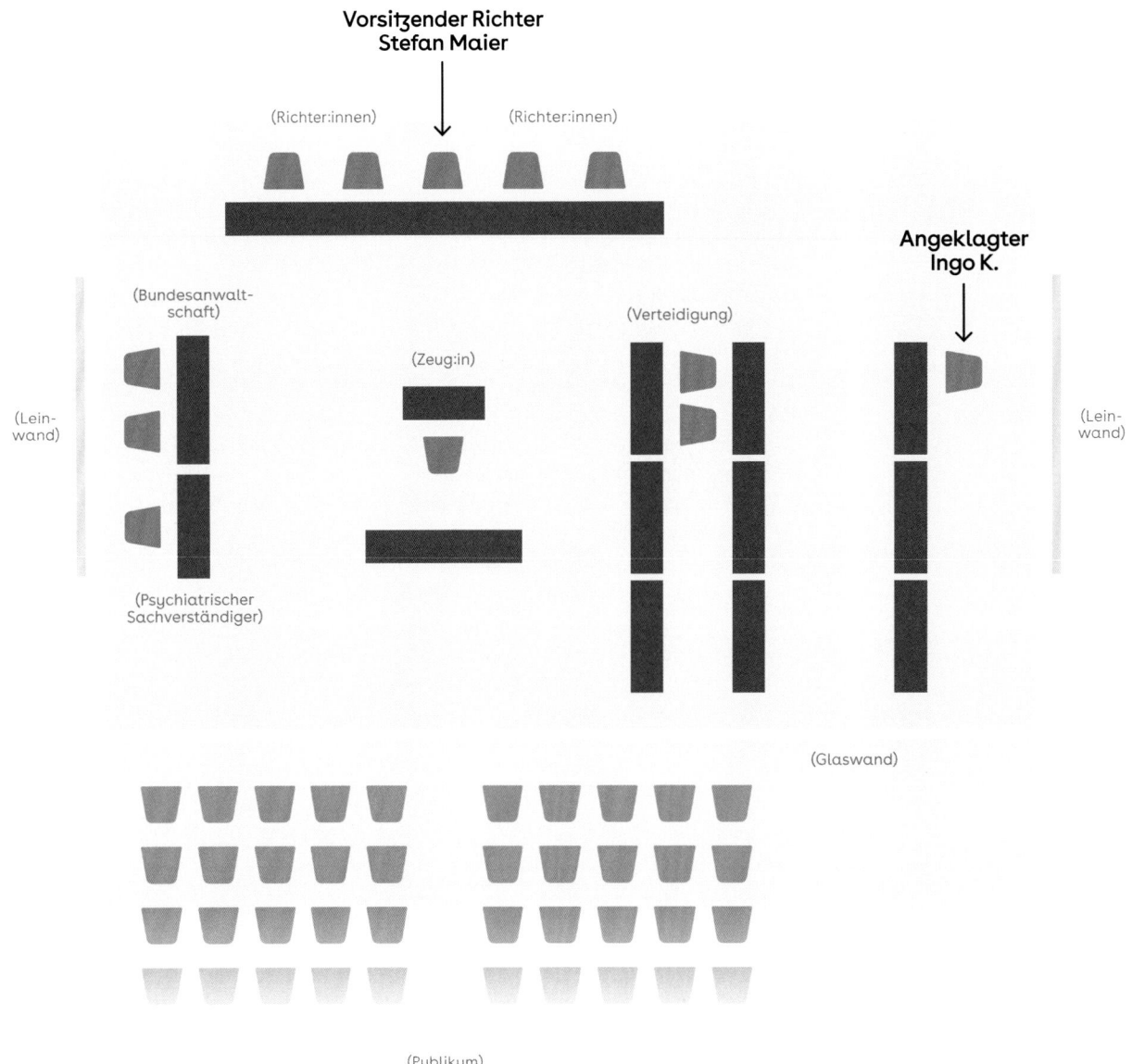

# Mittwoch, 05.04.2023 | 1. Prozesstag

Mit Hand- und Fußfessel wird der Angeklagte Ingo K. – 55 Jahre, Bart, grauschwarze Haare mit Zopf, im hellgrünen Longsleeve – kurz vor 10 Uhr in den Sitzungssaal 2 geführt. Er blickt ins Publikum, er nickt und grinst leicht. Offenbar sitzen Angehörige im Saal. Hinter einer Glaswand darf er Platz nehmen. Ein Polizist nimmt die Handfessel ab.

Der *7. Strafsenat* betritt den Saal um 10 Uhr, der Vorsitzende Richter eröffnet die Sitzung. Er prüft die Anwesenheit von Ingo K. und fragt nach Name, Geburtsdatum, Wohnort. Zuletzt wohnte er in Boxberg-Bobstadt. Am 20. April 2022 wurde er vorläufig festgenommen, seit 21. April 2022 sitzt er in der JVA. Die Grundlage waren ein Haftbefehl des *Amtsgerichts Tauberbischofsheim* und drei Haftbefehle des *Bundesgerichtshofs*. Die Fortdauer der Untersuchungshaft wurde mit der Fluchtgefahr begründet. Zuletzt schrieb der *Bundesgerichtshof*: »Die ideologische Ausrichtung des Angeschuldigten und seine Kontakte in die Reichsbürgerszene machen es […] hochwahrscheinlich, dass er auf ein Netzwerk Gleichgesinnter zurückgreift und im In- oder Ausland untertaucht.«

Als der Vorsitzende Richter den Angeklagten anspricht, entgegnet er: »Guten Morgen, erstmal, Herr Richter!« Insgesamt wirkt Ingo K. recht gelassen, immer wieder blickt er selbstbewusst ins Publikum. Der Vertreter der *Bundesanwaltschaft* verliest die Anklageschrift. Es heißt: Ingo K. ist Teil der *Reichsbürger*-Szene. Er ist überzeugt, bis heute existiere das Deutsche Reich. Die Bundesrepublik Deutschland sei bloß eine Firma. Als die *Reichsbürger*-Szene erwähnt wird, ist ein leichtes Kopfschütteln des Angeklagten zu vernehmen. Die Haltung zur *Reichsbürger*-Szene ist in zwei Schreiben, die Ingo K. im Dezember 2021 an die *Bußgeldstelle Bad Mergentheim* und die *Staatsanwaltschaft Ellwangen* gerichtet hatte, deutlich geworden. Die *Bundesanwaltschaft* ist überzeugt: Der Angeklagte lehnt die Bundesrepublik Deutschland und ihre Organe ab – und »befürwortet den Einsatz von Gewalt, um sich gegen staatliche Maßnahmen zur Wehr zu setzen«.

Im Januar 2022 zog der *Reichsbürger* in die Erdgeschosswohnung eines »Selbstverwaltungsbauernhofs« nach Bobstadt. Auf dem Bauernhof der Familie A. wohnte er mietfrei. Im Grundstück des Bauernhofs und in seiner Wohnung sah er ein eigenständiges Gebiet. Um das Gebiet verteidigen zu können, soll er insgesamt neun Schusswaffen gekauft haben: drei Maschinenpistolen, zwei vollautomatische Gewehre, ein Maschinengewehr, eine Selbstladepistole, eine Schrotdoppelflinte und eine Langwaffe Repetierer. Ingo K. soll die Waffen samt 5.116 Schuss Munition im – mit der Familie A. gemeinsam genutzten – Treppenhaus gelagert haben, »um sich im Fall staatlicher Einflussnahme mit ihnen zu verteidigen«.

Der *Reichsbürger* verfügte seit Längerem über eine Pistole der Marke Glock, da er in der Vergangenheit im Bewachungsgewerbe tätig gewesen war. Er wurde mittels Schreiben vom 24. Juni 2021 in Kenntnis gesetzt, dass die Waffenbehörde den Widerruf der Waffenbesitzerlaubnis wegen »waffenrechtlicher Unzuverlässigkeit« beabsichtige. Am 12. Juli 2021 besuchte er das *Landratsamt Main-Tauber-Kreis*, um anzukündigen, seine Pistole nicht herausgeben zu wollen. Schließlich sei die Behörde aufgrund ungültiger Gesetze nicht ermächtigt, die Waffenbesitzerlaubnis zu entziehen. Die Waffenbehörde widerrief am 26. August 2021 die Waffenbesitzerlaubnis – und Ingo K. behielt die Pistole.

Das *Amtsgericht Mosbach* ordnete ein halbes Jahr später, am 31. März 2022, wegen des Verdachts des unerlaubten Waffenbesitzes die Durchsuchung seiner Wohnung an. Die Polizei entschied aus Sicherheitsgründen, dass

SEK-Beamt:innen den Durchsuchungsbeschluss vollstrecken sollten. So fuhr das SEK am Morgen des 20. April 2022 um ca. 6 Uhr zur Wohnung. Zunächst forderten die SEK-Beamt:innen den Angeklagten mit Martinshorn und lauten »Polizei«-Rufen auf, das Haus zu verlassen. Später begann der SEK-Beamte Nr. 10, den Rollladen der Terrassentür mithilfe eines Trennschleifers zu öffnen. Plötzlich soll der *Reichsbürger* ein vollautomatisches Gewehr ergriffen und mindestens 21 Schüsse gefeuert haben. Vom Wohnzimmer, durch den Rollladen, auf mehrere Beamt:innen.

Der SEK-Beamte Nr. 10 wurde an den Beinen getroffen. Er »sank unter lauten Schmerzschreien zu Boden«. Auch der SEK-Beamte Nr. 16 wurde getroffen, jedoch blieben die Projektile in der Schutzkleidung stecken. Die SEK-Beamt:innen liefen in Richtung ihres Transporters, um Schutz zu suchen. Ingo K. soll ins Schlafzimmer gegangen und neun Schüsse gefeuert haben. Dann soll er zum Wohnzimmerfenster gegangen und sechs Schüsse gefeuert haben. Mehrere Projektile schossen in den Transporter. Kurze Zeit später soll er ins Schlafzimmer gegangen und zwei Dauerfeuersalven abgegeben haben. Erst zwei Stunden nach den ersten Schüssen verließ er das Wohnhaus.

Der Angeklagte ist, so lautet der Vorwurf der *Bundesanwaltschaft*, des versuchten Mordes verdächtig. Er soll versucht haben, SEK-Beamt:innen zu erschießen. Als der Vertreter der *Bundesanwaltschaft* das Wort »erschießen« nutzt, runzelt der Angeklagte die Stirn. Ein leichtes Kopfschütteln ist zu erkennen. Das Mordmerkmal sollen niedrige Beweggründe sein. Der *Reichsbürger* soll in den SEK-Beamt:innen lediglich Repräsentant:innen der – angeblich nicht existenten – Bundesrepublik Deutschland gesehen haben. Im Fall der ersten Schüsse soll das Mordmerkmal der Heimtücke hinzukommen. Des Weiteren ist der Angeklagte des Widerstands gegen und des tätlichen Angriffs auf Vollstreckungsbeamte sowie der gefährlichen Körperverletzung verdächtig. Zudem werden ihm zahlreiche Verstöße gegen das Waffenrecht (Kriegswaffenkontrollgesetz und Waffengesetz) zur Last gelegt.

Die Verlesung der Anklageschrift dauert eine gute Viertelstunde. Anschließend verliest der Vorsitzende Richter einige Bekanntgaben. Der Angeklagte hört geduldig zu. Kurz blickt er mit einem Augenzwinkern ins Publikum. In den Bekanntgaben wird deutlich: Ingo K. wird Angaben zu seiner Person machen. Eventuell wird seine Verteidigung eine Erklärung zum Waffenbesitz abgeben. Aber eine Aussage zur Abgabe der Schüsse sei, so verkündet Rechtsanwältin Combé, vorerst nicht geplant. Nach einer Dreiviertelstunde ist die Sitzung beendet. Als dem Angeklagten die Handfessel angelegt wird, schaut er ein letztes Mal ins Publikum. Er winkt, aus dem Publikum winkt eine Frau, seine frühere Ehefrau Dimitrula S., zurück. Dann wird der Angeklagte abgeführt.

# Montag, 24.04.2023 | 2. Prozesstag

Um 15:32 Uhr wird der Angeklagte Ingo K. mit Hand- und Fußfessel in den Sitzungssaal 2 geführt. In seinen Händen trägt er ein Bündel mit Zetteln. Die Zettel nutzt er im Laufe des Prozesstages, um über seinen Werdegang zu sprechen. Ein Polizist entfernt die Handfessel.

Als der Vorsitzende Richter die Sitzung eröffnet, sitzt ein gutes Dutzend Interessierte, größtenteils Journalist:innen, im Publikum. »Belehrt sind Sie ja bereits«, beginnt der Vorsitzende Richter. Nun habe der Angeklagte die Möglichkeit, Angaben zur Person und zum Lebenslauf zu machen. Ingo K. schmunzelt: »Grüß Gott erstmal!« Er wirkt recht geduldig und locker. Konzentriert und überlegt.

Nun beginnt der Angeklagte mit seinen Ausführungen: Ingo K. ist im November 1967 in Plauen (Sachsen) in der ehemaligen DDR geboren. Seine Mutter war Diplomingenieurin in der Landwirtschaft, sein Vater Landrat im sächsischen Vogtlandkreis. Drei Wochen nach der Geburt starb sein Vater. Als er elf Jahre alt war, heiratete seine Mutter ein zweites Mal. Der Ehemann adoptierte das Kind. »Ich habe mich richtig gefreut, dass ich einen Vater hatte«, sagt der Angeklagte über seinen Stiefvater. Schließlich sei er in der Schulklasse das einzige Kind ohne Vater gewesen. Jedoch war sein Stiefvater ein Alkoholiker. Er soll seine Ehefrau geschlagen haben.

Der Angeklagte besuchte eine Oberschule in Plauen, später eine Forstwirtschaftsschule in Eibenstock (Sachsen). Er schloss seine Ausbildung zum Forstwirt mit einer guten Note ab. Dann kam das Jahr 1987: Seine Mutter machte eine Reise in den Westen. Sie fuhr zur Verwandtschaft nach Bottrop (Nordrhein-Westfalen) – und blieb dort. Zwar sei ihre Ausreise mit ihm abgesprochen gewesen. Dennoch habe er diese schwer verkraftet. Er sagt, mit der Ausreise seiner Mutter sei er »zum Staatsfeind der DDR erklärt« worden. Ingo K. stellte einen eigenen Antrag. Im Juni 1989 wurde dieser bewilligt. Nun ging er zur Mutter nach Bottrop.

Rasch zog Ingo K. zu seiner Partnerin nach Baden-Württemberg. Sie wohnte in Braunsbach. Anfang der 1990er-Jahre folgten seine Mutter und Großmutter in den Süden. In Öhringen eröffnete er sein erstes Kampfsportstudio. In einer Diskothek in Schwäbisch Hall machte er einen Security-Dienst. Der Angeklagte verfügt über jahrzehntelange Kampferfahrung: Mit acht Jahren lernte er Judo, dann Karate. Mit 18 Jahren gab er Unterricht. Damals habe er, schmunzelt er, das Plauener SEK trainiert. In Süddeutschland habe er gemeinsam mit einem Polizisten trainiert. Das Training mit dem Polizisten habe gepasst. Denn: »Mein Wunsch war immer, Verfassungsschützer zu werden.« Später wurde er Personenschützer im *Griechischen Generalkonsulat* in Stuttgart. Mit der Tätigkeit, die 1998 begann, bekam er einen Waffenschein. Bereits 1995 hatte er eine Waffenbesitzkarte erhalten.

In der DDR lernte er den Umgang mit Waffen: Während seiner Ausbildung zum Forstwirt musste er eine vormilitärische Ausbildung machen. Er lernte, mit Kleinkalibern zu schießen. »Einige Male« habe er einen Schießstand besucht, erzählt er. Der Angeklagte stellt fest, ohne die Ausreise seiner Mutter wäre er in die *Nationale Volksarmee* (NVA) gekommen. Im Laufe der Jahrzehnte war er in drei Schützenvereinen aktiv. Allerdings, so betont er, habe er nur »sporadisch«, ein Mal pro Monat, geschossen. Zuletzt war er Mitglied in der *Deutschmeister-Schützengilde* in Bad Mergentheim.

Der Angeklagte räumt ein, er sei »kein guter Geschäftsmann« gewesen. Sein Kampfsportstudio lief bloß zwei Jahre. Er und sein Studio seien insolvent gegangen. An verschiedenen Orten versuchte er im Laufe der Zeit, ein erfolgreiches Unternehmen zu führen. So meldete er im Jahr 2005 ein Gewerbe in Bad

Mergentheim an. Das Gewerbe, ein Sicherheitsdienst, sei durchaus erfolgreich gewesen. Es war für die Stadt und für diverse Unternehmen tätig. Zwischenzeitlich beschäftigte er etwa 40 Menschen. 2013 erweiterte er seinen Sicherheitsdienst um ein Fitnessstudio und eine Gaststätte. Doch 2014 meldete er das Gewerbe ab.

Nach dem Ende seines Unternehmens war er einige Jahre in einem Sicherheitsdienst angestellt. Zuletzt in Lauda-Königshofen. Die Arbeit endete Anfang März 2022. Knapp zwei Monate vor der Bluttat. Der Angeklagte hat massive Schulden. Er berichtet, seine finanzielle Lage sei »bescheiden«. Sein Insolvenzverfahren sei offen, er habe mehr als 200.000 Euro Schulden. Das seien vor allem Mietschulden. Plötzlich grinst er: »Es können auch nur 20.000 Euro sein«. Es sei egal, ob er 20.000 oder 200.000 Euro nicht zahlen könne.

Der Angeklagte wohnte lange Zeit in Niederstetten-Rüsselhausen. In Rüsselhausen zog er mehrfach um. »Überraschend« sei ihm die Wohnung wegen Eigenbedarfs gekündigt worden. Sechs Monate habe er Zeit bekommen, um auszuziehen. »Zufällig« fand er eine Bleibe auf dem Hof der Familie A. in Bobstadt. Der Eigentümer Heiko A. verlangte keine Miete. Stattdessen habe Ingo K. auf dem Hof geholfen und einzelne Rechnungen bezahlt. In der neuen Wohnung seien Renovierungsarbeiten nötig gewesen. Die Renovierung dauerte rund drei Monate. Bei der Renovierung habe Heiko A. geholfen. Eine Woche vor der Tat waren die Arbeiten abgeschlossen. Bis zur Tat wohnte Ingo K. ein halbes Jahr in Bobstadt.

In der Wohnung lebte der Angeklagte gemeinsam mit seinem Sohn. Marco S., der Sohn, stammt aus seiner ersten Ehe von 1997. Nach zwei Jahren wurde die Ehe geschieden. Später scheiterte eine zweite Ehe mit Kind und eine dritte – kinderlose – Ehe. 2021 habe er den Sohn aus einer psychiatrischen Einrichtung in Schwäbisch Hall geholt. Als der Angeklagte gefragt wird, warum er den Sohn geholt habe, überlegt er. Schließlich sagt er, dass er nach dem Tod seiner Mutter, die 2018 gestorben ist, alleine gewesen sei. Die Vertreterin der *Bundesanwaltschaft* entgegnet, ein Zeuge habe gesagt, der Sohn habe bloß mit einer Corona-Schutzimpfung in der Einrichtung bleiben können. Sie deutete an, dass er seinen Sohn vor der Impfung bewahren wollte. Der Angeklagte räumt ein, er sei von der Corona-Schutzimpfung »nicht begeistert« gewesen. Denn die Impfung sei »nie getestet« worden. Aber er sei »kein Impfgegner«, sondern »für Freiwilligkeit«.

Mehrfach wird die Asthma-Erkrankung des Angeklagten thematisiert. Ingo K. erklärt, er könne keine FFP2-Maske tragen. »Das hält man nicht aus«, ächzt er. Er habe in der Vergangenheit ein Attest gehabt. Aber seine Weigerung, eine Maske zu tragen, kostete ihm den Arbeitsplatz in einer Firma. Zwar soll ihm ein Arbeitsplatz angeboten worden sein, wo er ohne Maske hätte arbeiten können. Aber Ingo K. sagt, er habe »keine Lust mehr« gehabt.

Der Vorsitzende Richter nennt die Phase, nachdem seine Mutter gestorben war und ihm seine Wohnung in Rüsselhausen gekündigt wurde, eine »Erschöpfungsphase«. Später wird der Angeklagte gefragt, ob der Begriff treffend sei. Ingo K. überlegt: »Warum soll man's nicht so bezeichnen?« Dann betont er, dass er in Rüsselhausen absolut »glücklich und zufrieden« gewesen sei. Die Kündigung der Wohnung sei »ein Schlag« gewesen. Insgesamt finde er, die gemeinsamen Jahre mit seinem Sohn seien die schönsten Jahre seines Lebens gewesen: »Ich hatte das erste Mal im Leben das Gefühl, das Richtige zu machen.«

Der Vorsitzende Richter fragt nach dem Drogenkonsum. Ingo K. sagt, er trinke kaum Alkohol. Mal eine Flasche Bier, mal eine halbe Flasche Met oder Wein. Er vertrage keinen Alkohol. Nicht zuletzt wegen des Kampfsports. Cannabis habe er genommen, um einschlafen zu können. Andere Drogen habe er durchaus probiert. Aber: Der Konsum sei – in Anbetracht der Geschichten, die er im Gefängnis gehört habe – zu vernachlässigen. Die Aussagen von Zeug:innen, der Angeklagte habe über Jahre hinweg täglich »drei bis vier Gramm Kokain«

und »ein, zwei Flaschen Wodka« konsumiert, bestreitet er.

Der Senat und die Vertreter:innen der *Bundesanwaltschaft* fragen nach seiner Haltung zum Preppen. So fragt eine Richterin, ob er Angst ums Überleben hatte. Der Angeklagte ist irritiert. Die Richterin erklärt, eine Zeugin hätte ausgesagt, er habe Vorräte zum Überleben angeschafft. Er beschwichtigt, er habe »lieber ein paar Dosen mehr zu Hause«. Auf die Aussage eines Zeugen, der Angeklagte habe Bunker in Ostdeutschland anschauen wollen, sagt er, das sei »Sarkasmus« gewesen. »Mein sächsischer Humor wird nicht immer verstanden«, ergänzt er. Wie er zum Selbstversorgen stehe? Es sei sein Wunsch gewesen – »aber auf meinem eigenen Grundstück«.

Dann fragen sie nach seiner Haltung zu Verschwörungsmythen. Der Vorsitzende Richter sagt, der Angeklagte habe behauptet, Außerirdische würden die USA regieren. Ingo K. lacht und fragt: »Was soll man da noch sagen?« Er »provoziere« und »verarsche« gerne. Mehr noch: Der Angeklagte habe behauptet, *Chemtrails* würden Unfruchtbarkeit verursachen und Juden würden Kinder schlachten und deren Fleisch verkaufen. Die Reaktion: Die Anschuldigungen seien eine »glatte Lüge« und eine »üble Unterstellung«. Allerdings könne er nicht ausschließen, dass es *Chemtrails* gibt.

Die Verteidigung von Ingo K. ist im Großen und Ganzen ruhig. Nur gegen Ende des Prozesstages schreitet Rechtsanwältin Combé ein. Die Vertreterin der *Bundesanwaltschaft* fragt den Angeklagten: »Sagen Sie auch was zu Ihrer politischen Einstellung?« Sie ergänzt: »Zum Beispiel zur Demo-Teilnahme«. Damit meint sie seine Teilnahme an einer *Querdenken*-Kundgebung in Bad Mergentheim. Plötzlich wirft Rechtsanwältin Combé ein: »Heute nicht«. Kurze Zeit später, um 17:47 Uhr, ist der Prozesstag beendet.

# Mittwoch, 26.04.2023 | 3. Prozesstag

Das Interesse schwindet: Bloß zehn Interessierte sitzen im Publikum. Sie schweigen und warten. Ein Flüstern ist zu hören. Um 14 Uhr soll die Sitzung beginnen. Es ist 14:05 Uhr: Der Angeklagte Ingo K. wird mit Hand- und Fußfessel in den Sitzungssaal 2 geführt. Er hält ein Bündel mit Zetteln in seinen Händen. Ein Polizist nimmt die Handfessel ab, der Angeklagte nimmt Platz und sortiert die Zettel.

Nachdem der Vorsitzende Richter die Sitzung eröffnet hat, ergreift Rechtsanwalt Seifert das Wort. Er teilt mit, sein Mandant wolle seine Angaben vom zweiten Prozesstag ergänzen. »Grüß Gott, Hohes Gericht«, beginnt der Angeklagte. Er schildert, er sei ein Jahr in Haft, die Hälfte in Einzelhaft. Der Prozess sei eine »neue Situation«. Einige Fragen habe er »nicht richtig beantworten« können. »Ich will mich bei allen entschuldigen«, ergänzt er.

Auf die Frage des Vorsitzenden Richters, ob er ein Hobby habe, hatte Ingo K. am zweiten Prozesstag gesagt, er habe neben seiner 60-Stunden-Arbeitswoche keine Zeit für Hobbys gehabt. Jetzt sagt er, »natürlich« habe er Hobbys. Er spiele Schach, studiere Physik und »alte Schriften« wie die Runenschrift. Mit einer »Mischung aus Buddhismus und vedischer Religion« habe er seinen Glauben gefunden. Da er viel Zeit hatte, habe er sich »durch die Geschichte gewühlt« und sich »interessehalber« mit Verschwörungserzählungen befasst. Ingo K. erzählt, er wollte »mit

Leuten drüber reden«. Aber: Er habe »keine Stellung bezogen«.

Der Vorsitzende Richter wirft ein, Ingo K. habe gegenüber dem psychiatrischen Sachverständigen Dr. W. geäußert, sein Hobby seien Waffen gewesen. Daraufhin räumt der Angeklagte ein, ihn hätten erst Kriegsschiffe, später Schusswaffen interessiert. Aber er wollte lediglich »dran rumbasteln«. Als der Vorsitzende Richter wissen will, wann das Interesse für Schusswaffen aufkam, entgegnet der Angeklagte: »Irgendwann hatte ich das Geld, mir Waffen zuzulegen.« Irgendwann? Laut Ingo K. vor rund sieben Jahren. Der Vorsitzende Richter fragt ihn, ob er die Waffen legal oder illegal erworben habe. Ingo K. gesteht, er habe nur seine Dienstwaffe legal – und die übrigen Waffen illegal erworben.

Die Dienstwaffe habe 700 Euro gekostet. Die illegalen Waffen, meist »Sammlerstücke« aus dem Ersten und Zweiten Weltkrieg, hätten zwischen 1.500 und 2.500 Euro pro Stück gekostet. Der Angeklagte sagt, »Stück für Stück« habe er die Waffen gekauft. Eine Schusswaffe pro Jahr, schätzt er. In einem »abgeschlossenen Raum«, der »massiv verkleidet« war, habe er die Waffen gelagert. Das Rauminnere habe er gepflegt. Es sollte »ordentlich aussehen«. Mehrfach betont Ingo K., er sei von der Technik »begeistert«. Auf die Frage der Richterin, wieso er neben den Waffen auch Munition besorgt habe, wenn er nur an der Technik der Waffen und nicht am Schießen interessiert gewesen sei, hat der Angeklagte keine Antwort parat.

Der Vorsitzende Richter und die Vertreterin der *Bundesanwaltschaft* konfrontieren den Angeklagten mit zahlreichen Behördenschreiben. Ein Schreiben vom 30. Dezember 2021 sei an die *Bußgeldstelle Bad Mergentheim* gerichtet. Im Schreiben ist die Rede von der »Firma Bundesrepublik Deutschland« und vom »besetzten Gebiet«. Der Angeklagte behauptet, das Schreiben sei »lustig« und »provokant« gewesen. Er sei »neugierig« gewesen, wie die Bußgeldstelle reagiere. Das Schreiben habe sein damaliger Vermieter Heiko A. aufgesetzt.

»Ich hab's nicht begriffen«, sagt Ingo K. über den Inhalt des Schreibens.

Drei weitere Schreiben vom 18. Mai 2017, 31. Dezember 2021 und 24. Januar 2022 haben die Bezeichnung »Ingo (K.), Mensch, Deutscher durch Geburt und Ahnennachweis« in der Kopfzeile. Was das bedeuten soll? Weiß der Angeklagte nicht. Die Schreiben aus 2021 und 2022 enden mit der Unterschrift »Ingo aus dem Hause K.«. Was das bedeuten soll? Weiß der Angeklagte auch nicht. Es ist vom »Oberkommando der Alliierten« und vom »SHAEF-Mandat« die Rede. Es heißt, die »Firma Bundesrepublik Deutschland« sei in Delaware, einem Bundesstaat an der US-amerikanischen Ostküste, registriert.

Der Vorsitzende Richter zeigt das Schreiben aus 2021 auf den Leinwänden. Das Schreiben ist durchgestrichen, handschriftlich ist das Wort »ungültig« notiert. Der Angeklagte erklärt, dies sei nicht seine Handschrift. Aber die Unterschrift »könnte meine sein«. Die Schreiben aus 2021 und 2022 habe Heiko A. aufgesetzt. Er selbst habe in den Schreiben nur eine »Provokation« gesehen. »Ich kenne mich damit nicht aus.« Und: Es sei ihm »alles viel zu hoch«. Insgesamt wirkt Ingo K. nervös und ungeduldig, als er mit den Behördenschreiben konfrontiert wird. Einem Polizisten deutet er an, eine Zigarette rauchen zu wollen.

Der Vorsitzende Richter fragt den Angeklagten, ob er einen *Reichsbürger*-Ausweis besitze. Ingo K. räumt ein, »aus Neugierde« habe er einen Ausweis für 30, 35 Euro bestellt. Er habe feststellen müssen, dass das ein »Scherzartikel« ist. Er habe »nie verstanden«, »dass das jemand ernst meinen kann«. Der Kauf des Ausweises sei »schon länger her«. Der Vorsitzende Richter bringt ein Schreiben aus dem Jahr 2016 ein. Der Angeklagte erklärt, dieses Schreiben sei mit dem Ausweis verschickt worden. Später fragt der Vorsitzende Richter, ob er den Ausweis im Jahr 2018 in einem Schützenverein gezeigt habe. Ingo K. antwortet, er habe den Ausweis dem Vereinsvorsitzenden in dessen Privathaus gezeigt. Nur »spaßeshalber«. Jedoch soll der Vereinsvorsitzende erzählt haben, Ingo K. habe ihm den Ausweis nach einem Schießtraining gezeigt. Daraufhin habe er zu verstehen gegeben, »dass er damit nichts zu tun haben will«. Der Angeklagte sagt, das stimme nicht.

Als der Vorsitzende Richter den Angeklagten fragt, ob er mit Behörden »auf Kriegsfuß« stehe, erklärt er, »ich habe mir nicht alles gefallen lassen«, und nennt ein Beispiel aus dem Jahr 2017: Damals habe er das Büro einer Richterin im *Amtsgericht Bad Mergentheim* besucht, um sie bezüglich eines Haftbefehls zur Rede zu stellen. Er behauptet, die Richterin habe »hysterisch« und »übertrieben« reagiert. Ihre Reaktion sei »nur eine Show« gewesen. Zwar sagt er, dass er seinen Hund und sein Taschenmesser mitgeführt habe. Aber er habe das Messer an der Einlasskontrolle abgegeben – und sein Hund sei »sehr lieb«. Stolz präsentiert er ein Foto des Hundes.

Der Vorsitzende Richter nennt ein Beispiel aus dem Jahr 2022: Nachdem das *Hauptzollamt Heilbronn* ein Schreiben an den Angeklagten geschickt hatte und Ingo K. wissen wollte, warum der Zoll zuständig sei, habe er per Telefon angekündigt, zum Zollamt zu fahren. Im März 2022 sei er – unterstützt von Max A. – nach Heilbronn gefahren. Er habe im Zollamt behauptet, das »Beamtentum« und die »Regierungseinrichtungen« besäßen »keine Gültigkeit«. Baden-Württemberg sei kein Bundesland, in Berlin sei die Mafia an der Macht. Er soll betont haben, er komme aus Sachsen: »1989 seid ihr nochmal davongekommen, das nächste Mal kommt ihr nicht mehr davon!« Ingo K. entgegnet, das habe er nicht gesagt. Kurze Zeit später räumt er ein, er habe »sowas Ähnliches gesagt«. Der Vorsitzende Richter sagt, Ingo K. habe den Versuch, das Gespräch zu beenden, ignoriert. Erst mit der Durchsetzung des Hausrechts und dem Einsatz der Polizei habe das Gespräch beendet werden können. Der Angeklagte widerspricht: Es sei keine Polizei vor Ort gewesen, sie »war gar nicht notwendig«.

Die Vertreterin der *Bundesanwaltschaft* bekräftigt, mehrere Zeug:innen hätten ausgesagt, Ingo K. habe die Existenz der Bundesrepublik geleugnet. So habe eine Person berichtet, er habe von der »Bundesrepublik GmbH« gesprochen. Die Welt werde »von Außerirdischen regiert«, er werde »von Geheimagenten beobachtet«. Der Angeklagte erwidert, er habe »nur drüber geredet« und habe »nicht behauptet, dass es so ist«.

Nach einer halbstündigen Pause wird die Sitzung mit einer Einlassung der Verteidigung zum Waffenbesitz fortgesetzt. Rechtsanwalt Seifert sagt, alle Waffen und Patronen, die in der Anklageschrift genannt werden, gehörten seinem Mandanten. Einzig eine Doppelschrotflinte gehöre A. – ob seinem damaligen Vermieter Heiko oder dessen Sohn Max, weiß der Angeklagte nicht. Unklar bleibt in der Sitzung, ob die Schrotflinte, wie die Richterin behauptete, in der Wohnung des Angeklagten sichergestellt wurde. Nach einer Beratung gibt Rechtsanwältin Combé bekannt, ihr Mandant verzichte auf die Rückgabe seiner Waffen und Munition.

Der Vorsitzende Richter verliest den Zentralregisterauszug des Angeklagten. Der Auszug hat vier Einträge. Der erste Eintrag ist brisant: Ingo K. wurde am 11. Juni 2018 vom *Amtsgericht Kandel* (Rheinland-Pfalz) verurteilt. Er hatte an einer Demonstration »gegen die verfehlte Migrationspolitik« in Kandel teilgenommen. Auf der Demonstration hatte er sein Gesicht vermummt und Handschuhe mit Schutzprotektoren getragen. Derartige Handschuhe haben im Rahmen einer Demonstration den Charakter einer Waffe, weshalb die Handschuhe eingezogen wurden. Das Urteil: eine Geldstrafe in Höhe von 1.800 Euro. Nach der Verlesung des Zentralregisterauszugs ist die Sitzung um 16:54 Uhr beendet.

# Mittwoch, 03.05.2023 | 4. Prozesstag

Mit Hand- und Fußfessel wird der Angeklagte Ingo K. um 9:17 Uhr in den Sitzungssaal 2 geführt. Einige Minuten bleibt er mit seinen Fesseln stehen. Als der *7. Strafsenat* den Saal betritt, entfernt ein Polizist die Handfessel. Der Vorsitzende Richter eröffnet die Sitzung, nach einführenden Worten ruft er den ersten Zeugen des Prozesses in den Saal.

H. ist Erster Kriminalhauptkommissar des *Landeskriminalamtes Baden-Württemberg* (LKA) und stellt den *Kriminaltechnischen Bericht* vor. Das ist ein zentrales Dokument: Der Bericht enthält die *Tatortbefundaufnahme* und den *Spurensicherungsbericht*. Der Zeuge berichtet über den Morgen des 20. April 2022: Um 7 Uhr habe er die Nachricht von den Schüssen und vom Brand erhalten. Um 9:50 Uhr sei er mit seinen Kolleg:innen am Tatort eingetroffen. Man habe einen »Vollbrand« angetroffen. Denn im Zuge des Schusswechsels ist ein Brand im Gebäude ausgebrochen. Erst nachmittags sei der Tatort zugänglich gewesen, erklärt er.

Der Zeuge spricht über den Anlass des SEK-Einsatzes: Eine Waffe, eventuell sogar mehrere Waffen, sollten eingezogen werden. Auf einen Hinweis des Vorsitzenden Richters, dass bloß eine Waffe eingezogen werden sollte, schildert der Zeuge, man müsse – so sein »Erfahrungswert« – grundsätzlich mit mehreren Waffen rechnen. Aber diesen Einsatzverlauf »konnte niemand ahnen«. Das *Polizeipräsidium Heilbronn* wurde durch die Polizeipräsidien in Heidelberg und Mannheim unterstützt.

Die Arbeit am Tatort dauerte drei Tage. Der Zeuge berichtet, man musste »Schwerstarbeit leisten«. Es gab zwar weder Niederschläge noch starke Winde. Aber die Decke sei einsturzgefährdet gewesen. An den Leinwänden des Sitzungssaales zeigt der Vorsitzende Richter ein Luftbild des Grundstücks. Das Grundstück ist eine »Hofanlage« mit drei Gebäuden. Das Gebäude, das Ingo K. mit seinem Sohn Marco S. im Erdgeschoss bewohnt hatte, ist das »Brandobjekt«. Die »Hofanlage« war laut Bericht »quasi vollständig eingezäunt«. Teils mit Holz-, teils mit Maschendrahtzaun. Im Bericht steht: Eine »grüne Planbespannung« diente dem »Sichtschutz«. Zwischen Gebäude und Zaun standen ein Auto und ein Radlader. Die Fahrzeuge wurden durch den Brand zerstört. Anschließend zeigt der Vorsitzende Richter einen Grundrissplan der »Hofanlage« und Grundrisspläne der einzelnen Stockwerke im »Brandobjekt«.

Das Untergeschoss: Büro, Heizraum, Keller, ein »provisorischer Stall«. Später wird klar: Im Büro ist eine Kurzwaffe deponiert. Das Erdgeschoss: zwei Wohnbereiche, ein Schlafzimmer, eine »Abstellkammer« – und eine »Waffenkammer«. Die Kammer war lediglich über das Schlafzimmer zu erreichen. Der Zeuge berichtet, die »meisten Hülsen« (39 Stück) seien im Wohnzimmer, »einige Hülsen« (13 Stück) im Schlafzimmer gefunden worden. Auf der Bettkante und der Fensterbank seien Munitionsschachteln gestanden. Es heißt im Bericht: »Das Erdgeschoss ist vollständig durch den Brand in Mitleidenschaft gezogen worden und unbewohnbar.« Weiter: »In allen Räumen liegt Brandschutt mit durchschnittlich ca. 30 cm Höhe auf dem Boden.« Der Zeuge ergänzt, man habe die Hülsen »aus dem Dreck rausziehen müssen«.

Der Vorsitzende Richter zeigt Fotos der »Waffenkammer«. Ein Foto: An einer Wand hängt eine Maschinenpistole der Marke Uzi. Im Bericht steht: Das Magazin ist gefüllt, die Pistole geladen. Der Polizist kommentiert, die Halterung sei »wie eine Garderobe« gewesen. Ein zweites Foto: Hinter Waffen ist eine DDR-Fahne drapiert. Ein drittes Foto: Auf dem oberen Boden eines Regals liegen zwei vollautomatische Maschinenpistolen der Marke Shpugin. Der Zeuge resümiert, in sämtlichen Regalen und Schränken seien Waffen gewesen. Der Bericht dokumentiert unzählige Fotos. Die Funde sind durchnummeriert. Auf Nachfrage des Vorsitzenden Richters erläutert der Zeuge die Nummerierung. Darüber hinaus beschreibt er das Verfahren, wie die Fingerabdrücke gesichert wurden (»Daktyloskopie«).

Ein Foto zeigt Originalverpackungen der Munition. Der Zeuge sagt aus, man habe eine »Sardinenbüchse« mit 1.250 Patronen entdeckt. Die Büchse musste aufgeschweißt werden. Auf der »Hofanlage« seien knapp 13.000 Patronen sichergestellt worden. Der Zeuge erklärt, nicht nur die Waffe, auch sämtliche Munition sei untersucht worden. Man habe durch Fingerabdrücke ermitteln wollen, wer die einzelnen Waffen beladen hat.

Das Obergeschoss: ausgebrannt. Der Zeuge schildert, der Brandschutt sei »sukzessive abgetragen« worden. Man habe eine Schusswaffe und ein Schwert gefunden. Es folgen Fotos vom Obergeschoss, Fotos vom zweiten und vom dritten Gebäude. Im Bericht steht zur Fassade des zweiten Gebäudes: »An der Giebelseite nach Süden sind beleuchtbare Zeichen, mutmaßlich Runen, deutlich sichtbar angebracht.« Im zweiten Gebäude wurden eine »BtM-Anlage« [Betäubungsmittel, Anm. d. Verf.] und eine »Waffenkammer« entdeckt. Das Gebäude wird Heiko A. zugerechnet. Fotos zeigen vier Einschusslöcher in einem Nachbargebäude sowie zahlreiche Einschusslöcher in den Fahrzeugen der Polizei sowie in der Kleidung und Ausrüstung der Polizist:innen.

Nach einer kurzen Pause thematisiert der Vorsitzende Richter die Fundorte und Namen der Waffen. Zum Beispiel wird der Eingangsbereich des »Brandobjekts« ins Blickfeld genommen: Auf und vor der Kühltruhe, die im Eingang stand, lagen zahlreiche Waffen und Patronen. Auf der Truhe lag eine Art Kalaschnikow AK-47, vor der Truhe eine Heckler & Koch G3. Nach der Thematisierung der Waffen stellt die Verteidigung einige Fragen an den Zeugen.

Dann bekommt der Angeklagte die Möglichkeit, Fragen zu stellen. Ingo K. wirkt überrumpelt. Er räuspert sich, überlegt und verneint. Nach kurzer Absprache mit seiner Verteidigung schiebt er die Frage nach, an welchen Orten die Schrotpatronen gefunden wurden. Der Zeuge überlegt, ein paar seien im Treppenhaus des »Brandobjekts«, viele in den Munitionsschachteln gefunden worden. Der Angeklagte widerspricht, in den Schachteln seien keine Schrotpatronen gewesen, und will wissen, wo die Büchse gefunden wurde. Der Zeuge antwortet, er könne nachschauen, und holt einen Aktenordner aus seinem Rucksack. Er blättert im Ordner und sagt, die Büchse sei im Nebengebäude des »Brandobjekts« gefunden worden.

Der Angeklagte spricht über eine Waffe mit Brandspuren. Die Waffe müsse im Obergeschoss gewesen sein. Schließlich habe seine Mietwohnung im Erdgeschoss nicht gebrannt. Er trägt seine Nachfrage recht vehement vor. Plötzlich greift Rechtsanwältin Combé ein: »Nicht so laut!« Überrascht antwortet der Angeklagte: »Ich habe das nicht gemerkt, Entschuldigung!« Zuletzt fragt er, an welchen Orten – außerhalb seiner Wohnung – Waffen gefunden wurden. Der Zeuge antwortet, im Unter- und Obergeschoss sowie im Nebengebäude des »Brandobjekts«. Trotzig kommentiert er: »Also nicht das, das ich gemietet hatte.« Rechtsanwältin Combé betont, Ingo K. habe mit den Waffen, die außerhalb seiner Wohnung gefunden wurden, »nix zu tun«. Eine Richterin stellt klar, er sei wegen der Waffen und der Munition im Eingangsbereich seiner Wohnung und in seiner »Waffenkammer« angeklagt. Ihm werde der Besitz von 5.000 Patronen – und nicht der Besitz der 13.000 Patronen – zur Last gelegt.

Nach einer Mittagspause spricht eine Zeugin: S. ist Technische Amtsrätin im *LKA Baden-Württemberg* und arbeitet im Bereich der *3D-Vermessung und -Visualisierung*. Die Zeugin erklärt, ein 3D-Laser-Scanner taste die Oberfläche mit einem Laserstrahl ab, um Entfernungen messen zu können. Der

Vorsitzende Richter zeigt einige Grafiken, die Zeugin erläutert. Eine Grafik zeigt die Entfernung zwischen dem »Brandobjekt« und den Polizeifahrzeugen. So betrug die Entfernung zwischen dem Wohnzimmerfenster und dem ersten Fahrzeug exakt 7,27 Meter. Die Entfernungen zum zweiten (26,47 Meter) und dritten Fahrzeug (etwa 90 Meter) waren deutlich größer. Die Zeugin erklärt, mit einer »Full-Body-Scan-Anlage« sei vermessen worden, wo Kleidung und Ausrüstung der Polizist:innen beschädigt wurden.

Dann folgt die Aussage eines Zeugen: W., Polizeioberkommissar im *LKA Baden-Württemberg*, stellt den »Rekonstruktionsbericht« vor. Er hat Videos der Drohnen und Helmkameras ausgewertet, um das Geschehen zu rekonstruieren: Wer hat wann geschossen? Der Vorsitzende Richter zeigt fünf Skizzen an den Leinwänden. Die erste Skizze veranschaulicht die Positionen der Polizist:innen und der Polizeifahrzeuge vor dem ersten Schuss. Der Zeuge erklärt, als der SEK-Beamte Nr. 10 den Rollladen mit einem Trennschleifer öffnen wollte, sei ein Schuss gefallen. Der SEK-Beamte sei »zusammengesackt« und »zum Liegen gekommen«. Zwei SEK-Beamt:innen trugen Schutzschilder, um Schüsse abzuwehren, während drei SEK-Beamt:innen den Verletzten zum Polizeifahrzeug brachten.

Der Vorsitzende Richter sagt, laut Bericht seien 43 Schüsse gefallen, und fragt, wer wie häufig geschossen habe. Der Zeuge antwortet, ein SEK-Beamter habe 16 Mal, ein weiterer SEK-Beamter habe zwei Mal geschossen. Die fünfte und letzte Skizze stellt die Positionen der Beamt:innen und der Polizeifahrzeuge dar, als aus dem Hausinneren ein Dauerfeuer abgegeben wurde: Erst fünf, dann vier Schüsse seien in den Videos der Helmkameras zu hören, berichtet der Zeuge. Die Schüsse seien »sehr schnell hintereinander« gefallen. Rechtsanwältin Combé fragt, wie viel Zeit zwischen dem ersten und zweiten Schuss gelegen habe. Der Abstand sei »sehr kurz« gewesen. Rechtsanwalt Seifert will wissen, welche Geräusche er abseits der Schüsse gehört habe. Der Sachverständige erklärt, er habe mehrere »Polizei«-Rufe der SEK-Beamt:innen gehört. Zuletzt fragt der Rechtsanwalt nach dem ersten Geräusch. »Sirenen«, sagt der Sachverständige nach kurzem Überlegen: »Das Martinshorn!« Die Sitzung wird um 15:23 Uhr beendet.

# Mittwoch, 10.05.2023 | 5. Prozesstag

Die Sitzung soll um 13:30 Uhr beginnen. Der Zeuge Torsten H., Mitte 50, betritt den Sitzungssaal 2 und nimmt in der Saalmitte Platz. Fünf Minuten später wird der Angeklagte Ingo K. mit Hand- und Fußfessel in den Saal geführt. Anschließend eröffnet der Vorsitzende Richter die Sitzung und ein Polizist nimmt die Handfessel ab.

Nach der Belehrung des Zeugen fragt der Vorsitzende Richter, wann und wo er den Angeklagten kennengelernt habe. Torsten H. berichtet, 2015 habe er seine Tochter zum Muay Thai (Thaiboxen) in Igersheim angemeldet. Da habe er den Kampfsporttrainer Ingo K. kennengelernt. Die Tochter habe zwei Mal pro Woche trainiert. Nach einem halben Jahr habe auch der Zeuge mit dem Training begonnen. Ein bis zwei Mal pro Woche habe er trainiert. Nach dem Training sei er mit Ingo K. ins Gespräch gekommen. »Fünf bis zehn Minuten«, schätzt der Zeuge: »Wir haben uns halt unterhalten.«

Im Saal spricht Torsten H. von »Ingo«. Auf Nachfrage des Vorsitzenden Richters erklärt er, im Training habe der Angeklagte gesagt, er sei »der Ingo«. Der Zeuge berichtet, später habe das Training nicht mehr in Igersheim, sondern in einem Fitnessstudio in Bad Mergentheim stattgefunden. Insgesamt habe er von 2016 bis zum Frühjahr 2020 trainiert. Mit dem Ausbruch der Corona-Pandemie und dem Einsetzen der Corona-Schutzmaßnahmen durfte das Training nicht mehr stattfinden. Während der Pandemie habe er den Kampfsporttrainer nur ein Mal in einem Einkaufsmarkt getroffen.

Als der Vorsitzende Richter nach der Dauer eines Kampfsporttrainings fragt, antwortet der Zeuge, ein Training habe rund zwei Stunden gedauert. Er wiederholt, nach dem Training hätten die beiden bloß »fünf bis zehn Minuten« auf dem Parkplatz geredet. »Smalltalk«. Über Tagespolitik und das Wetter. Es sei deutlich geworden, dass er »ein bisschen Wikinger-Gedankengut« hat. Ingo K. habe vieles über seine Mutter erzählt. So habe er berichtet, sie koche »Heiltees«. Von deren Wirkung habe er geschwärmt. Sein allgemeiner »Tenor« gegenüber Politik und Medien sei gewesen: »Die sagen uns nicht alles«. Und: »Es steht nicht alles in der Presse.«

Ein Mal habe Ingo K. über *Chemtrails* gesprochen. Chemikalien würden in den Flugzeugtreibstoff gemischt, um der Menschheit zu schaden. Zudem habe er ein Mal über die Ingwerpflanze Kurkuma geredet: Ein Löffel Kurkuma pro Tag sei äußerst gesund. Um zu verhindern, dass die Menschen mithilfe des Gewürzes ein gesundes Leben führen, sei Kurkuma aus sämtlichen Einkaufsmärkten entfernt worden. Der Zeuge merkt an, er habe in einem Einkaufsmarkt nachgeschaut und Gegenteiliges festgestellt: Man konnte reichlich Kurkuma erwerben. Des Weiteren habe Ingo K. behauptet, die »BRD« sei eine »GmbH« und Aliens, die »in den Appalachen [Gebirgszug im Osten Nordamerikas, Anm. d. Verf.] in Höhlen hausen« würden, regieren die USA.

Ein Mal habe Ingo K. vermutet, »sie sagen nicht alles über die Einwanderungswelle«. Deshalb wolle er »mit ein paar Kumpels« am »nächsten Wochenende« nach »Thüringen oder Sachsen« fahren, um nach Bunkern mit Flüchtlingen zu suchen. Ihm habe er angeboten, an der Fahrt teilzunehmen. Später zitiert der Vorsitzende Richter die Aussagen des Zeugen in seiner polizeilichen Vernehmung. Damals habe er ausgesagt, Ingo K. habe behauptet, die Bundesregierung habe »Millionen arabischer Flüchtlinge« in Bunkern versteckt, um sie »auf einen Schlag« auf die Deutschen »loszulassen«. Torsten H. kommentiert, er habe sich durchaus vorstellen können, dass Ingo K. hinfahren und suchen würde. Er selbst habe »andere Dinge zu tun«.

Der Vorsitzende Richter fragt, wer die Themen angesprochen habe. Der Zeuge antwortet, Ingo K. habe die Themen ins Spiel gebracht. Auf die Nachfrage des Vorsitzenden Richters, wie der Zeuge mit den Themen umgegangen sei, sagt er, die Gespräche seien im Falle eines Widerspruchs schnell beendet gewesen. Über den Angeklagten urteilt er, dass er ein »sympathischer Typ« und »guter Trainer«, aber »ein bisschen abgedreht« gewesen sei. Der Vorsitzende Richter spricht den Zeugen auf eine Aussage aus seiner polizeilichen Vernehmung an. Der Angeklagte soll gegenüber Torsten H. geäußert haben, er werde »von Geheimagenten beobachtet«. Der Zeuge bekräftigt, Ingo K. habe gesagt, er sei »eh schon beim Verfassungsschutz bekannt«.

Die Aussage habe er lediglich zur Kenntnis genommen. Er habe nicht nachgefragt, nicht reagiert. Im Prozess betont er: »Ich bin ein ganz normaler Streifenpolizist«. Und weiter: »Ich habe da nur mein Training gemacht.« Später fragt der Vorsitzende Richter, ob der Angeklagte gewusst habe, dass er ein Polizist ist. Der Zeuge nickt. Auf die Frage, ob Ingo K. über die Polizei im Allgemeinen gesprochen habe, überlegt der Zeuge. Ein Mal habe der Angeklagte gesagt, die Polizisten seien »gute Jungs«. Aber: »Ihr schafft für die Falschen.«

Über seine Waffensammlung habe Ingo K. nie geredet. Er habe nur erwähnt, er besitze aufgrund seiner Tätigkeit im Sicherheitsgewerbe eine Waffe.

Der Vorsitzende Richter sagt, der Zeuge habe in seiner polizeilichen Vernehmung erzählt, Ingo K. sei bloß eine »Bekanntschaft«. Für eine Freundschaft sei er »zu anstrengend«. Torsten H. präzisiert, die Unterhaltungen seien anstrengend gewesen. *Reichsbürger* seien »wie religiöse Fanatiker«. Im Laufe des Prozesstages fragt der Vorsitzende Richter mehrfach, ob die Äußerungen aus dem reichs- und verschwörungsideologischen Spektrum erst nach dem Tod der Mutter des Angeklagten gefallen seien. Die Mutter ist 2018 gestorben. Der Zeuge vermutet, die Äußerungen seien größtenteils nach dem Tod gefallen.

Eine Richterin fragt, wie viele Menschen das gemeinsame Training besucht haben. Der Zeuge schätzt, zwischen drei und zehn. Die meisten Teilnehmer:innen seien rund 20 Jahre alt gewesen. »Fast alle« hätten eine Migrationsgeschichte gehabt. »Über die Hälfte«, präzisiert er. Dann fragt die Richterin, ob der Zeuge mit Beginn der Corona-Pandemie eine Veränderung des Angeklagten beobachtet habe. Der Zeuge schildert, Ingo K. habe erzählt, Corona sei »auch so ein Ding, wo sie nicht alles sagen«. Er habe die Corona-Schutzmaßnahmen abgelehnt. Ob er wider die Schutzmaßnahmen gehandelt habe, weiß der Zeuge nicht. Allerdings habe er, als der Zeuge ihn im Einkaufsmarkt getroffen hat, eine Maske getragen.

Die Richterin wirft ein, der Angeklagte solle behauptet haben, Corona sei in einem Labor gezüchtet worden, um die Bevölkerung zu reduzieren. Der Zeuge berichtet daraufhin, Ingo K. habe im Falle eines Widerspruchs abgewunken. Obwohl Ingo K. ein »lustiges Glitzern in den Augen« hatte, wenn er derartige Geschichten erzählte, habe der Zeuge gedacht, er glaube die Geschichten. Die Richterin fragt nach dem »Wikinger-Gedankengut«. Der Zeuge erläutert, Ingo K. habe gefordert, Entscheidungen sollten im »Thing« gefällt werden. Das Thing ist eine Versammlung nach germanischem Recht. Beeindruckt habe Ingo K. von »Berserkern« mit »übermenschlichen« Kräften gesprochen. Die »Berserker« seien »unbesiegbar« gewesen.

Die Vertreterin der *Bundesanwaltschaft* hält vor, der Zeuge habe in seiner polizeilichen Vernehmung ausgesagt, der Angeklagte sei »rechts, extrem rechts«, und will wissen, wie der Zeuge zu seiner Einschätzung kam. Torsten H. sagt, er würde *Reichsbürger* als »rechts« bezeichnen. Spöttisch merkt er an, einerseits sei Ingo K. gegen Asylsuchende, andererseits seien Migrant:innen in seinem Kampfsporttraining gewesen. Rechtsanwältin Combé hakt nach, wie der Angeklagte mit den Menschen im Training umgegangen ist. Der Zeuge schildert, Ingo K. habe keinen Unterschied zwischen den Teilnehmer:innen seines Trainings gemacht. Über die Nachricht, Ingo K. habe in Bobstadt geschossen, sei er »überrascht« gewesen und »aus allen Wolken gefallen«.

Nun hat der Angeklagte die Möglichkeit, Fragen zu stellen. »Grüß dich«, setzt er an. Das Gespräch über die Bunker sei »anders verlaufen«. Der Vorsitzende Richter wirft ein, er dürfe keine Stellungnahme abgeben, sondern müsse eine Frage stellen. So fragt der Angeklagte, ob der Zeuge noch wisse, wie das Gespräch verlaufen sei. Der Angeklagte schiebt nach, man habe »ab und zu aneinander vorbeigeredet«. Torsten H. habe seinen »Ossi-Humor nicht verstanden«. Er fragt, ob der Zeuge seine Aussagen ernstgenommen habe. Der Zeuge antwortet: »Mal ja, mal nein«. Ein Dialog entsteht, freundschaftlich und recht locker. Am Ende sagt der Angeklagte: »Schönen Gruß an alle!«

Nach Fragen des Rechtsanwalts Seifert wird Torsten H. entlassen. Nun soll der Zeuge Joachim K. aussagen. Nach einer Pause stellt der Vorsitzende Richter fest, der Zeuge sei »ordnungsgemäß« geladen worden – »aber bis 15:22 Uhr nicht erschienen«. Und: »Eine Entschuldigung liegt nicht vor.« Die Vertreterin der *Bundesanwaltschaft* fordert, den Zeugen

»zwangsweise vorzuführen«. Nach einer Beratung des *7. Strafsenats* verkündet der Vorsitzende Richter, über eine Vorführung werde »später entschieden«. Der Zeuge Joachim K. erhält ein Ordnungsgeld von 450 Euro (bzw. drei Tage Ordnungshaft) und muss die Kosten seines unentschuldigten Fernbleibens tragen. Um 15:26 Uhr ist die Sitzung beendet.

# Donnerstag, 25.05.2023 | 6. Prozesstag

Um 8:05 Uhr wird der Angeklagte Ingo K. mit Hand- und Fußfessel in den Sitzungssaal 2 geführt. Er wartet in seinen Fesseln, schaut ins Publikum und nickt grüßend. Im Publikum sitzen nur zwei Journalist:innen. Um 8:12 Uhr trifft der *7. Strafsenat* ein und der Vorsitzende Richter eröffnet die Sitzung. Ein Polizist entfernt die Handfessel. Der Vorsitzende Richter beginnt mit einer kurzen Zusammenfassung des fünften Prozesstages. Als er berichtet, ein Zeuge habe ausgesagt, der Angeklagte habe über Aliens gesprochen, grinst Ingo K. und greift mit den Händen an seinen Bart.

Um 8:20 Uhr wird der Zeuge D. in den Saal gerufen. Der Zeuge ist Kriminalhauptkommissar und arbeitet in der Abteilung Staatsschutz des *LKA Baden-Württemberg*. Der Vorsitzende Richter erklärt, der Zeuge habe einen »Personenbericht« zum Angeklagten erstellt. Im Bericht habe er sämtliche Informationen über Arbeitsstellen und Wohnorte zusammengetragen.

Der Zeuge schildert, er sei zwei Tage nach der Tat mit dem »Personenbericht« beauftragt worden. Er spricht über die Anrufe, die Ingo K. im Verlauf des SEK-Einsatzes getätigt hat: Um 7:20 Uhr, nach dem Schusswechsel mit den SEK-Beamt:innen, habe er mit dem Handy seines Sohnes den Notruf gewählt und im *Polizeipräsidium Heilbronn* »einen Verhandler verlangt«. Weitere Anrufe seien um 7:36 und 7:41 Uhr eingegangen. Am Ende habe Ingo K. gesagt, er ergebe sich. Um 8:12 Uhr sei er mit Max A. im »Bereich Innenhof« festgenommen worden. Gegenüber den SEK-Beamt:innen, die Ingo K. und Max A. abführten, soll der Angeklagte geäußert haben, sie kämpften »auf der falschen Seite«.

Der Zeuge spricht über die Biografie des Angeklagten. Er habe das *Amt des Bundesbeauftragten für die Stasi-Unterlagen* kontaktiert. Schließlich ist Ingo K. mit seiner Mutter Adelheid L. im sächsischen Plauen in der ehemaligen DDR aufgewachsen. Nachdem sein Vater Gottfried H. früh verstorben war, heiratete seine Mutter im Jahr 1976. Ingo K. nahm den Familiennamen des Ehemannes an. 1987 habe die Mutter eine »Besuchsreise« in die Bundesrepublik gemacht und sei im Westen geblieben. In demselben Jahr habe die *Stasi* eine Akte über Ingo K. angelegt. 1989 sei der Angeklagte zur Mutter nach Bottrop (Nordrhein-Westfalen) gezogen. Nur zwei Jahre später, im Jahr 1991, seien die beiden in den »Bereich Künzelsau« gezogen. Von 1991 bis 1995 habe er eine Lebensgefährtin namens Annett van H. gehabt. Sie wird im Laufe des Prozesstages eine zentrale Rolle spielen.

Der Zeuge spricht über die erste (1996–1999) und zweite (2006–2011) Ehe und das erste (1997) und zweite (2010) Kind des Angeklagten. 2014 sei Ingo K. mit seiner Mutter nach Rüsselhausen gezogen. Einige Jahre später, im Juli 2021, habe er seinen ersten Sohn, der wegen einer psychischen

Erkrankung im betreuten Wohnen untergebracht war, nach Rüsselhausen geholt. Der Grund sei, so erklärt der Zeuge, die – in der Einrichtung verpflichtende – Corona-Schutzimpfung gewesen. Ab 1. Januar 2022 waren Ingo K. und sein Sohn nicht mehr in Rüsselhausen, sondern in Bobstadt gemeldet. Dann berichtet der Zeuge über mögliche Unterhaltszahlungen. Im Falle des zweiten Sohnes habe Ingo K. keine Zahlungen geleistet und seine Haltung in einem Schreiben an die Stadt Oberhausen geschrieben. Der Zeuge erklärt: »Die Wortwahl ist ›Reichsbürger‹-typisch.«

Der Vorsitzende Richter thematisiert Annett van H., die ehemalige Lebensgefährtin aus den 1990er-Jahren. Der Zeuge berichtet, seit 2020 hätten Ingo K. und Annett van H. einen engen Kontakt gepflegt. Im Rahmen der Hausdurchsuchung sei ein Kalender mit Fotos von Ingo K. und Annett van H. gefunden worden. Die Fotos zeigen, wie die beiden mit einer Kurzwaffe schießen. Später zeigt der Vorsitzende Richter die Fotos auf den Leinwänden. Die Frau habe in der Vernehmung erklärt, sie hätten zwei, drei Mal einen Schießstand besucht. Die Kurzwaffe ist eine Pistole der Marke Glock. Eine Waffe, die Ingo K. aufgrund seiner Tätigkeit im Sicherheitsgewerbe legal besaß. Die Waffe, die eingezogen werden sollte, war der Auslöser des SEK-Einsatzes vom 20. April 2022. Während des Einsatzes schrieb Ingo K. um 6:59 Uhr, also: nach dem Schusswechsel, an Annett van H.: »Wir werden gerade von den Bullen gestürmt.« Die Nachricht endete mit den Worten »Ich liebe dich«. Um 7:20 Uhr schrieb er eine weitere Nachricht: »Mach es öffentlich!« An Annett van H. hatte der Angeklagte bereits am 3. November 2021 geschrieben: »Wir haben halbautomatische Waffen, um gegen die Tyrannei zu kämpfen.«

Als der Zeuge über die beruflichen Tätigkeiten von Ingo K. spricht, fragt eine Richterin nach den Zeiträumen der einzelnen Beschäftigungen. Zum Beispiel habe er von Mitte 2020 bis Mitte 2021 in einer Firma in Bad Mergentheim-Wachbach gearbeitet. Der Geschäftsführer der Firma sei zugleich Vorsitzender eines Schützenvereins gewesen. Er soll ihm Munition für seine legale Pistole der Marke Glock verkauft haben. Der Vorsitzende Richter will Näheres über die Waffenerlaubnis erfahren: Ingo K. habe 2006 einen Waffenschein für seine Pistole erhalten. Am 24. Juni 2021 habe das *Landratsamt Main-Tauber-Kreis* ein Schreiben zum Widerruf des Scheins erstellt. Einen Monat später habe Ingo K. in einem Telefonat mit dem Landratsamt angekündigt, seine Waffe freiwillig abgeben zu wollen. Allerdings habe er ein Schreiben mit dem Vermerk, die Waffe abzugeben, ignoriert. Am 26. August 2021 sei der Bescheid zum Widerruf zugestellt worden. Der Zeuge merkt an, Ingo K. habe Mitte September 2021 – als er längst gewusst hat, dass er die Waffe abgeben muss – 250 Schuss Munition für seine Pistole der Marke Glock gekauft. Die Munitionsschachtel sei in der Wohnung sichergestellt worden.

Der Vorsitzende Richter thematisiert die Schießübungen des Angeklagten. Der Zeuge sagt, im Möbeltresor seien ein Schießbuch sowie eine Waffenbesitzkarte und ein Waffenschein gefunden worden. Das Schießbuch habe fünf Einträge enthalten. Später hat der Vertreter der *Bundesanwaltschaft* eine Nachfrage zu den Einträgen. Hierfür zeigt der Vorsitzende Richter die Einträge. Sämtliche Einträge stammen aus 2018. Eine Richterin fragt, wie viele Handys und Laptops der Angeklagte besessen habe. Der Zeuge stellt fest, es wurden drei Handys und ein Laptop gefunden. Für ein Handy, das Ingo K. nutzte, habe Annett van H. ihre Daten zur Verfügung gestellt. Die Richterin thematisiert die Mail-Adressen des Angeklagten und stellt fest, man habe die Cloud eines Mail-Kontos ausgewertet. Der Vorsitzende Richter zeigt Cloud-Fotos. Mehrere Fotos zeigen Waffen, ein Foto zeigt Ingo K. mit zwei Männern. Im Hintergrund ist eine Versammlung mit Deutschlandflaggen zu sehen. Die Richterin erwähnt die Social-Media-Kanäle des Angeklagten. In *Telegram* habe er den Namen »tyrsringer« genutzt. Die Tyr-Rune symbolisiert Kampf und Krieg. Zuletzt fragt die

Richterin, wie lange Ingo K. seinen damaligen Vermieter Heiko A. gekannt habe. Der Zeuge berichtet, er habe ihn rund anderthalb Jahre vor der Tat über einen Bekannten kennengelernt.

Nach einer 20-minütigen Pause thematisiert der Vorsitzende Richter den Rechtsextremen Robert V. aus Schwäbisch Hall. Er betreibt seit Jahren ein rassistisches *Mahnmal gegen das Vergessen*. Der Zeuge berichtet, Ingo K. habe V. am Morgen der Tat vom 20. April 2022 angerufen. Das Telefonat habe über eine Minute gedauert. Im Telefonat habe Ingo K. gebeten, er solle nach Bobstadt fahren und das Geschehen dokumentieren. V. habe geantwortet, er wisse nicht, was er machen soll. Das habe er in seiner Vernehmung erzählt. Der Vorsitzende Richter spricht die Tätowierungen des Angeklagten an. Auf den Leinwänden sind die Tätowierungen zu sehen. Der Zeuge erläutert, Ingo K. trage zahlreiche Runen (»älteres Futhark«). Auf seinem Bauch stehen vier große Runen. Sie ergeben das Wort »Odin«. Das ist der Göttervater in der nordischen Mythologie. Auf der rechten Hand steht »Odins Waffe«, auf der linken »Justitia«. Jeweils in Runen. Auf der Brust sind die Gesichter zweier Gött:innen mit einem Bezug zur nordischen Mythologie zu sehen. Am Hals trägt er eine Berserk-Rune. Die Rune symbolisiert einen nordischen Krieger. Der Zeuge merkt an, auch Max A. trage die Rune am Hals.

Nun hat die *Bundesanwaltschaft* die Möglichkeit, Fragen an den Zeugen zu stellen. Die Vertreterin der *Bundesanwaltschaft* fragt beispielsweise, ob er das Urteil des *Amtsgerichts Kandel* ausgewertet habe. Im März 2018 hat Ingo K. mit verbotenen Handschuhen an einer rechtsextremen Demonstration in Kandel (Rheinland-Pfalz) teilgenommen. Der Zeuge berichtet, einen Beschluss des Amtsgerichts habe Ingo K. mit einem Schreiben beantwortet. Im Schreiben habe er beklagt, der Beschluss habe keine Unterschrift und somit keine Legitimation. Dann bekommt die Verteidigung die Möglichkeit, Fragen zu stellen. Als Rechtsanwalt Seifert eine Nachfrage zur Korrespondenz zwischen den Behörden und Ingo K. stellt und mit der kurzen Antwort des Zeugen unzufrieden ist, wirkt er recht schnell unfreundlich. Rechtsanwältin Combé hingegen wirkt gelassen. Sie stellt eine Nachfrage zum Chat zwischen Ingo K. und Annett van H. und will wissen, ob Ingo K. die Nachricht selbst geschrieben oder bloß weitergeleitet habe. Nach kurzzeitiger Verwirrung um die Weiterleitung wird der Zeuge um 11:27 Uhr entlassen. Die Sitzung wird um 11:29 Uhr beendet.

# Montag, 12.06.2023 | 7. Prozesstag

Der Angeklagte Ingo K. wird mit Hand- und Fußfessel in den Sitzungssaal 2 geführt. Um 9:21 Uhr beginnt die Sitzung, ein Polizist nimmt die Handfessel ab. Der Vorsitzende Richter begrüßt den Zeugen v. d. G., den Polizeioberrat und Leiter des *Polizeireviers Tauberbischofsheim*, im Saal. Der Zeuge war Einsatzplaner vom 20. April 2022 und musste die Einsatzleitung aufgrund einer Corona-Erkrankung kurzfristig abgeben.

Der Zeuge spricht über die Ausgangslage. Er habe Informationen über Ingo K. gesammelt: Die Waffenbehörde habe berichtet, er sei »ablehnend«. Die Stadt Boxberg habe berichtet, er sei »nicht kooperativ«. Mehr noch: Er »schotte sich ab«. Die Stadtverwaltung habe vermutet, dass Ingo K. zur *Reichsbürger*-Szene gehöre. Der Zeuge habe seine Vorstrafen überprüft und eine Gefahreneinschätzung seiner Hunde veranlasst. Ihm wurden sechs Hunde der südafrikanischen Rasse *Boerboel* zugerechnet. Der Einsatzplaner resümiert: Die »Gefahrenlage« sei »grundsätzlich zu hoch« gewesen – weshalb er das SEK angefordert habe. »Da brauche ich Spezialisten«, sagt er. Nachdem Ingo K. die Anrufe und eine Sprachnachricht der Waffenbehörde ignoriert hatte, entschied der Zeuge, den Einsatz durchzuführen.

Der Vorsitzende Richter sagt, die Polizei sei um 5 Uhr am Parkplatz des Sportplatzes in Boxberg-Schweigern eingetroffen. Der Zeuge erklärt, der Parkplatz sei »ein bis zwei Minuten« vom Einsatzort entfernt. Man sei mit den zivilen Fahrzeugen, später – »wenn die Lage bereinigt ist« – mit den übrigen Fahrzeugen nach Bobstadt gefahren. Der Einsatzplan: Das SEK mache die Lage »statisch«, der Rest halte die Lage »statisch«, sodass der »normale Polizist« ins Zielobjekt könne. »Es kann alles oder nichts passieren«, berichtet der Zeuge. Der Vorsitzende Richter hakt nach. Der Zeuge präzisiert, es hätte passieren können, man klingle und Ingo K. gebe die Waffe ab – und es hätte passieren können, Ingo K. schieße. Der Vorsitzende Richter zeigt Karten der Einsatzplanung. Eine Karte zeigt die »Kräftesammelstelle« in Schweigern, zwei Karten das »Zielobjekt« in Bobstadt.

Der Vertreter der *Bundesanwaltschaft* fragt den Zeugen, ob er nach dem Einsatz mit Heiko A. Kontakt hatte. Der Zeuge erklärt, zwei Mal habe er den Vermieter getroffen. Ein Richter will wissen, ob A. über die Tat gesprochen habe. Der Zeuge bejaht. Heiko A. habe geäußert, der Einsatz sei »total überzogen« gewesen. Der Einsatz des SEK sei »nicht erforderlich« gewesen. Man hätte die Angelegenheit »auch anders lösen können«. Rechtsanwältin Combé fragt, warum die Polizei nicht geklingelt, sondern Gewalt angewandt habe. Der Zeuge antwortet, Klingeln sei nicht zu verantworten gewesen. Rechtsanwalt Seifert sagt, Ingo K. würde frühmorgens Gassi gehen, und will wissen, warum die Polizei ihn nicht abgepasst habe. Der Zeuge stellt klar, es mache keinen Sinn, Ingo K. abzupassen, und fragt, was die Polizei machen solle, wenn er die Herausgabe der Waffe verweigere. Man habe keinen Beschluss zur Festnahme des Mannes, sondern nur einen Beschluss zur Sicherstellung der Waffe gehabt.

Nun zeigt der Vorsitzende Richter einen anonymisierten Video-Zusammenschnitt des SEK-Einsatzes. Der Zusammenschnitt, der um 6:08 Uhr beginnt, zeigt Aufnahmen einer Drohne und mehrerer Helmkameras. Man sieht Blaulicht und hört das Martinshorn. Ein Mann ruft wiederholt: »Polizei!« Der Vorsitzende Richter thematisiert die Signale. Der Zeuge betont, man habe deutlich machen wollen, dass das ein Einsatz der Polizei und kein Einbruch von Kriminellen ist. Im Video detonieren zwei Knallgranaten. Der Zeuge erklärt, man habe die Granaten geworfen, um Hunde abzuschrecken. Dann zeigt eine Helmkamera, wie ein SEK-Beamter mit einem Trennschleifer einen Maschendrahtzaun aufschneidet. Eine Person schaut aus dem Dachfenster. Sie wird angeleuchtet. Ein SEK-Beamter ruft, sie solle oben bleiben. Die Person schließt das Fenster.

Inzwischen haben die SEK-Beamt:innen das Grundstück betreten. Auf der Terrasse schneidet ein SEK-Beamter den Rollladen auf. Von oben nach unten, von links nach rechts. Es ist 6:11 Uhr. Plötzlich fallen mehrere Schüsse. Im Rollladen sind Löcher, vor dem Rollladen sind glasige Staubwolken zu sehen. Der SEK-Beamte fällt. Chaotische, hektische Schreie sind zu hören. Während er in den Polizei-Transporter gebracht wird, fallen Dutzende Schüsse. Teils aus dem Innenraum, teils aus den SEK-Waffen. Aus der Perspektive einer Helmkamera ist gegen Ende des Zusammenschnitts zu sehen, wie sich eine Person mit erhobenen Händen ergibt. Um 6:24 Uhr ruft ein SEK-Beamter: »Zeig mir deine Hände!« und »Komm langsam auf mich zu!« Aus der Drohnenperspektive sind zwei Rauchexplosionen zu sehen. Um 6:45 Uhr beginnt das Gebäude mit einer schnellen Rauchentwicklung zu brennen. Bislang ist unbekannt, warum das Feuer ausgebrochen ist. Der Zeuge wird um 11 Uhr entlassen.

Im Anschluss tritt der Zeuge B. in den Saal. Der Polizeioberrat berichtet über die Beschädigungen und Verletzungen im Rahmen des Einsatzes: Der SEK-Beamte Nr. 10, der angeschossen wurde, musste ins Krankenhaus und am Oberschenkel operiert werden. In der ersten OP mussten die Projektile entfernt, in der zweiten die Wunden geschlossen werden. Der Beamte habe Narben, aber sei »wieder physisch belastbar«. Psychisch habe er die Bluttat »noch nicht abgeschlossen«. Sie »kommt immer wieder hoch«. Der SEK-Beamte Nr. 16 – der »Schildträger« neben Nr. 10 – wurde mehrfach angeschossen. So traf ein Schuss den Tiefschutz unterhalb des Schildes. Er erlitt ein Hämatom. Der Zeuge sagt, der SEK-Beamte habe berichtet, die Schmerzen seien »durchaus auszuhalten« gewesen. Nach der Tat habe er »keine psychischen Beeinträchtigungen«. Der Zeuge erzählt, die SEK-Beamt:innen hätten am Abend des Einsatzes über das Erlebte gesprochen. Man habe die Belastung »in den Gesichtern gesehen«. Der Zeuge wird um 11:55 Uhr entlassen.

Um 13:32 Uhr, nach der Mittagspause, spricht M., ein Technischer Rat und Multimedia-Forensiker des *LKA Baden-Württemberg*. Der Sachverständige erklärt, er sei Phonetiker und mache linguistische Datenverarbeitung. Seine Aufgabe war, das Video zu anonymisieren. Namen und Äußerungen zur Einsatztaktik durch Piep-Töne zu ersetzen. Zudem war seine Aufgabe, die Schussgeräusche zu analysieren. Können die Schüsse den Waffen zugeordnet werden? Hierzu habe er das Video in fünf Sequenzen unterteilt: 1. Beschuss (43 Schüsse, darunter mindestens 21 aus dem Innenraum), 2. Beschuss (neun Schüsse aus dem Innenraum), 3. Beschuss (21 Schüsse, darunter mindestens fünf aus dem Innenraum), einzelnes »Schallimpulsgeräusch« (vermutlich kein Schuss) und 4. Beschuss (neun Schüsse aus dem Innenraum). Es gab insgesamt 83 »potenzielle Schussabgaben«. Die Tatwaffe des Schützen klingt »hell und klar«, die Dienstwaffen der SEK-Beamt:innen klingen »dumpf und trocken«. Dennoch sei eine eindeutige Zuordnung schwer gewesen. Um 15:15 Uhr wird der Sachverständige entlassen und die Sitzung beendet.

# Dienstag, 13.06.2023 | 8. Prozesstag

Der Angeklagte Ingo K. wird mit Hand- und Fußfessel in den Sitzungssaal 2 geführt. Der Vorsitzende Richter eröffnet die Sitzung um 9:41 Uhr, ein Polizist entfernt die Handfessel. Der Vorsitzende Richter begrüßt P., einen Diplom-Mathematiker und Multimedia-Forensiker des *LKA Baden-Württemberg*. Der Sachverständige hat diverse Vermerke gemacht: Ein Vermerk thematisiert die Schüsse auf den SUV. Fotos zeigen Szenen vor, während und nach dem Beschuss des Wagens. Der Sachverständige erklärt, man sehe die Einschläge im Rücklicht (»Lichtblitz«) und auf der Dachluke (»Staubwolke«). Ein zweiter Vermerk thematisiert die Anonymisierung und Synchronisierung der einzelnen Videos. Das Ergebnis sei der Zusammenschnitt gewesen, berichtet der Sachverständige. Ein dritter Vermerk thematisiert den ersten Beschuss durch den Rollladen. Man sieht die glasige

Staubwolke der Schüsse aus dem Innenraum. Die Brutalität des Vorgehens und die Wucht der Schüsse werden deutlich.

Weitere Vermerke thematisieren den »Öffnungsstand« der Lamellen des Rollladens und die Herkunft der Schüsse in der dritten Sequenz. Gelegentlich stellen *Bundesanwaltschaft* und die Verteidigung die eine oder andere Detailfrage. Auch Ingo K. stellt Fragen. Zum Beispiel will er wissen, ob ein Ton der Knallgranate, die anfangs geworfen wurde, vorhanden sei. Der Sachverständige bejaht und lässt ein Video abspielen. Im Video ist ein lautes Knallgeräusch zu hören. Die Stimme des Angeklagten ist ruhig, sie wirkt gebrochen und zermürbt. Um 11:44 Uhr wird der Sachverständige entlassen. Dann zeigt der Vorsitzende Richter ein 16-minütiges Drohnenvideo ohne Ton. Gegen Ende des Videos läuft eine Person mit erhobenen Händen aus dem Eingangsbereich des Gebäudes. Wer die Person ist, bleibt unklar. Nach der Mittagspause wird die Sitzung um 14:06 Uhr fortgesetzt.

Der Vorsitzende Richter begrüßt die Direktorin des *Polizeipräsidiums Heilbronn*. Die Zeugin W. war die Einsatzleiterin vom 20. April 2022. Sie erklärt, nachdem der Einsatzplaner aufgrund einer Corona-Erkrankung in Quarantäne musste, habe sie die Einsatzleitung übernommen. Die Zeugin berichtet, um 5 Uhr habe der Einsatz begonnen und um 5:58 Uhr sei die Abfahrt zum Zielobjekt erfolgt. Zunächst sei ein »Irritationsmittel« – offenbar die Knallgranaten – eingesetzt worden. Der Vorsitzende Richter sagt, der Plan sei gewesen, den Maschendrahtzaun mit dem Transporter zu durchrammen. Daraufhin erklärt die Zeugin, der Plan musste geändert werden, da ein Auto und ein Radlader hinter dem Zaun standen. Daher wurde der Zaun mit einem Trennschleifer durchgeschnitten. Kurze Zeit später habe sie die Funknachricht erhalten, dass Schüsse gefallen sind.

»Ich war überrascht«, erklärt sie. Das sei »Schlag auf Schlag« gegangen. Der verletzte SEK-Beamte sei in den Transporter und vom Transporter in den Krankenwagen gebracht worden. Derweil sei die Evakuierung der Bewohner:innen des Gebäudeumfelds erörtert worden. Schließlich sei unklar gewesen, wie viele Schütz:innen im Gebäude waren. Der Vorsitzende Richter spricht den Ausbruch des Feuers an. Die Zeugin berichtet, die Feuerwehr sei angefordert und die Straße gesperrt worden. Rasch habe die Feuerwehr gemeldet, der Dachstuhl stehe in Brand. Während das Gebäude brannte, wählte Ingo K. den Notruf. Der Angeklagte »wollte verhandeln«, stellt die Zeugin fest. Er habe den Abzug der SEK-Beamt:innen und die Evakuierung seiner Hunde gefordert.

Später habe Ingo K. das Gebäude gemeinsam mit Max A. verlassen. Der Vorsitzende Richter stellt fest, Ingo K. habe behauptet, es sei lediglich Munition und kein Sprengmittel im Gebäude. Die Zeugin sagt, es sei unklar gewesen, was im Gebäude war. Sie betont, man sei »vom Schlimmsten ausgegangen« und habe die Abstände zum Gebäude vergrößert. Es habe mehrere Detonationen, darunter eine »extreme Detonation«, gegeben. »Alles« habe »gewackelt«. Es sei unklar, was detoniert sei. Ob Munition oder ein Reifen des Radladers. Derweil sei Ingo K. zum Kriminalkommissariat gebracht worden. Um 14:43 Uhr wird die Zeugin entlassen und die Sitzung beendet.

# Montag, 19.06.2023 | 9. Prozesstag

Um 9:16 Uhr wird eine Zeugin in den Sitzungssaal 2 begleitet, dann wird der Angeklagte Ingo K. mit Hand- und Fußfessel in den Saal geführt. Der 7. *Strafsenat* trifft ein, ein Polizist nimmt die Handfessel ab. Der Vorsitzende Richter eröffnet die Sitzung und begrüßt die Zeugin. Claudia S. ist Anfang 50. Der Vorsitzende Richter fragt, wann und wo die Zeugin den Angeklagten kennengelernt habe. Sie antwortet, Ingo K. und seine Mutter hätten einige Jahre in ihrer Nachbarschaft in Rüsselhausen gewohnt. Claudia S. berichtet, erst mit der Erkrankung seiner Mutter habe sie den Angeklagten kennengelernt. Die Zeugin, die selbst einen Hund besitzt, habe angeboten, mit dem Hund der Mutter Gassi zu gehen. Später, als die Mutter gestorben war, ist Claudia S. mit Ingo K., seinem Sohn und den Hunden rausgegangen.

Claudia S. erzählt, sie seien fast täglich Gassi gegangen. Mal 15, mal 30 Minuten, mal länger. Der Vorsitzende Richter fragt, ob die Zeugin den Angeklagten näher kennengelernt habe. Sie antwortet: »Man unterhält sich schon.« Mit Blick auf die Tat vom 20. April 2022 sagt sie: »Ich habe ihn so nicht kennengelernt.« Auf die Frage, was Ingo K. während der Spaziergänge gesagt habe, erzählt die Zeugin eine Geschichte über einen angeblichen 5G-Mast. Um den Mobilfunkstandard kursieren allerlei Verschwörungserzählungen. So habe Ingo K. gesagt, die Strahlung sei gesundheitsschädlich. Als Ingo K. während eines Spaziergangs einen im Bau befindlichen Mast sah, habe er gesagt, das müsse ein 5G-Mast sein. Daraufhin habe Claudia S. geäußert, dieser Mast sei definitiv kein 5G-Mast und habe ein Foto eines echten 5G-Masts gezeigt. Der Vorsitzende Richter thematisiert eine Geschichte über Masken. In ihrer polizeilichen Vernehmung soll die Zeugin gesagt haben, Ingo K. sei überzeugt gewesen, in den Masken, die vor Covid-19 schützen sollen, sei »irgendwas drin«. Claudia S. schildert, er habe gesagt, in den Masken seien Würmer. Als die Zeugin gefragt hat, warum Würmer in den Masken sein sollten, habe er »nur mit den Schultern gezuckt«.

Der psychiatrische Sachverständige Dr. W. – der die Psyche des Angeklagten beurteilen soll und an der Sitzung teilnimmt – fragt, welche Funktion die Würmer hätten. Die Zeugin antwortet, angeblich würden die Würmer in die Atemorgane eindringen und die Menschen krankmachen. Ingo K. sei wohl zu viel in *Telegram* gewesen und habe »zu viel Zeug angeguckt«, kommentiert sie. Später schildert sie gar, die beiden hätten »in verschiedenen Welten gelebt«. Die Videos, die Ingo K. verbreitete, seien für ihn schlüssig, für sie unschlüssig gewesen. Nichtsdestotrotz sei er ein »sehr ruhiger Mensch«. Die Zeugin habe die Tat »komplett geschockt, weil ich ihn einfach so nicht kenne«. Der Vorsitzende Richter fragt nach der Waffe des Angeklagten. Claudia S. sagt, sie habe gewusst, dass er eine Waffe habe. Der Vorsitzende Richter will wissen, ob Ingo K. über die Waffe gesprochen habe. Sie berichtet, er habe erwähnt, dass er die Waffe abgeben müsse. Warum? Das ließ er unerwähnt. Stattdessen habe er eines Tages erzählt, er habe versucht, die Waffe abzugeben. Aber: Niemand in der Waffenbehörde habe die Abgabe bestätigen wollen. Die Zeugin schildert, sie habe »komisch« gefunden, »dass man keine Unterschrift kriegt«. Es gibt bisher keinen Beleg, dass er die Waffe abgeben wollte.

Die Zeugin wird um 11:28 Uhr entlassen. 20 Minuten später wird Matthias S., ihr Ehemann, in den Saal begleitet. Der Zeuge ist Ende 40. Der Vorsitzende Richter fragt, wie der Kontakt zwischen ihm und Ingo K. gewesen sei. Der Zeuge stellt fest, die beiden hätten keine Freundschaft, weil keine gemeinsamen Interessen, gehabt. Nicht zuletzt habe Ingo K. auch »keine Gelegenheit ausgelassen, seine politischen Ansichten zu äußern«. Nie habe er ein »normales Gespräch« mit ihm führen können. Das berichtete der Zeuge in seiner polizeilichen Vernehmung. Nun sagt der Zeuge, Ingo K. habe offenbar das Bedürfnis, die Infos, die er aus dem Netz sauge, zu teilen. Einen Teil der Infos werde der Angeklagte geglaubt haben, vermutet er. Der Vorsitzende Richter fragt, welche Demonstrationen der *Reichsbürger* besucht habe. Der Zeuge nennt *Querdenken*-Demonstrationen. In der polizeilichen Vernehmung sagte er, einmal sei Ingo K. mit einer schwarz-weiß-roten Fahne von einer Demonstration nach Hause gekommen. Auf die Frage einer Richterin, ob Ingo K. eine Abneigung gegen die Bundesrepublik habe, antwortet der Zeuge, das »würde ich so nicht sagen«. Der Angeklagte sei bloß »nicht einverstanden, wie der Staat geführt wird«.

Der Vorsitzende Richter fragt den Zeugen, ob er Kenntnisse über Heiko A. habe. Die beiden sind Mitglieder eines regionalen Motorradclubs. Der Zeuge berichtet, Heiko A. habe, nachdem er aus der Haft entlassen wurde, ihn angerufen und um Hilfe gebeten. Daraufhin habe er Geld für Kleidung und Zigaretten im Motorradclub gesammelt. Denn die Familie A. habe nach dem Brand »gar nix mehr« gehabt. Der Zeuge betont, für ihn sei die Sammlung eine Selbstverständlichkeit gewesen. Auf die Frage eines Richters, warum Heiko A. ausgerechnet den Zeugen angerufen habe, antwortet er, »vielleicht, weil er weiß, ich bin loyal«. Die Zeugin Claudia S., seine Ehefrau, hat in ihrer Vernehmung ausgesagt, er habe am Tattag eine Nachricht von Heiko A. erhalten. In der Nachricht habe A. geschrieben, die Polizei sei da. Sie habe das Haus gestürmt und das Feuer eröffnet. »Mehr oder weniger«. Der Vorsitzende Richter fragt den Zeugen, was die Familie A. über die Tat gesagt habe. Matthias S. erzählt, nach Überzeugung der Familie sei »alles ganz anders«. So habe Bianca A., die Frau von Heiko A., als sie nach ihrer Festnahme im Polizeitransporter saß, beobachten können, wie ein Polizist einen Holzstapel am Haus anzündete. Sie habe gesagt, »sie wollen uns allemachen«. Rechtsanwältin Combé fragt, ob der Zeuge heute Kontakt zu Heiko A. habe. Der Zeuge antwortet, er habe kaum Kontakt. Zwar sei A. bis heute Mitglied im Motorradclub. Allerdings sei er nicht mehr aktiv. Der Zeuge wird um 13:16 Uhr entlassen.

Nach einer Mittagspause wird ein Zeuge in den Saal begleitet. Markus S. ist Anfang 50, auch er trägt Pferdeschwanz und Tätowierungen. Der Zeuge ist mit den ehemaligen Nachbar:innen des Angeklagten, Claudia und Matthias S., verwandt. Im Mittelpunkt der Vernehmung stehen die Arbeit und der Schützenverein. Denn der Zeuge ist ehemaliger Arbeitgeber und Vorsitzender des ehemaligen Schützenvereins des Angeklagten. Der Vorsitzende Richter fragt, wie häufig Ingo K. im Schützenhaus gewesen sei. Der Zeuge schätzt, etwa zehn Mal. Er habe mit einer Pistole der Marke Glock trainiert. Mit der Waffe, die am 20. April 2022 eingezogen werden sollte. Die Einziehung der Waffe habe Ingo K. nicht angesprochen. Auf die Frage, ob er während der Corona-Pandemie geschossen habe, antwortet der Zeuge, einmal habe er schießen wollen. Allerdings habe er keine Maske gehabt. Daher habe er ihn weggeschickt. Er »war halt Corona-Leugner«, kommentiert der Zeuge. Zwar habe er eine Reihe von Verschwörungserzählungen verbreitet. Die Erzählungen habe er ernst gemeint. Nichtsdestotrotz sei er »verlässlich«, »freundlich«, »aufgeschlossen«. Man »kann nichts Negatives sagen«. Der Zeuge wird entlassen. Um 15:05 Uhr ist die Sitzung beendet.

# Dienstag, 20.06.2023 | 10. Prozesstag

Ein Sachverständiger betritt um 9:15 Uhr den Sitzungssaal 2. Im Anschluss wird der Angeklagte Ingo K. mit Hand- und Fußfessel in den Saal geführt. Ein Polizist entfernt die Handfessel, als der Vorsitzende Richter die Sitzung eröffnet. Der Vorsitzende Richter begrüßt K., einen Waffensachverständigen des *LKA Baden-Württemberg*. Man wolle seine Untersuchungsberichte über die Waffen und Munition besprechen. Zunächst nennt der Vorsitzende Richter einen Bericht zur Ausrüstung der verletzten SEK-Beamten Nr. 10 und 16. Der Sachverständige erklärt, er habe »ballistische Einwirkungen« in der Ausrüstung – Bekleidung, ballistische Schutzwesten, Schild, Ramme, Helm – festgestellt. Die Beschädigungen seien teils durch »nahezu vollständige Geschosse«, teils durch »Geschossfragmente« entstanden. Er erläutert, dass ein Geschoss, das Glas durchbreche, »deformieren« und »fragmentieren« könne. Je größer und schwerer ein »Geschossfragment« sei, desto größer die kinetische Energie und die Beschädigung. Der Vorsitzende Richter zeigt Fotos der Einschüsse an den beiden SEK-Fahrzeugen, danach Grafiken einer polizeilichen 3D-Vermessung. Die Grafiken veranschaulichen, aus welchen Richtungen die Schüsse auf die SEK-Fahrzeuge trafen.

Nach einer Mittagspause spricht der Waffensachverständige über die Schussverletzungen der SEK-Beamten Nr. 10 und 16. Er sagt, der SEK-Beamte Nr. 10 habe einen Durchschuss im Oberschenkel erlitten. Dann thematisiert der Vorsitzende Richter den Untersuchungsbericht zu den Waffen. Der Bericht beginnt mit zwei Maschinengewehren. Sie tragen die Bezeichnungen »Maschinengewehr M53 Zastava mit Patronengurt« und »Maschinengewehr HK G3 mit linksseitig montiertem Laserzielpunktgerät«. Beide Gewehre sind Vollautomaten und mehr noch: Kriegswaffen. Der Vertreter der *Bundesanwaltschaft* fragt später, wie viel Munition das Maschinengewehr M53 in einer Minute verschießen könne. Die Antwort: bis zu 1.400 Patronen. Der Sachverständige erklärt, man müsse zwischen halb- und vollautomatischen Waffen unterscheiden. Ein Vollautomat könne mit einer Betätigung hunderte Schuss pro Minute abgeben. Innerhalb weniger Sekunden sei das Magazin leer. Neben den Maschinengewehren nennt der Bericht insgesamt sechs Maschinenpistolen, zahlreiche Selbstladepistolen, Schalldämpfer und Zielgeräte, Magazine und Munition. Um 14:21 Uhr wird der Sachverständige entlassen und die Sitzung ist beendet.

# Montag, 26.06.2023 | 11. Prozesstag

Ein Zeuge wird um 9:15 Uhr in den Sitzungssaal 2 begleitet. Dann wird der Angeklagte Ingo K. mit Hand- und Fußfessel in den Saal geführt. Der *7. Strafsenat* trifft ein, der Vorsitzende Richter eröffnet die Sitzung und ein Polizist nimmt die Handfessel ab. Der Vorsitzende Richter begrüßt Danijel P., den 45-jährigen Zeugen und ehemaligen Arbeitgeber. Der Zeuge ist Inhaber eines Sicherheitsdienstes. Er schildert, Ingo K. sei hauptsächlich im Objektschutz und gelegentlich im Veranstaltungsschutz tätig gewesen. Er habe »zwei bis drei Jahre« in seiner Firma gearbeitet. 2021, rund ein Jahr vor der Tat, habe er die Firma verlassen. Der Zeuge urteilt, Ingo K. sei »der richtige Mann« und »sehr zuverlässig« gewesen. Er habe Besucher:innen einer Veranstaltung, ob betrunken oder gewaltbereit, beruhigen können.

Auf die Frage, warum Ingo K. die Firma verließ, antwortet der Zeuge, es habe Beschwerden im Objektschutz gegeben. Er soll, ohne Erlaubnis, Getränke genommen haben. Als ihm während der Corona-Pandemie der Schutz eines Impfzentrums angeboten wurde, habe er gesagt, er »will damit nichts zu tun haben«. Der Angeklagte soll die Corona-Schutzimpfung abgelehnt und allerlei Verschwörungsmythen verbreitet haben. Der Zeuge sagt aus, Ingo K. habe von »Lüge« und »Zwang« gesprochen. Mehr noch: Der Zeuge habe »das Gefühl gehabt«, er sei ein »Reichsbürger«. Auf die Frage des Vorsitzenden Richters, woher das »Gefühl« kam, berichtet der Zeuge, Ingo K. habe gesagt, Deutschland sei ein »besetztes Land«, eine »GmbH«. Der Vorsitzende Richter fragt, wie er darauf reagiert habe. Die Antwort: Es war »interessant zuzuhören«.

Der Vorsitzende Richter sagt, der Zeuge habe in seiner polizeilichen Vernehmung geäußert, er habe aufgrund der Aussagen von Ingo K. beschlossen, ihn nicht im Geldtransportschutz einzusetzen und ihm keine Waffe zu geben. Der Zeuge bestätigt, die Äußerungen seien ein Grund gewesen. Später bekommt der Angeklagte die Möglichkeit, Fragen zu stellen. »Grüß dich, Danijel, schade, dass wir uns jetzt so sehen«, beginnt er. Der Angeklagte sagt, er habe im Objekt- und Veranstaltungsschutz mit der Polizei in Kontakt treten müssen. Er fragt seinen ehemaligen Arbeitgeber, ob ihm eine Beschwerde in seinem Umgang mit der Polizei vorgelegen sei. Der Zeuge verneint – obwohl er in seiner polizeilichen Vernehmung berichtet hatte, Ingo K. habe »null Respekt« gegenüber der Polizei. Der Zeuge wird um 10:20 Uhr entlassen.

Der Zeuge B.-R. betritt den Saal. Der Beamte des *Hauptzollamts Heilbronn* ist Anfang 60. Der Vorsitzende Richter sagt, der Zeuge habe im April 2021, etwa ein Jahr vor der Tat, einen Vermerk geschrieben. Anlass sei eine Begegnung mit Ingo K. gewesen. Der Beamte schildert, der Angeklagte habe in Telefonaten mit einem Kollegen das Handeln des Zollamtes in Frage gestellt. Er habe in einem Telefonat angekündigt, zum Zollamt zu fahren und Beschwerde gegen den Kollegen einzulegen. In der Tat sei er mit einer Begleitung vor Ort erschienen. Der Zeuge habe die beiden empfangen. Er sagt, das Gespräch sei anfangs locker, später ernst gewesen.

Ingo K. habe behauptet, in Berlin regiere die Mafia, und gedroht: »Ich komme aus Sachsen. Wir haben euch 1989 nochmal davonkommen lassen. Das nächste Mal lassen wir euch nicht mehr davonkommen!« Erst nachdem der Zeuge mit der Polizei gedroht habe, seien die beiden gegangen. Der Vorsitzende Richter fragt, ob Ingo K. seine Aussagen ernst gemeint habe. Der Zeuge antwortet, er habe »aus tiefster Überzeugung« gesprochen. Der Vorsitzende Richter bittet, die Begleitung zu beschreiben. Der Zeuge sagt, Ingo K. und seine Begleitung hätten dasselbe Halstattoo getragen. Ein Richter zeigt Lichtbilder mehrerer Personen. Der Zeuge identifiziert die Begleitung: Max A., der Sohn des damaligen Vermieters. Um 11:14 Uhr wird der Zeuge entlassen.

Nach Verlesung mehrerer Schreiben kommt die Zeugin F. in den Saal. Die Zeugin ist Ende 50 und die Direktorin des *Amtsgerichts Bad Mergentheim*. Sie berichtet, 2017 habe Ingo K. mit seinem Hund ihr Büro aufgesucht. Der Hund sei »aggressiv« und »eindeutig ein Kampfhund« gewesen. »Ich hatte Angst«, gesteht sie. Um Hilfe zu holen, habe sie gesagt, sie müsse eine Akte holen. Erst später wurde der Zeugin klar: Polizist:innen hatten eine Eingangskontrolle durchgeführt, ein Messer sichergestellt – aber den Hund passieren lassen. Am nächsten Tag erteilte die Direktorin ihm Hausverbot. Die Zeugin sagt, sie habe 2019 einen Strafprozess gegen Ingo K. verhandelt.

Sie sei »angespannt« gewesen. Aber: Es sei eine »ganz normale Verhandlung« gewesen. Die Zeugin stellt fest, sie habe keine Bezüge zur *Reichsbürger*-Ideologie feststellen können. Die Zeugin wird um 13:37 Uhr entlassen.

Nach Verlesung zweier Schreiben betritt der Zeuge H. den Saal. Der Zeuge ist Anfang 30 und Kriminalhauptkommissar des *LKA Baden-Württemberg*. Er hat den SEK-Beamten Nr. 12 – der am 20. April 2022 einen Transporter, der beschossen wurde, gefahren hatte – vernommen. Der Zeuge schildert, der SEK-Beamte habe beobachtet, wie ein Kollege einen Rollladen des Wohnhauses durchtrennte.

Plötzlich seien Schüsse aus dem Haus gefallen. Später sei auf die Vorderseite des Transporters geschossen worden. Ohne die Panzerung des Transporters wäre er getroffen worden. Als Marco S. und Bianca A. vom Wohnhaus in den Transporter gebracht und gefragt wurden, wer im Haus sei und schieße, habe man »keine Antwort« erhalten. Man sei »total ignoriert« worden. Als das Haus im Zuge des Schusswechsels in Brand geriet, sei die größte Sorge der Frau gewesen, dass die Hunde aus dem Haus kommen. Um 15:16 Uhr wird der Zeuge entlassen und die Sitzung beendet.

# Dienstag, 27.06.2023 | 12. Prozesstag

Um 9:16 Uhr wird eine Sachverständige in den Sitzungssaal 2 begleitet. Dann wird der Angeklagte Ingo K. mit Hand-und Fußfessel in den Saal geführt. Der Vorsitzende Richter eröffnet die Sitzung, ein Polizist entfernt die Handfessel. Die Sachverständige Dr. M. ist Anfang 50 und untersucht Schmauchspuren im *LKA Baden-Württemberg*. Der Vorsitzende Richter nennt einen Bericht zu Schmauchspuren an Händen und in Gesichtern. Die Sachverständige erklärt, man habe Abstriche für Proben an den Gesichtern und Händen mehrerer Personen genommen und mikroskopisch untersucht. An den Händen von Ingo K. seien 10 bis 20 Schmauchpartikel gefunden worden. Auch an den Händen seines Sohnes Marco S. und von Teilen der Familie seines damaligen Vermieters – Heiko, Bianca und Max A. – seien Partikel festgestellt worden.

Die Sachverständige erklärt, Schmauch trete im Zuge einer Schussabgabe aus der Waffe auf und bestehe aus den chemischen Elementen Antimon, Barium und Blei. Mit der geringen Zahl an Schmauchpartikeln, die festgestellt wurden, sei keine »eigenhändige Schussabgabe« nachzuweisen. Vergleichsschüsse zeigten, dass deutlich mehr Schmauch vorhanden sein müsste. Die Sachverständige betont, Schmauch könne durch Händeschütteln übertragen und durch Händewaschen entfernt werden. Auf die Frage der Rechtsanwältin Combé, wie die geringe Zahl an Schmauchpartikeln zu erklären sei, erklärt die Sachverständige, die Untersuchung habe erst vier bis sieben Stunden nach den Schüssen stattgefunden. Ein Großteil des Schmauchs könne ohne Zutun verschwunden sein.

Der Vorsitzende Richter thematisiert einen zweiten Bericht zur »Schmauchzusammensetzung«. Die Frage sei gewesen, ob nachgewiesen werden kann, wer mit einer Waffe geschossen hat. Die Sachverständige stellt fest, die Munition sei zinnhaltig gewesen. Nur in den Schmauchspuren von Ingo K. und Bianca A. sei Zinn festgestellt worden. Die Expertin resümiert, sie hätten Kontakt zur Waffe und Munition gehabt. Allerdings sei möglich, dass der Kontakt bereits vor der Tat zustande gekommen ist. Ein dritter Bericht hält die Ergebnisse zur Schmauchuntersuchung der Bekleidung fest. Die Sachverständige erläutert die Schmauchspuren und urteilt, insgesamt seien wenige Spuren festgestellt worden. Ein vierter Bericht weist nach, dass die Beschädigungen an der SEK-Ausrüstung durch Munition verursacht wurde. Die Sachverständige wird um 10:26 Uhr entlassen.

Die Diplom-Biologin Dr. G., Anfang 50, wird in den Saal begleitet. Die Sachverständige arbeitet im *LKA Baden-Württemberg* und untersucht Textilspuren. In der Vernehmung erklärt sie die Durchführung einer Spurensicherung. Man nehme ein »spezielles Klebeband«. Das Klebeband werde auf einen Stoff geklebt und hafte Textilspuren an. Unter dem Mikroskop würden die Spuren betrachtet. Auffällige Spuren würden farblich markiert und Analysen unterzogen. Die Sachverständige sagt, man habe im Falle der Waffen kein Klebeband verwenden können. Das Klebeband hätte die DNA-Spuren verwischt. Deshalb habe man die einzelnen Textilfasern mit einer Pinzette abgenommen. Im Folgenden stellt sie dar, welche Bekleidung und Waffen untersucht und welche Ergebnisse festgestellt wurden. Die Sachverständige wird um 11:25 Uhr entlassen.

Eine Sachverständige betritt den Saal. Dr. med. H. ist Ende 30 und Medizinerin in der *Gesellschaft für Rechtsmedizinische Untersuchungen und Sachverständigentätigkeit* (GRUS) in Tübingen. Die Rechtsmedizinerin hat die verletzten SEK-Beamten untersucht. Ihre Ergebnisse der Untersuchungen hielt sie in Gutachten fest. Der SEK-Beamte Nr. 10 – der den Rollladen durchtrennte und beschossen wurde – habe Einschüsse im Helm und in einem Oberschenkel und einen Durchschuss in einem Oberschenkel erlitten. Es habe »kein akut lebensbedrohlicher Zustand« bestanden. Wäre die Oberschenkelschlagader, die um anderthalb Zentimeter verfehlt wurde, getroffen worden, wären die Folgen »potenziell lebensbedrohlich« gewesen. Ein Richter zeigt einige Lichtbilder. Die Sachverständige erklärt, ihre Aufgabe sei gewesen, die Verletzungen der SEK-Beamten mit den Beschädigungen der SEK-Ausrüstung zu verknüpfen. So erläutert sie an einem Lichtbild, der SEK-Beamte Nr. 10 habe eine Verletzung im oberen Rückenbereich erlitten. Ohne seine Ausrüstung (Ramme, taktische Schutzweste, Overall) hätten, zum Beispiel in Form eines Brustkorb-Durchschusses, »lebensbedrohliche Zustände« eintreten können. Die Sachverständige wird um 13:58 Uhr entlassen.

Ein Sachverständiger kommt in den Saal. Der Diplom-Biologe Dr. E. ist Mitte 40 und arbeitet in der forensischen DNA-Analytik im *LKA Baden-Württemberg*. Der Sachverständige schildert, er habe »mutmaßliche Hautabriebspuren« untersucht. Ein Gutachten thematisiert 17 Spuren eines Maschinengewehrs. Ein Beispiel: die Spur *005.008*. In der »Mischspur« sei eine Spur von Ingo K. festgestellt worden. Ein weiteres Gutachten thematisiert die DNA-Analysen zahlreicher Waffen. Teils wurden vollständige Spuren, teils »Mischspuren« festgestellt. An den meisten Waffen wurden keine DNA-Spuren gefunden. Nicht zuletzt, weil einige Waffen durch den Brand verrußt waren. Der Sachverständige betont, er könne nicht sagen, wann wer welche Waffe in den Händen hielt und wer mit welcher Waffe schoss. Eine Spur könne zwei Tage, zwei Wochen, zwei Monate alt sein. Der Sachverständige wird entlassen. Um 15:53 Uhr ist die Sitzung beendet.

# Montag, 03.07.2023 | 13. Prozesstag

Um 9:17 Uhr wird der Zeuge Herbert W., Anfang 60, in den Sitzungssaal 2 begleitet. Anschließend wird der Angeklagte Ingo K. in den Saal geführt. Der Vorsitzende Richter eröffnet die Sitzung und ein Polizist nimmt die Handfessel ab. Der Zeuge sagt, 2014 sei die Mutter des Angeklagten in seine Mietwohnung in Rüsselhausen gezogen. 2016 sei Ingo K. eingezogen, um die erkrankte Mutter zu pflegen. Nach ihrem Tod habe Ingo K. zunächst alleine, später mit seinem Sohn Marco S. in der Wohnung gelebt. Der Vorsitzende Richter fragt, wie der Zeuge den Angeklagten erlebt habe. Der Zeuge antwortet, Ingo K. sei »freundlich« und »hilfsbereit« gewesen. Als der Vorsitzende Richter die Verschwörungserzählungen von Ingo K. anspricht, berichtet der Zeuge über *Chemtrails*. Ingo K. habe in den Himmel geschaut und gesagt: »Sie sprühen wieder!« Der Zeuge berichtet, er habe 2021 die Mietwohnung wegen Eigenbedarfs kündigen müssen. Ingo K. sei überrascht gewesen, habe »kräftig durchgeatmet«. Die Wohnung habe er »total verdreckt zurückgelassen«. Als der Zeuge erfuhr, dass Ingo K. die Tat begangen haben soll, sei er »erstmal sprachlos« und »total geschockt« gewesen. Um 10:30 Uhr wird der Zeuge entlassen.

A., ein Staatlich geprüfter Techniker und Brandsachverständiger des *LKA Baden-Württemberg*, wird in den Saal begleitet. Zunächst beschreibt der Sachverständige das mehrstöckige Wohnhaus in Bobstadt. Das Haus, das die Familie A. im Obergeschoss und Ingo K. und sein Sohn ab Ende 2021 im Erdgeschoss bewohnten, geriet im Zuge des SEK-Einsatzes in Brand. Der Sachverständige beschreibt die Brandschäden und stellt fest, man habe »Kipphebel« von Nebelhandgranaten in der Nähe des Carports gefunden. Um festzustellen, ob die Granaten einen Brand auslösen können, habe man Holz und einen Temperaturmesser an eine Granate gebunden. Während der Zündung seien mehr als 750 Grad Celsius gemessen worden. Da Holz und Papier bereits ab 300 Grad Celsius brennen können, sei die Nebelhandgranate die »wahrscheinlichste« Brandursache. Der Sachverständige sagt, Nebelhandgranaten seien – auch im Bereich des Carports – eingesetzt worden, um SEK-Beamt:innen einen sicheren Rückzug vom Wohnhaus zu ermöglichen. Um 11:07 Uhr wird der Sachverständige entlassen.

Nach der Mittagspause kommt der Zeuge H. in den Saal. Der Polizeiobermeister war Teil der *Beweissicherungs- und Festnahmeeinheit* (BFE). Als Ingo K. und Max A. aus dem Wohnhaus kamen und festgenommen wurden, habe Ingo K. gesagt, die Polizisten seien »gute Jungs«, aber würden »für die falsche Seite kämpfen«. Der Zeuge sagt, die Aussage sei ihm »relativ ernst« und nicht ironisch vorgekommen. Um 13:36 Uhr wird er entlassen. Dann sagt der Zeuge G. aus. Der Polizeiobermeister war Teil der BFE und habe Ingo K. und Max A. bewacht. Einmal habe der Angeklagte gesagt, er habe Durst, und habe ironisch angemerkt, schließlich sei ihm der morgendliche Kaffee verwehrt worden. Einmal habe Max A. behauptet, Deutschland existiere »soundso nicht mehr lange«. Der Angeklagte habe hinzugefügt, die Polizei würde »bald aufwachen« und »Seite an Seite« mit ihnen kämpfen. »Ihr werdet schon sehen«, soll Ingo K. ergänzt haben. Die Aussage kam, so vermutet der Zeuge, »sehr ironisch rüber«. Der Zeuge wird um 13:51 Uhr entlassen.

Dann betritt der Zeuge S., der Teil der BFE war, den Saal. Der Polizeihauptmeister berichtet, als Ingo K. und Max A. festgenommen wurden, habe der Angeklagte geäußert, er sei »kein Krimineller«, und habe gefragt, »was das soll«. Die Polizei sei »selbst schuld«, schließlich sei sie »auf sein Grundstück gekommen«. Sie solle sich »nicht von Berlin an der Nase herumführen« lassen. Der

Angeklagte habe gesagt, die Polizisten seien »gute Jungs«, aber würden »auf der falschen Seite kämpfen«. Die Aussagen habe Ingo K. »aus Überzeugung« gesagt. Um 14:20 Uhr wird der Zeuge entlassen.

Zum Schluss sagt Zeuge B. aus. Der Kriminalhauptkommissar war Teil der BFE. Der Zeuge schildert, er habe den Angeklagten nach Tauberbischofsheim gebracht. Dort sollte die Kriminaltechnik die Spuren sichern. Auf die Frage des Vorsitzenden Richters, wie sich Ingo K. verhalten habe, sagt der Zeuge, er sei »sehr gelassen« und »sehr ruhig« gewesen. Um 14:45 Uhr wird der Zeuge entlassen und die Sitzung beendet.

# Mittwoch, 05.07.2023 | 14. Prozesstag

Der Angeklagte Ingo K. wird mit Hand- und Fußfessel in den Sitzungssaal 2 gebracht, ehe die Sitzung eröffnet wird. Ein Polizist entfernt die Handfessel. Um 9:23 Uhr ruft der Vorsitzende Richter die Zeugin Bianca A. in den Saal. Sie ist Ende 40, hat grauweißes Haar und einen Pferdeschwanz. Am Hals trägt sie ein Tattoo. Die *Staatsanwaltschaft Karlsruhe* ermittelt gegen die Zeugin, ihren Mann Heiko und ihren Sohn Max. Es geht um Verstöße gegen das Waffen- und Kriegswaffengesetz. Daher erklärt der Vorsitzende Richter der Zeugin, sie habe die Möglichkeit, ihre Aussage zu verweigern. Aber Bianca A. macht eine Aussage. Die Zeugin sagt, sie habe Ingo K. rund anderthalb Jahre vor dem »Überfall« vom 20. April 2022 kennengelernt. Es sei eine Freundschaft entstanden, sodass er im Dezember 2021 auf das Grundstück ihrer Familie nach Bobstadt gezogen sei. Ingo K. habe im Erdgeschoss, ihre Familie im Obergeschoss des Wohnhauses gelebt. Sie habe ihn täglich gesehen. Morgens sei er mit dem Hund gelaufen, sie habe die Hühner versorgt. Meist hätten die beiden über die Tiere, die auf dem Hof lebten, gesprochen. Politik? »Interessiert mich eigentlich nicht.« Später erklärt die Zeugin, ihre Familie habe 2019/20 die Entscheidung getroffen, auf ihrem Hof »die Selbstversorgung aufzubauen«. Das Ziel: »unabhängig sein«. Ingo K. habe Interesse gezeigt – und ab seinem Einzug geholfen.

Der Vorsitzende Richter fragt, ob Ingo K. über Probleme mit Behörden gesprochen habe. Die Zeugin schildert, er habe erwähnt, dass er seine Waffe abgeben müsse. Das habe er versucht und im *Landratsamt Main-Tauber-Kreis* einen Beleg verlangt, »dass er enteignet wird«. Der Beleg sei abgelehnt, Ingo K. nach Hause geschickt worden. Der Vorsitzende Richter thematisiert die Tat vom 20. April 2022: Die Zeugin sagt aus, sie sei um 5:50 Uhr aufgestanden und habe im Wohnzimmer gesessen. Plötzlich: »zwei Bombenschläge«. Sie sei ans Dachfenster gegangen und habe ein »graues Fahrzeug« gesehen. Es habe keine »Polizei«-Rufe, weder Blaulicht noch Martinshorn gegeben. Später bittet Rechtsanwalt Seifert, die Zeugin mit dem Anfang des Einsatzvideos zu konfrontieren. Das Video zeigt Aufnahmen einer Drohne und mehrerer SEK-Helmkameras. Im Video sind Blaulicht, Martinshorn, »Polizei«-Rufe wahrzunehmen – während die Zeugin aus dem Dachfenster schaut. Ihre Reaktion? Sie bekräftigt, sie habe »wirklich nichts gehört«. Dass das ein Einsatz der Polizei war, habe sie nicht gewusst. Sie, Heiko und Max seien »alle perplex« gewesen. Erst als das Wohnhaus brannte, habe die Zeugin erfahren, dass das die Polizei ist.

Die Zeugin schildert, Ingo K. sei vom Erdin das Obergeschoss gegangen und habe geschaut, »ob bei uns alles in Ordnung ist«. Er sei »fassungslos« gewesen. »Wie wir alle«. Ingo K. habe die Zeugin gebeten, seinen Hund ins Obergeschoss zu bringen. Die Zeugin habe den Hund, der »gezittert« habe, vom Zimmer seines Sohnes Marco S. ins Zimmer ihres Sohnes Max gebracht. Die Zeugin stellt klar, weder sie noch ihr Mann und Sohn hätten geschossen. Später habe sie das Wohnhaus verlassen. Sie habe auf Händen und Knien gehen müssen. Auf dem Boden seien Patronenhülsen gelegen. Sie vermutet, daher habe sie die Schmauchspuren. Ein »Mann mit grünem Anzug ohne Aufschrift« habe sie in einen Transporter gebracht. Im Transporter habe die Zeugin beobachtet, wie »ein grün gekleideter Mann« am Carport des Wohnhauses zwei Nebelhandgranaten gezündet habe. Als sie den Funkspruch, es brenne, gehört habe, sei sie »ausgerastet« und habe gefordert, man solle löschen, um die Hunde zu retten. Die Familie A. hatte sechs Hunde. Nach dem Funkspruch, es brenne mit großer Flamme, habe sie »gebittet und gebettelt«, die Hunde aus dem Wohnhaus zu bringen. Der Fahrer des Transporters habe die Zeugin angeschrien, sie solle ruhig sein. Die Zeugin wirkt aufgelöst, ist den Tränen nahe. Sie klagt, »diese Zerstörung« sei eine »Sauerei«. Und: »Es war die Polizei«, die das Wohnhaus angezündet habe. Die Zeugin wird um 10:38 Uhr entlassen.

Dann wird der Zeuge Heiko A. in den Saal gerufen. Er hebt seinen rechten Arm, um Ingo K. zu grüßen. Der Zeuge ist 50 Jahre alt, trägt einen rötlichen Zopf und einen geflochtenen Kinnbart. Wie seine Frau wird er auf die Möglichkeit, die Aussage zu verweigern, hingewiesen. Auf die Frage des Vorsitzenden Richters, wie der Zeuge den Angeklagten kennengelernt habe, sagt er, Ingo K. sei der Nachbar eines »Klubkameraden« gewesen. Matthias S. aus Rüsselhausen, der am 9. Prozesstag aussagte, und Heiko A. sind Mitglieder desselben Motorradclubs. Nachdem der Angeklagte signalisiert habe, er wolle in Bobstadt wohnen, habe Familie A. angeboten, er dürfe ins Erdgeschoss ihres Wohnhauses ziehen. Der Zeuge berichtet über den »Selbstversorgerhof«. Man habe nach dem Ende seiner Firma im Jahr 2019 entschieden, man wolle sich »aus dem System zurückziehen«. Gleichzeitig sei ihm bewusst gewesen, man müsse sich »weiterhin mit dem System arrangieren«.

Der Zeuge schildert, er habe ab 2015 zur deutschen Geschichte recherchiert. Der ehemalige SPD-Politiker Sigmar Gabriel habe gesagt, der Bundestag sei eine »Firma«. Der ehemalige US-Präsident Barack Obama, Deutschland sei ein »besetztes Land« – und solle es auch bleiben. Zudem habe er das Buch »Das Deutsche Reich 1871 bis heute« des *Reichsbürgers* Dr. Matthes Haug gelesen. Der Zeuge schildert, Ingo K. habe sich schon länger mit der deutschen Geschichte befasst. Man habe Informationen ausgetauscht und geprüft. Auf die Frage des Vorsitzenden Richters, ob Behörden ein Thema gewesen seien, antwortet der Zeuge, man habe »Fragen gestellt, ob sie berechtigt sind, das zu tun, was sie tun« – und nie eine Antwort bekommen. Der Zeuge sagt, die beiden hätten zwei Schreiben aufgesetzt. Beispielsweise hätten sie die Rechtmäßigkeit eines Strafzettels angezweifelt. Das Ziel sei gewesen, die Behörden zu informieren und anzuleiten, selbst zu recherchieren. Die Behörden würden »bewusst in Unwissenheit gehalten«. Eine Richterin fragt, ob Ingo K. die Ansichten teile. Der Zeuge vermutet, »ein Stück weit schon«. Später erklärt er, die Behörden wollten Ingo K.s Schusswaffe aufgrund seiner »politischen Gesinnung« einziehen. Schließlich sei er ein AfD-Wähler. Als der Angeklagte versucht habe, seine Waffe abzugeben, habe das *Landratsamt MainTauber-Kreis* verweigert, eine »Enteignungsbescheinigung« auszustellen.

Der Vorsitzende Richter thematisiert die Tat vom 20. April 2022. Der Zeuge berichtet, er habe Knallgeräusche und Schüsse um 5:50 Uhr gehört. Der Schusswechsel habe sieben, acht Minuten gedauert. Er habe eine Tasse Kaffee getrunken, nach seiner Familie geschaut, erneut eine Tasse Kaffee getrunken. Am Morgen gehe ohne Kaffee nichts. Der Zeuge habe »keinen rechten Plan gehabt, wer schießt und warum«. Er stellt klar, weder er noch seine Frau Bianca und sein Sohn Max hätten geschossen. Nach der Tat habe er gehört, das SEK habe ohne Vorwarnung geschossen. Er fragt, was das SEK gedacht habe, wie ein (ehemaliger) Personenschützer reagieren würde, wenn man das Feuer eröffne. Offenbar habe Ingo K. »aus Selbstschutz zurückgeschossen«. Der Zeuge berichtet, er habe weder »Polizei«-Rufe noch Blaulicht und Martinshorn wahrgenommen. Eine Richterin thematisiert das Einsatzvideo des SEK. Daraufhin behauptet der Zeuge, das Video könne bearbeitet worden sein. Als der Vorsitzende Richter nach der Waffensammlung des Angeklagten fragt, überlegt der Zeuge lange. Er kommt zum Schluss, seine Aussage zu verweigern. »Wenn ich die Frage beantworten würde, würde ich mich unter Umständen selbst belasten.« Um 12:34 Uhr wird der Zeuge entlassen.

Nach der Mittagspause wird der Zeuge Max A. in den Saal begleitet. Er ist Mitte 20, trägt ein Tattoo am Hals, eine silbrige Kette um den Hals und ein weißes Shirt der Marke *Yakuza*. Die Kleidungsmarke ist seit Jahren im Kampfsport und in der extremen Rechten beliebt. Wie sein Vater Heiko hat Max A. einen geflochtenen Kinnbart. Wie seine Eltern wird der Zeuge auf die Möglichkeit hingewiesen, die Aussage zu verweigern. Max A. berichtet über seine »sehr gute Freundschaft« mit dem Angeklagten. Man habe gemeinsam trainiert. Durch das Training habe er 30 Kilogramm abgenommen. Ingo K. wirkt stolz. Welche Hobbys der Angeklagte abseits seines Kampfsports habe? Der Zeuge nennt »Natur, Tiere und deutsche Geschichte«. Ob der Angeklagte auch Schusswaffen gesammelt habe? Der Zeuge sagt, er habe bloß seine Pistole der Marke Glock ein paar Mal gesehen. Über Schusswaffen habe man nie geredet. Außer: über die »Enteignung« seiner Pistole. Vom *Landratsamt Main-Tauber-Kreis* sei ihm eine »Enteignungsbescheinigung« verweigert worden.

Der Zeuge berichtet, er sei am 20. April 2022 durch Granaten aufgeweckt worden. Nach den Detonationen seien Schüsse gefallen. Es habe »keiner gewusst, was draußen vorgeht«. Als Ingo K. ins Obergeschoss gekommen sei, habe der Zeuge gefragt, »was das sein könnte«. Die beiden seien eine halbe Stunde im Treppenhaus zwischen Erd- und Obergeschoss gestanden. Im Treppenhaus habe der Zeuge die Idee gehabt, man könne die Polizei anrufen und fragen, ob sie vor dem Wohnhaus steht. Als der Vertreter der *Bundesanwaltschaft* die Möglichkeit hat, seine Fragen an den Zeugen zu stellen, ist ihm der Frust anzusehen. Er hält dem Zeugen vor, das Einsatzvideo des SEK dokumentiere Blaulicht, Martinshorn und »Polizei«-Rufe. Als der Zeuge äußert, das Video könne gefälscht sein, betont der Vertreter der *Bundesanwaltschaft* vehement, eine Falschaussage sei strafbar. Dennoch bekräftigt Max A., er habe kein Martinshorn gehört. Nach dem ersten Telefonat seien weitere Telefonate gefolgt. Zwischen dem zweiten und dritten Telefonat habe er mit Ingo K. die Hunde vom Ober- ins Erdgeschoss geholt. Sein Hund sei bewusstlos, die übrigen Hunde seien unverletzt gewesen. Im dritten und letzten Telefonat habe der Polizist »einfach aufgelegt«. Man habe das Wohnhaus verlassen, denn das Obergeschoss sei bereits in Flammen gestanden.

Auf die Frage des Vorsitzenden Richters, wie lange der Zeuge im Erdgeschoss gewesen sei, schätzt er, dass er rund zehn, 15 Minuten in der Wohnung von Ingo K. gewesen sei. Was er im Wohnzimmer gesehen habe? Keine Waffen, keine Munition. Ingo K. habe ihm nicht gesagt, er habe geschossen. Auch er selbst habe nicht geschossen. Was er gesehen habe, als er mit Ingo K. das Wohnhaus verlassen habe? Nichts. Ein Richter präzisiert: Ob etwas auf dem Boden gelegen habe? Nein. Der Richter hält ihm vor, im Eingangsbereich seien Waffen und Schutzwesten sichergestellt worden. Der Zeuge verneint. Der Richter hält ihm vor, auf einer Schutzweste sei die DNA des Zeugen sichergestellt worden. Der Zeuge verweigert die Aussage. Die Begründung: Mit einer Aussage könne er sich selbst belasten. Um 14:40 Uhr wird der Zeuge entlassen und die Sitzung beendet.

# Montag, 10.07.2023 | 15. Prozesstag

Eine Zeugin, Ende 20, wird um 9:17 Uhr in den Sitzungssaal 2 begleitet. Dann wird der Angeklagte Ingo K. mit Hand- und Fußfessel in den Saal geführt. Der Vorsitzende Richter eröffnet die Sitzung, ein Polizist nimmt die Handfessel ab. Dann begrüßt der Vorsitzende Richter die Zeugin. B. ist Polizeioberkommissarin im *LKA Baden-Württemberg* und hat die Transaktionen zwischen Ingo K. und insgesamt vier Waffenshops untersucht. Sie stellte Auskunftsersuchen an die Firmen, um Näheres über die Transaktionen zu erfahren. Im ersten Shop sind acht Bestellungen getätigt worden. Oftmals Munition, aber auch ein Zweibein. Das ist eine Zielhilfe für Langwaffen. Im zweiten Shop sind sechs Bestellungen, im dritten und vierten jeweils eine Bestellung getätigt worden. Neben Magazinen auch ein Tragegurt für Magazine. Um 10:16 Uhr wird die Zeugin entlassen.

Der Zeuge R. betritt den Saal. Er ist Ende 50 und Kriminaloberkommissar im *Polizeipräsidium Heilbronn*. Der Sachverständige sagt aus, er habe die Kleidung des SEK-Beamten Nr. 10, der im Einsatz verletzt wurde, im Krankenhaus abgeholt. Neben der Kleidung habe er die drei Geschossteile, die in einer OP entfernt wurden, erhalten. Auf der Dienststelle habe der Zeuge die Geschossteile und den »blutdurchtränkten« Overall fotografiert. Um 10:25 Uhr wird der Sachverständige entlassen. Dann wird der Zeuge K., Mitte 50, in den Saal begleitet. Der Zeuge ist Kriminalhauptkommissar im *LKA Baden-Württemberg* und hat die Waffen, die nach der Tat entdeckt wurden, dokumentiert.

Er sagt, man habe eine »Waffenkammer« entdeckt. An den Wänden sei eine Maschinenpistole und eine Langwaffe Repetierer gehangen. Auf einem Tisch sei eine Pistole, auf dem Boden eines Standregals seien zwei Maschinenpistolen gelegen. Außerdem: etliche Magazine und Munition. Der Zeuge wird um 10:54 Uhr entlassen.

Nun kommt A., ein Waffensachverständiger des *LKA Baden-Württemberg*, in den Saal. Er sagte bereits am 10. Prozesstag aus. Der Vorsitzende Richter sagt, es seien einige Fragen aufgekommen. So fragt er, wie das Umschalten vom Einzel- auf Dauerfeuer des Maschinengewehrs M53 Zastava funktioniere. Das Gewehr ist die Tatwaffe. Der Sachverständige antwortet, es gebe einen Hebel. In der mittleren Position des Hebels werde vollautomatisch, in der unteren Position halbautomatisch gefeuert. Das Umschalten dauere zwei Sekunden. Rechtsanwalt Seifert fragt später, ob das Umschalten auch versehentlich möglich sei. Der Sachverständige antwortet: »Vollständig ausschließen kann ich's nicht.« Ihm wird ein Teil des Videos vom SEK-Einsatz gezeigt. Er vermutet, es sei teils halb-, teils vollautomatisch geschossen worden. Der Sachverständige wird um 12:36 Uhr entlassen.

Rechtsanwalt Seifert gibt eine Erklärung seines Mandanten ab. Es heißt, der Angeklagte Ingo K. verzichte auf seine Magazine und Magazingurte. Am 3. Prozesstag verzichtete er bereits auf seine Waffen und Munition. Nach einer Mittagspause betritt eine Zeugin den Saal. Annett van H. ist Anfang 50. Die Zeugin erzählt, Anfang der 1990er-Jahre habe sie mit Ingo K. im Raum Schwäbisch Hall gewohnt. Zwar sei die Beziehung zerbrochen, aber sie habe stets einen guten Kontakt zu seiner Mutter gehabt. Mit der Erkrankung der Mutter habe der Kontakt zu Ingo K. zugenommen. Sie habe ihn mehrfach im Jahr besucht. Man sei gemeinsam in die Stadt, mit dem Hund in die Natur gegangen. »Er war die Ruhe«, schwärmt sie. Über welche Themen die beiden gesprochen haben? Arbeit, Wetter. Über das Thema Waffen? »Kann ich nichts sagen.« Dann fragt der Vorsitzende Richter, ob Ingo K. im Schützenverein war. Die Zeugin sagt, er sei Vereinsmitglied gewesen. Sie sei mit Ingo K. zum Schießstand gegangen, um mit seiner Waffe zu schießen.

Der Vorsitzende Richter sagt, Ingo K. habe am 20. April 2022 an die Zeugin geschrieben: »Wir werden von den Bullen gestürmt.« Auf die Frage, was Ingo K. über die Polizei denke, behauptet die Zeugin, sie wisse es nicht. Eine Richterin fragt, worüber sie mit Ingo K. gechattet habe. Über »alles Mögliche«. Sie habe meist Nachrichten weitergeleitet. Die Richterin hält der Zeugin eine weitergeleitete Nachricht der rechtsextremen Partei *Freie Sachsen* vor. Später kommentiert der Vertreter der *Bundesanwaltschaft*: »Wenn man Ihren Verlauf anschaut, könnte man meinen, das ist die Chatgruppe von Attila Hildmann!« Hildmann, bekannter Vegankoch, teilte während der Corona-Pandemie eine Unmenge verschwörungsideologischer Inhalte in den sozialen Medien. Der Vertreter betont, sie müsse die Wahrheit sagen. »Ich lasse mich ungern für dumm verkaufen«, fügt er hinzu. Der Vorsitzende Richter unterbricht die Sitzung, um der Zeugin eine Bedenkzeit zu geben. Sie behauptet auch danach, sie könne nichts über sein Weltbild sagen. Annett van H. wird entlassen und die Sitzung um 15:36 Uhr beendet.

# Mittwoch, 12.07.2023 | 16. Prozesstag

Erst wird der Angeklagte Ingo K. mit Hand- und Fußfessel in den Sitzungssaal 2 geführt, um 9:22 Uhr eröffnet der Vorsitzende Richter die Sitzung. Ein Polizist entfernt die Handfessel. Der Vorsitzende Richter ruft den Zeugen Achim G. in den Saal. Der Zeuge ist Anfang 50. Er berichtet, mit Ingo K. verbinde ihn eine »gute Freundschaft«. So habe er geholfen, seine Wohnung in Bobstadt zu renovieren. Der Vorsitzende Richter fragt, ob er die politischen Überzeugungen von Ingo K. teile. »Teilweise ja«, antwortet er. Man habe überlegt, ob die Bundesrepublik »rechtens oder nicht rechtens« sei. Ingo K. sei überzeugt, »dass die BRD nicht rechtens ist«. Man habe mehrere Demonstrationen besucht. Der Zeuge sagt über die Waffen des Angeklagten, er habe nicht nur von der Pistole, sondern auch vom Maschinengewehr gewusst. Ingo K. habe, wenn er Bekannte besuchte, eine Waffe mitgenommen. »Ab und zu«, »privat«. Die Waffe sei »nicht erwähnenswert«, »kein großes Thema« gewesen. Was der Zeuge über die Tat dachte? Er könne sich nicht vorstellen, dass Ingo K. das Feuer eröffnet hat. Daher habe er sich die Frage gestellt, ob er bloß zurückgeschossen hat. »Man macht sich halt Gedanken.« Der Zeuge wird um 11:36 Uhr entlassen.

Dann tritt die Zeugin Ulrike H. in den Saal. Sie ist Ende 50 und Geschäftsführerin eines Sicherheitsdienstes und war bis März 2022 die Arbeitgeberin des Angeklagten. Sechs Wochen später fielen in Bobstadt die Schüsse. Sie sagt aus, anfangs habe Ingo K. einen »guten Eindruck« gemacht, später sei er »unzuverlässig« – weil »nicht erreichbar« – gewesen. Der Vorsitzende Richter fragt die Zeugin, ob sie mit Ingo K. über Waffen gesprochen habe. Die Zeugin erzählt, sie habe gewusst, dass er eine Waffe besitzt. Man habe überlegt, den Sicherheitsdienst um eine Abteilung zum Personenschutz zu erweitern. Zwar sei Ingo K. aufgrund seines Waffenscheins in Frage gekommen, die Abteilung zu unterstützen. Aber: Sie habe nie ein aktuelles polizeiliches Führungszeugnis vorgelegt bekommen. Die Zeugin wird um 12:37 Uhr entlassen.

Nach einer Pause kommt die Zeugin W., eine Kriminalhauptkommissarin des *Polizeipräsidiums Heilbronn*, in den Saal. Die Zeugin ist Anfang 40. Sie sagt, sie sei am Morgen der Tat vom 20. April 2022 informiert worden, dass Ingo K. – kurz nach den Schüssen – über den Notruf einen »Verhandler« forderte, damit die Hunde aus dem brennenden Haus evakuiert werden. Als die Zeugin mit Ingo K. telefonierte, habe er seine Forderung, die Hunde zu evakuieren, sofort wiederholt. Er habe präzisiert, Bianca A. – die bereits festgenommen wurde und im SEK-Transporter saß – solle die Hunde holen. Dann habe er angekündigt, mit Max A. das Haus zu verlassen. Um 8:12 Uhr sei die Festnahme erfolgt.

Die Zeugin berichtet, Ingo K. habe einen »ruhigen« Eindruck gemacht. Der psychiatrische Sachverständige Dr. W. hakt nach, ob das eine »normale« Ruhe gewesen sei. »Unnatürlich ruhig«, sagt sie. Ein Richter spielt die drei Notrufe, die im Vorfeld des Telefonats eingingen, ab. »Schönen guten Tag, K. mein Name«, beginnt der erste Notruf um 7:20 Uhr. Er wirkt entspannt und freundlich. Als im Hintergrund zu hören ist, »der Reichsbürger« sei am Telefon, lacht er lauthals. Die Zeugin kommentiert, es sei der einzige »emotionale Ausbruch« gewesen. Der zweite Notruf ist um 7:35 Uhr, der dritte um 7:46 Uhr erfolgt. Am Ende wirkt Ingo K. ungeduldig. Mit Blick auf die Evakuierung der Hunde fragt er: »Wie lange dauert das?«

Der Vorsitzende Richter setzt mit der Vernehmung, welche die Zeugin mit Ingo K. nach der Festnahme durchführte, den Prozess fort. Die Zeugin sagt, Ingo K. sei gegen 13:30 Uhr in das Vernehmungszimmer gebracht und belehrt worden. Er habe um einen Rechtsanwalt gebeten. Obwohl der Anwalt noch nicht eingetroffen war, habe Ingo K. über die Tat gesprochen. Er habe kein Blaulicht, kein Martinshorn wahrgenommen. Stattdessen sei er durch die Explosionen aufgewacht und habe Marco S. gesehen. »Auf dem Boden, wimmernd.« Er habe sich »gefühlt, als sei er im Krieg und wollte seinen Sohn beschützen«. Ab dann habe er einen »Blackout«. Auf die Frage des psychiatrischen Sachverständigen Dr. W., ob Ingo K. seine Handlungen bedauerte, antwortet sie, dass sie unsicher sei, ob der Angeklagte das Ausmaß der Geschehnisse realisiert habe.

Der Vorsitzende Richter zeigt das Video der 27-minütigen Vernehmung auf den beiden Leinwänden. Im Zentrum: der Beschuldigte. Daneben: sein Rechtsanwalt. Die Aufzeichnung beginnt um 15:58 Uhr. Ingo K. sagt, es habe Explosionen und Schüsse gegeben. Er habe eine Waffe gegriffen, »aus einer Reflexhaltung heraus«. Und: »Dann habe ich geschossen.« Der Grund: Er »wollte einfach die Leute fernhalten, wer auch immer es ist«. Wie zuvor spricht Ingo K. vom »Blackout«. Vom »Filmriss«. Angst, Panik, keine Erinnerungen, kein Zeitgefühl. Er gesteht: »Die wollten rein, ich bin durchgetickt.« Und: »Es war mir scheißegal, wer da ist, ich wollte nur meinen Sohn beschützen.« Ingo K. betont, dass er keine Komplizinnen habe und keiner Gruppierung angehöre. Mehr noch: Er habe gar keine politische Gesinnung. Er sei kein Nazi und kein *Reichsbürger*. Er habe bloß frei und in Ruhe leben wollen. Kurze Zeit später endet das Video der Vernehmung. Um 15:10 Uhr wird die Zeugin entlassen und die Sitzung beendet.

# Montag, 17.07.2023 | 17. Prozesstag

Um 9:26 Uhr wird der Angeklagte Ingo K. mit Hand- und Fußfessel in den Sitzungssaal 2 geführt. Er zwinkert einer Frau – Dimitrula S., der Mutter des gemeinsamen Sohnes Marco S. – im Publikum zu. Das erste Mal seit der Anklageverlesung nimmt eine enge Vertraute an einem Prozesstag teil. Ein Polizist nimmt die Handfessel ab. Der Vorsitzende Richter eröffnet die Sitzung und bittet den Zeugen B. in den Saal. Der Zeuge ist Anfang 60 und arbeitete zum Tatzeitpunkt in der Waffenbehörde im *Landratsamt Main-Tauber-Kreis*. Der Zeuge schildert, Ingo K. sollte aufgrund seiner Vorstrafen die Waffenbesitzerlaubnis entzogen werden. In einer Anhörung, die am 12. Juli 2021 – fast ein Jahr vor der Tat – in der Waffenbehörde in Tauberbischofsheim stattfand, habe der Zeuge erklärt, Ingo K. könne die Waffe entweder an eine Person mit Erlaubnis weitergeben oder in der Waffenbehörde zur Verschrottung abgeben. Mache er weder das eine noch das andere, werde ein »Widerrufsverfahren« eingeleitet und letzten Endes eine »vollstreckende Maßnahme« durchgeführt. Die Anhörung sei »relativ unauffällig« gewesen. Allerdings sei zwischen den Zeilen eine Nähe zur *Reichsbürger*-Szene deutlich geworden.

Der Vorsitzende Richter zitiert aus der polizeilichen Vernehmung des Zeugen. In der Vernehmung berichtete der Zeuge, er habe Ingo K. angeboten, Rechtsmittel gegen den Widerruf der Waffenbesitzerlaubnis einzulegen. Daraufhin habe er geantwortet, das mache »keinen Sinn, weil alle unter einer Decke stecken«. Die »ganze Gesetzgebung« sei »nur Makulatur«. Vor Gericht sagt der Zeuge, die Anhörung sei erfolglos beendet worden. Eine Woche später, am 19. Juli 2021, habe Ingo K. angerufen, er wolle seine Waffe »hinterlegen«. Zwar habe der Zeuge betont, man könne die Waffe nur verschrotten lassen. Aber am Ende des Telefonats sei Ingo K. bereit gewesen, die Waffe abzugeben. Daher habe er einen Vermerk mit Bitte um Rücksendung geschickt. Die Rücksendung blieb aus. Nun sei die Sicherstellung der Waffe mit einem Durchsuchungsbeschluss veranlasst worden. Ohne Beschluss bestehe das Risiko, dass die Polizei am Eingang stehe und Ingo K. die Abgabe der Waffe verweigere. Später betont der Zeuge, es habe keinen Versuch des Angeklagten gegeben, seine Waffe abzugeben. Wer in die Behörde komme, dürfe die Waffe abgeben. Niemand werde mit der Waffe weggeschickt. Außer, man verweigere die Unterzeichnung des Eigentumsverzichts. Aber das sei noch nie passiert. Der Zeuge wird um 10:45 Uhr entlassen.

Die Zeugin W., Anfang 30, wird in den Saal gerufen. Die Zeugin arbeitet in der Waffenbehörde und berichtet, sie habe zwei Mal mit Ingo K. in Kontakt gestanden. Es ging 2018 um die Verlängerung des Waffenscheins, 2021 um ein Schreiben zum Ablauf des Waffenscheins. Er sei gebeten worden, sich zu melden. Gemeldet habe er sich nicht. Um 10:57 Uhr ist die Vernehmung beendet. Im Anschluss kommt die Zeugin B. in den Saal. Die Zeugin arbeitet ebenfalls in der Waffenbehörde und hatte einen persönlichen Kontakt mit dem Angeklagten. Ingo K. sei in die Behörde gekommen, um mit B. über die Anhörung zu sprechen. Aber B. sei im Urlaub gewesen. Die Zeugin berichtet, Ingo K. sei mit dem Schreiben »überhaupt nicht einverstanden« gewesen und habe »keine Ambitionen« gezeigt, seine Waffe abzugeben. Die Zeugin wird um 11:25 Uhr entlassen. Nach einer Mittagspause spricht die Zeugin L. Sie ist Anfang 60 und arbeitet am Empfang des Landratsamtes. Vor Gericht erklärt sie, wie die Abgabe einer Waffe funktioniert. Die Vernehmung ist um 13:45 Uhr beendet. Dann tritt die Zeugin M., 50 Jahre alt, in den Saal. Wie L. arbeitet sie am Empfang des Landratsamtes und erklärt das Prozedere einer

Waffenabgabe. Die Frage des Vorsitzenden Richters, ob sie den Angeklagten erkennen könne, verneint die Zeugin. Selbst wenn Ingo K. im Raum sei, würde sie ihn nicht erkennen. Es ist ein Grinsen des Angeklagten zu vernehmen. Mit auffälligem Winken macht er auf sich aufmerksam. Die Zeugin wird um 13:54 Uhr entlassen.

Anschließend kommt der Zeuge Robert V., Ende 50, in den Saal. Er ist ein Rechtsextremer aus Schwäbisch Hall und ein enger Vertrauter des Angeklagten. Vor Gericht sagt er, er kenne Ingo K. seit rund 30 Jahren. Man sei Motorrad gefahren, habe im Fitnessstudio trainiert. Er habe Ingo K. »nach längerer Zeit«, in der die beiden keinen Kontakt hatten, auf einer Demonstration getroffen. Es sei um das Thema »Migration« gegangen. Auf die Frage des Vorsitzenden Richters, ob sie gegen Einwanderung demonstrierten, antwortet der Zeuge, man habe bloß gegen Kriminalität demonstriert. Der Zeuge erklärt später, er habe Ingo K. »öfter« und »immer wieder mal« im Rahmen von Demonstrationen gesehen. Der Vorsitzende Richter thematisiert die Waffen des Angeklagten. V. berichtet, er habe gewusst, dass Ingo K. eine Waffe besitzt. Die beiden seien »vor Jahren« zum Schießstand gegangen. Nicht nur Ingo K., auch er selbst habe mit der Waffe geschossen. V. sagt aus, Ingo K. habe ihm gegen Ende 2021 vom Umzug nach Bobstadt geschrieben. Anfang 2022 habe ein Besuch in der neuen Wohnung stattgefunden. Der Zeuge betont, Ingo K. habe, weil sein Sohn in der Wohnung lebte, »extrem glücklich gewirkt«.

Der Vorsitzende Richter thematisiert die Tat vom 20. April 2022. Der Zeuge schildert, am frühen Morgen habe eine unbekannte Handynummer angerufen. Es sei Ingo K. gewesen, er habe »hektisch gewirkt« und gesagt: »Wir werden gestürmt!« Der Zeuge solle »vorbeikommen« und die Geschehnisse »dokumentieren«. Und: Er solle die Botschaft teilen, alle sollten nach Bobstadt kommen. »Ich wusste nicht, was ich machen soll«, sagt der Zeuge. Er habe zwei Vertraute angerufen und sei nach Bobstadt gefahren. Vor Ort sei »schon alles dicht« gewesen. Abgesperrte Straßen, Umleitungen. Ein Richter fragt, welchen Eindruck der Zeuge von den Geschehnissen hatte. »Geschockt«, sagt der Zeuge, »weil ich mit sowas nicht gerechnet hätte«. Ein Tag später habe er einen Anruf bekommen und sei gebeten worden, nach Bobstadt zu kommen, um die (angeblich) falsche Berichterstattung klarzustellen und das Ausmaß der Zerstörung zu dokumentieren. Der Zeuge vermutet, der Anrufer sei Max A. gewesen. Der Sohn des Vermieters sei »aufgeregt« gewesen, habe mit einer »schnellen Stimme« gesprochen. Seine Bitte habe V. abgelehnt. Zuletzt fragt Rechtsanwältin Combé, ob Ingo K. zur *Reichsbürger*-Szene gehöre. Plötzlich lacht der Zeuge. Ingo K. sei »eher ein Esoteriker« – der »teilweise sogar linke Tendenzen entwickelt« habe. Linke Tendenzen? Er sei »weltoffen« und wolle »leben und leben lassen«. Um 14:55 Uhr wird der Zeuge entlassen und die Sitzung beendet.

# Mittwoch, 19.07.2023 | 18. Prozesstag

Der Angeklagte Ingo K. wird mit Hand- und Fußfessel in den Sitzungssaal 2 geführt. Anschließend, um 11:08 Uhr, eröffnet der Vorsitzende Richter die Sitzung. Ein Polizist entfernt die Handfessel. Der Zeuge Joachim K. ist Anfang 60. Er war bereits am 5. Prozesstag geladen, aber ferngeblieben. Der Zeuge berichtet, er sei Vorstand eines lokalen Schützenvereins. Ingo K. sei von Februar bis Oktober 2018 im Verein gewesen. Jedoch habe sein »Auftreten« nicht zum Verein gepasst. Denn er habe »Armee- oder Tarnkleidung«, Kleidung mit einem »militärischen Touch« getragen. Der Vorsitzende Richter zitiert aus der polizeilichen Vernehmung: Damals habe der Zeuge berichtet, er habe Ingo K. gesagt, »dass dies nicht in Ordnung ist«. Später habe Ingo K. einen Ausweis der *Reichsbürger*-Szene gezeigt. Der Zeuge wirkt unsicher: »Möglich.« Es sei ein Ausweis gewesen, »den ich so noch nicht gesehen habe«. Ob das Zeigen des Ausweises nur ein Scherz war? »Möglich.« Der Vorsitzende Richter fährt fort, der Zeuge habe ihm gesagt, damit wolle er nichts zu tun haben, und habe ihm die Vereinsmitgliedschaft gekündigt. Der Zeuge bestätigt vage. Die Gründe der Kündigung seien sowohl der Ausweis als auch die Tarnkleidung gewesen. Abschließend zeigt der Vorsitzende Richter das Schießbuch des Angeklagten. Der Zeuge schaut die fünf Einträge des Schießbuches an und stellt fest, der Vorfall mit Ausweis und Tarnkleidung sei wohl am 10. März 2018 gewesen. Der Zeuge wird um 12:12 Uhr entlassen.

Der Zeuge H., Mitte 20, arbeitet in der Waffenbehörde des *Landratsamtes Main-Tauber-Kreis* und schildert, er habe am 14. April 2022 – nur wenige Tage vor der Tat – versucht, Ingo K. telefonisch zu erreichen. Denn er habe ihm die Gelegenheit geben wollen, die Waffe abzugeben. Da stets der Anrufbeantworter rangegangen sei, habe der Zeuge auf den Anrufbeantworter gesprochen. Im Vorfeld hatte der SEK-Einsatzplaner, der am 7. Prozesstag aussagte, den Zeugen dringend gebeten, die Anrufe zu tätigen. Der Zeuge berichtet, es habe keinerlei Reaktion von Ingo K. gegeben; dies habe B. dem Einsatzplaner gemeldet. Der Zeuge wird um 12:36 Uhr entlassen.

Abschließend sagt die Zeugin W. aus. Sie ist 60 Jahre alt, Wissenschaftliche Oberrätin und arbeitet in der Forensischen Phonetik des *Bundeskriminalamtes*. Der Vorsitzende Richter erklärt, sie habe die Aufgabe gehabt, die Rufe aus dem Inneren des Wohnhauses zu analysieren (»Phonetische Analyse«). Sie habe zwei Audiodateien erhalten. Das Original, aufgenommen von der Helmkamera eines SEK-Beamten, und eine bearbeitete Version des Originals. Im zehnsekündigen Original seien drei Sequenzen, die jeweils rund eine Sekunde dauerten, relevant gewesen. Erste Sequenz: »Polizei ist bescheuert«. Zweite: »geht nur um Waffe«. Dritte: »ihr Drecksbulle«. Man höre eine männliche Stimme. Allerdings sei die akustische Qualität »nicht ganz so günstig«. Dann spielt ein Richter die beiden Audiodateien ab. Die Zeugin wird um 13:58 Uhr entlassen und die Sitzung beendet.

# Montag, 24.07.2023 | 19. Prozesstag

Um 9:32 Uhr wird ein Zeuge in den Sitzungssaal 2 begleitet. Der Zeuge B. ist Mitte 30 und Polizeioberkommissar im *LKA Baden-Württemberg*. Der Angeklagte Ingo K. wird mit Hand- und Fußfessel in den Saal geführt, dann eröffnet der Vorsitzende Richter die Sitzung. Ein Polizist nimmt die Handfessel ab. Der Zeuge schildert, er habe zwei Tage nach der Tat vom 20. April 2022 das Wohnhaus durchsucht. Zunächst das Unter-, dann das Erd-, später das Obergeschoss. Im Erdgeschoss wohnte der Angeklagte Ingo K. mit Marco S., im Obergeschoss die Familie A. Der Zeuge erläutert die Funde im Büro des Untergeschosses. Auf dem Schreibtisch von Heiko A. seien *Reichsbürger*-Schreiben und Notizzettel mit den Titeln »Sprengstoff« und »SHAEF-Feindesliste« gefunden worden. SHAEF, einst das Oberkommando der Alliierten in Mitteleuropa, ist ein zentrales Feindbild der *Reichsbürger*-Szene. In Schubladen des Schreibtisches seien eine geladene Pistole und mehrere Jagdmesser gewesen. Der Vorsitzende Richter zeigt Fotos zahlreicher Fundstücke.

Der Zeuge berichtet, es habe »deutliche Brandspuren« im Erdgeschoss gegeben. In der Küche hing ein Tomahawk, eine Art Beil, und auf der Küchenzeile stand eine verschlossene, auf dem Esstisch eine geöffnete Munitionsschachtel. Dazwischen: eine Gasmaske, ein offenes Klappmesser, eine scharfe Patrone. Es lagen Behördenschreiben mit *Reichsbürger*-Vokabular und ein Zwangsvollstreckungsbescheid des Gerichtsvollziehers im Küchenschrank. Der Vorsitzende Richter zeigt Fotos der Waffenkammer. Daraufhin erläutert der Zeuge, man habe neben Messern und Patronen einen Doppeltresor sichergestellt. Im Tresor: Bargeld, Schießbuch, Waffenschein. Der Vorsitzende Richter ergänzt, die Schusswaffen seien schon am Vortag aus der Waffenkammer herausgetragen worden. Das Obergeschoss sei, so der Zeuge, »vollständig abgebrannt«. Aber man habe ein Shirt mit der Aufschrift »Kameradschaft« und eine »Dose mit Hakenkreuzorden« gefunden. Um 11:47 Uhr setzt eine Mittagspause ein.

Nach der Mittagspause kündigt Rechtsanwalt Seifert eine Erklärung seines Mandanten an. Der Rechtsanwalt sagt, er werde die Erklärung, die Stellung zum Tatvorwurf nehme, am 20. Prozesstag verlesen. Anschließend ruft der Vorsitzende Richter den Zeugen B. in den Saal. Er hat vier SEK-Beamte, die im Einsatz waren, vernommen. Der Zeuge sagt aus, der SEK-Beamte Nr. 10 habe erst den Grundstückszaun, dann die Terrassentür mit einem Trennschleifer geöffnet. Als er zum Entglasungswerkzeug gegriffen habe, sei der erste Schuss gefallen. Der zweite und dritte Schuss hätten oder haben ihn getroffen. Der Zeuge betont, Nr. 10 ging von einem »gezielten«, »vorbereiteten« Beschuss aus. Dann: der SEK-Beamte Nr. 15. Der Zeuge sagt, er habe im SUV vor dem Wohnhaus gesessen. Nr. 15 habe das Blaulicht und Martinshorn vor der Öffnung des Zauns gestartet. Sein Kollege Nr. 8 habe aus der Luke geschaut. Mit dem Beschuss des SUV habe Nr. 8 die Luke geschlossen. Laut Zeuge gehe Nr. 15 von einem »gezielten Beschuss« aus.

Dann: der SEK-Beamte Nr. 16. Als der Rollladen geöffnet wurde, habe Nr. 16 den Schutzschild getragen und den ersten Schuss am Tiefschutz gespürt. Zunächst seien Einzelschüsse, später Dauerschüsse gefallen. Aus dem Inneren sei gerufen worden: »Verpisst euch, ihr [unverständlich]!« Auf die Frage eines Richters, ob Nr. 16 von einem oder mehreren Schützen ausgegangen sei, antwortet der Zeuge, er sei von mehreren Schützen ausgegangen. Der Richter zitiert aus der Vernehmung, er habe vermutet, Max A. habe geholfen. Später habe Nr. 16 die beiden »empfangen«. Ingo K. und Max A. hätten »gelassen« gewirkt und »flapsige Sprüche und

Kommentare« abgegeben. Zuletzt: der SEK-Beamte Nr. 17. Der Zeuge schildert, nach der Öffnung des Zauns habe Nr. 17 den Eingang und Hof gesichert. Er habe die ersten Schüsse wahrgenommen, aber nicht gewusst, woher sie kamen. Später sei Nr. 17 von einem »gezielten Beschuss« und aufgrund der unterschiedlichen Schusspositionen von mehreren Schütz:innen ausgegangen. Der Zeuge wird um 14:07 Uhr entlassen.

Der Zeuge Dominik W., Anfang 20, wird in den Saal begleitet. Der Vorsitzende Richter erläutert, der Zeuge wohne schräg gegenüber vom betroffenen Wohnhaus. Der Zeuge schätzt, es sei rund 100 Meter entfernt. Er sei vom Trennschleifer aufgewacht und habe Blaulicht, Martinshorn, »Polizei«-Rufe wahrgenommen. Polizist:innen mit Helmen und Westen seien im Einsatz gewesen. Es habe geknallt, ihr Hund habe gebellt. Kurze Zeit später seien Schüsse gefallen. Als Rauch aufstieg, sei sein Piepser der *Freiwilligen Feuerwehr* losgegangen. Er sei zum Einsatz ausgerückt. Der Vorsitzende Richter fragt nach Familie A. Er kenne die Familie »nur vom Sehen«, sie habe »abgeschottet« gelebt. Einmal habe er beobachtet, wie Ingo K. und Max A. mit Softairpistolen schossen. Der Zeuge wird um 14:37 Uhr entlassen. Dann betritt seine Mutter Viola K.-W., Mitte 40, den Saal. Die Zeugin berichtet, Blaulicht und Martinshorn sowie den Lärm des Trennschleifers und der Schüsse wahrgenommen zu haben. An ihrem Wohnhaus seien Schussbeschädigungen festgestellt worden. Die Zeugin wird um 15:02 Uhr entlassen.

Der Zeuge H. betritt den Saal. Er ist Mitte 20 und arbeitet im *Finanzamt Tauberbischofsheim*. Am 8. April 2022, rund zwei Wochen vor der Tat, habe er mit Ingo K. bezüglich einer Pfändungsverfügung telefoniert. Ingo K. habe angerufen und geklagt, die Pfändung sei »nicht rechtens«. Er sei »aufbrausend« gewesen. Der Zeuge sei ein »Idiot«, habe »nicht mehr alle Latten am Zaun«. Er habe dem Zeugen gedroht: »Schicken Sie mir noch ein Schreiben, dann komme ich persönlich vorbei!« Nach der Tat stellte seine Chefin einen Strafantrag wegen Bedrohung. Der Vorsitzende Richter verliest den Antrag. Der Zeuge wird um 15:18 Uhr entlassen und die Sitzung beendet.

# Mittwoch, 26.07.2023 | 20. Prozesstag

Der Angeklagte Ingo K. wird um 9:22 Uhr mit Hand- und Fußfessel in den Sitzungssaal 2 geführt. Ein Polizist entfernt die Handfessel. Der Vorsitzende Richter kommt in den Saal und bittet Rechtsanwalt Seifert, die angekündigte Erklärung seines Mandanten zu verlesen. Die Erklärung beginnt mit biografischen Ergänzungen zum zweiten Prozesstag: Seine Mutter habe Ingo K. geprägt. Sie sei »gewaltfrei« gewesen, mit der DDR »nicht zurechtgekommen«. Daraus habe er gelernt, niemals blind einer Ideologie zu folgen. Nach seiner Ausreise habe er die Meinungsfreiheit in der Bundesrepublik genossen. Er habe keinen Grund gehabt, den Staat abzulehnen. Während der Corona-Pandemie habe seine »Nachdenklichkeit« gegenüber der Bundesrepublik eingesetzt. Er habe Impfung und Maske kritisch gesehen. Über seine Teilnahme an migrationsfeindlichen Protesten heißt es, er habe sich nur seinem engen Vertrauten Robert V. verbunden gefühlt. Die Teilnahme an den Protesten gegen die Corona- und Migrationspolitik habe nichts mit einer »Fundamentalablehnung« des Staates zu tun. Er wolle bloß seine Heimat, »wie ich sie nach der DDR kennengelernt habe«, erhalten.

Es sei Heiko A.s Idee gewesen, *Reichsbürger*-Schreiben zu verschicken. Ingo K. sei »im Ergebnis« mit den Schreiben »einverstanden« gewesen. Aber die Haltung, die in den Schreiben zum Ausdruck kam, sei »nicht meine Gesinnung«. Er habe lediglich eine »Neigung zum Provozieren«. In der Erklärung heißt es, er sei »naiv« und »nicht in der Lage« gewesen, die Gesinnung von Heiko A. zu erfassen. Ein Beispiel seien die großen Runen an den Hauswänden gewesen. Ingo K. habe nur Interesse an den Runen gezeigt. Die Botschaft, die Heiko A. mit den Runen verband, habe er nicht hinterfragt. Über die Tat sagt er: »Ich rechnete nicht mit einer Hausdurchsuchung.« Am Morgen hätten die Nebelhandgranaten eine »absolute Verwirrung« ausgelöst. Mit Blick auf Blaulicht, Martinshorn und »Polizei«-Rufe sagt er, dass er unter Kurzsichtigkeit und einem »schweren Gehörschaden« leide. Er äußert sein »aufrichtiges Bedauern« für die Verletzungen und sei »dankbar, dass niemand sein Leben verloren hat«. Dann endet die Erklärung. Rechtsanwalt Seifert sagt, sein Mandant werde keine Nachfragen beantworten.

Der Vorsitzende Richter ruft die Zeugin R. in den Saal. Sie ist Anfang 30 und Polizeioberkommissarin im *LKA Baden-Württemberg*. Die Zeugin hat drei SEK-Beamte vernommen. Zunächst: der SEK-Beamte Nr. 1. Sie schildert, drei Fahrzeuge seien an das Wohnhaus, Nr. 1 sei zum Sportheim gefahren. Ein Mann sei zur Polizei gelaufen und habe »zur Vorsicht gemahnt«. Ingo K. habe »nur auf die Polizei gewartet«. Der Mann sei der stellvertretende Ortsvorsteher von Bobstadt, Heiko Gubelius, gewesen. Dann: der SEK-Beamte Nr. 3. Die Zeugin berichtet, Nr. 3 sei im Transporter vor dem Haus gewesen. Er habe Nr. 10 in den Transporter gebracht und medizinisch versorgt, ehe der Verletzte zum Notarzt gebracht wurde. Zuletzt: der SEK-Beamte Nr. 16. Der Zeuge erzählt, Nr. 16 habe den SUV gefahren, Blaulicht und Martinshorn betätigt. Ein Kollege sei im SUV gesessen und habe aus der Luke geschaut. Als der SUV beschossen wurde, habe er die Luke geschlossen. Die Zeugin wird um 10:54 Uhr entlassen.

Dann kommt der Zeuge B. in den Saal. Er ist Ende 50 und arbeitet im *Polizeirevier Lauda-Königshofen*. Der Vorsitzende Richter sagt, der Polizeihauptkommissar habe Informationen zu Ingo K. und zur Familie A. ermittelt. Weil Ingo K., Marco S. und Max A. in der Vergangenheit durch Gewalt in Erscheinung getreten seien, sei die Entscheidung gefallen, das SEK zur Unterstützung anzufordern. Am Einsatztag sei der Zeuge vor Ort gewesen. Er habe am Ortseingang geparkt und auf grünes Licht des SEK gewartet. Als die Schüsse fielen, habe er gedacht: »Jetzt ist wohl etwas schiefgegangen.« Der Zeuge wird um 12:02 Uhr entlassen. Nach der Mittagspause fragt ein Richter Rechtsanwalt Seifert mit Blick auf die Erklärung, ob sein Mandant in augen- und ohrenärztlicher Behandlung sei und er eine Begutachtung seiner Sehkraft und seines Hörvermögens durchführen lassen würde. Nach einer Beratung stimmt Ingo K. zu. Um 13:10 Uhr wird die Sitzung beendet.

# Montag, 31.07.2023 | 21. Prozesstag

Der sachverständige Zeuge S., Ende 60, betritt um 8:38 Uhr den Sitzungssaal 2. Wenige Minuten später wird der Angeklagte Ingo K. mit Hand- und Fußfessel in den Saal geführt. Der Vorsitzende Richter eröffnet die Sitzung, ein Polizist nimmt die Handfessel ab. Der sachverständige Zeuge schildert, er habe Ingo K. am 2. Februar 2023 in der *JVA Schwäbisch Hall* besucht und ihn – im Auftrag seines Rechtsanwalts Seifert – »über einige Stunden untersucht«. Er berichtet über die Biografie des Angeklagten. Zunächst über seine Eltern. So sei die Mutter in der DDR »nicht systemtreu« gewesen. Sie sei 1987 ausgereist, Ingo K. sei 1989 gefolgt. Die Ausreise seiner Mutter sei, so präzisiert der sachverständige Zeuge im späteren Verlauf, »abgesprochen« gewesen. Dann über seine Arbeit, Drogen, Ehen. Über seine Umzüge und seine gemeinsame Zeit mit Marco S. und der Familie A. in Bobstadt.

In Bobstadt sei Ingo K. ein »Selbstversorger«, kein »Selbstverwalter« gewesen. Die Unterscheidung sei dem Angeklagten besonders wichtig gewesen. Ingo K. habe berichtet, sein Sohn sei in der Psychiatrie von einem *Reichsbürger* vergewaltigt worden. Alleine aus diesem Grund lehne er die *Reichsbürger*-Szene ab. Der sachverständige Zeuge sagt, er habe bereits zwei *Reichsbürger* begutachtet. Sobald er nach dem Ende des Zweiten Weltkrieges gefragt habe, hätten die beiden angefangen, ihre Ideologie zu verbreiten. Ingo K. hingegen sei »meilenweit« vom Fanatismus entfernt. Stattdessen habe er bloß mit der Ideologie kokettiert. Zum Beispiel glaube er nicht, Aliens würden die USA regieren. Insgesamt habe der sachverständige Zeuge »nicht das Gefühl gehabt«, der Angeklagte verstelle sich. Die Frage des Vorsitzenden Richters, ob Ingo K. über sein Hör- und Sehvermögen geklagt habe, verneint der sachverständige Zeuge. Hör- und Sehvermögen seien »unauffällig« gewesen. In einer Erklärung vom 20. Prozesstag hatte Ingo K. betont, er leide unter Kurzsichtigkeit und einem »schweren Gehörschaden«.

Der sachverständige Zeuge berichtet, Ingo K. habe am Vorabend des 20. April 2022 eine Dreiviertel-Flasche Met getrunken und vier bis fünf Joints geraucht. Er sei »deprimiert«, »genervt« gewesen und zwischen Mitternacht und 1 Uhr ins Bett gegangen. Auf die Frage der Vertreterin der *Bundesanwaltschaft*, ob der sachverständige Zeuge den Widerspruch, einerseits sei Ingo K. »deprimiert«, andererseits sei er auf dem Hof »glücklich« gewesen, hinterfragt habe, verneint er. Am nächsten Morgen habe Ingo K. einen Knall gehört. Sein Sohn sei, vom Hund geschützt, auf dem Boden gelegen. Im späteren Verlauf erklärt er, plötzlich habe die Erinnerung ausgesetzt. Ingo K. habe eine Erinnerungslücke. Rechtsanwältin Combé fragt, wann die Amnesie aufhörte. Der sachverständige Zeuge antwortet, seine Erinnerungslücke habe aufgehört, als er nach dem Schusswechsel mit einer Waffe in seiner Erdgeschosswohnung stand. Er habe keine Erinnerung mehr, dass er geschossen hat. Gegenüber dem Sachverständigen habe er beteuert, »nicht mit Tötungsabsicht geschossen« zu haben. Nach Ende der Amnesie habe er sich »nicht mehr gewalttätig verhalten«. Der sachverständige Zeuge wird um 10:25 Uhr entlassen.

Nach einer Pause kommt Zeuge D. in den Saal. Er ist Ende 20 und Polizeioberkommissar im *LKA Baden-Württemberg*. Der Vorsitzende Richter sagt, er habe den SEK-Beamten Nr. 13 vernommen. Der Zeuge sagt aus, Nr. 13 sei mit Nr. 1 und 11 in der Reserve und somit rund 100 Meter vom Wohnhaus entfernt gewesen. Erst in seiner zweiten Position habe Nr. 13 einen guten Blick auf das Haus gehabt. Eine Frau, die im Zuge der Signale (Blaulicht, Martinshorn, »Polizei«-Rufe) aus dem Dachfenster geschaut habe, hätte die Polizei »zweifelsfrei erkennen müssen«. Die Schüsse seien zum einen »laute Schläge«, zum anderen »kleine Erbsen« gewesen. Laut Zeuge habe sich Nr. 13 aufgrund seiner Distanz zum Haus »hilflos gefühlt«. Drei Kolleg:innen hätten am Haus festgesteckt und seien durch den Einsatz von Nebelhandgranaten evakuiert worden. Der Zeuge wird um 11:14 Uhr entlassen.

Der Vorsitzende Richter bittet die Zeugin Sandra T. in den Saal. Sie ist Ende 40, hat braunes, lockiges Haar, trägt einen schwarzen Pullover. Die Zeugin arbeitete mit Ingo K. in einem Sicherheitsdienst. Sie berichtet, sie habe im Frühjahr 2022 nur zwei bis drei Monate in der Firma gearbeitet. Mit Ingo K. sei sie im Kurpark in Bad Mergentheim und beim Schloss Weikersheim auf Streife gewesen. Währenddessen habe er »lauter verrücktes Zeug« erzählt. Ingo K. habe die Zeugin gefragt, ob sie im *McDonalds* esse, und habe behauptet, »die Juden« würden Kinder schlachten und deren Fleisch im *McDonalds* verkaufen. Für Ingo K. seien »die Juden«, so habe die Zeugin in ihrer polizeilichen Vernehmung angemerkt, »an allem schuld«. Die Zeugin betont, er sei von seinen Ansichten »extrem überzeugt« gewesen. Sie habe ihm gesagt, das sei »brauner Rotz« und »Reichsbürger-Scheiße«. Er habe »einen an der Waffel«. Daraufhin sei er »richtig sauer« und »wütend« gewesen. Als sie ihre Chefin, die am 16. Prozesstag aussagte, auf seine *Reichsbürger*-Ideologie ansprach, seien die Reaktionen gewesen: »der meint das nicht ernst«, »der ist halt so«, »der schwätzt nur«. Die Zeugin habe entgegnet, es sei »nicht nur Schwätzen«. Um 12:00 Uhr ist die Vernehmung beendet.

Nach der Pause setzt der Vorsitzende Richter die Sitzung mit der Vernehmung des psychiatrischen Sachverständigen Dr. W. fort. Der Sachverständige ist Anfang 60 und Facharzt für forensische Psychiatrie in Tübingen. Er habe – im Auftrag der *Bundesanwaltschaft* – zwei Gespräche mit Ingo K. in der *JVA Schwäbisch Hall* geführt. Das erste Gespräch habe am 6. September, das zweite am 24. Oktober 2022 stattgefunden. Der Sachverständige beginnt mit dem ersten Gespräch und der Frage, wie Ingo K. die Haftzeit erlebe. Der Angeklagte habe geäußert, er sei durchaus »positiv überrascht«. Er sitze, als das Gespräch stattgefunden hat, in einer Doppelzelle der JVA und sei 23 Stunden in der Zelle, eine Stunde im Hof. Die Trennung von seinem Sohn Marco S. sei seine »größte Belastung«. Bis zur Inhaftierung habe Ingo K. ein »glückliches Leben« geführt. Mit seinem Sohn und der Familie A. habe er in einer »großen Familie« gelebt. Noch heute sei er ein »Familienmitglied«. Die Familie halte ihm – trotz Brand – die Treue. Ingo K. wisse nicht, wie er seine Dankbarkeit gegenüber der Familie zum Ausdruck bringen solle.

Der Sachverständige fährt mit der Lebensgeschichte von Ingo K. fort. Über die Ausreise seiner Mutter sagt er, es sei ein »plötzliches Verschwinden« gewesen. Laut Sachverständigem sei unklar geblieben, ob er von der Ausreiseabsicht der Mutter wusste. Als Ingo K. im Westen angekommen sei, habe er einen »Kulturschock« erlebt und überlegt, in die DDR zurückzukehren. Der Sachverständige referiert über Arbeit, Drogen, Ehen. Der Angeklagte habe nicht nur Joints geraucht, sondern auch Ecstasy, Kokain und Speed genommen. Es seien sieben bis acht Jahre »exzessiver Drogenkonsum« gewesen. Bis zum »bösen Erwachen«. Seine Insolvenz habe er auf die Drogen zurückgeführt. Der Sachverständige habe nach seinen positiven und negativen Eigenschaften gefragt. Positiv: sein Sinn für und sein Streben nach Gerechtigkeit und Wahrhaftigkeit. Zudem: Er sei bereit, seine Interessen hintenan zu stellen und sich für andere Menschen zu opfern. Negativ: seine Drogen, seine Unordnung. Er gebe eine Tätigkeit schnell auf, wenn sie ihm keinen Spaß mache. Hierbei habe er seine Berufswechsel genannt.

Ingo K. habe geäußert, er sei kein *Reichsbürger*. Er habe sich lediglich mit *Reichsbürger*-Themen befasst. Das sei ein Unterschied. Viele *Reichsbürger* seien »fehlgeleitete Idioten«. Sie hätten keine Kenntnisse in deutscher Geschichte. Im späteren Verlauf fragt eine Richterin nach der angeblichen Vergewaltigung von Marco S. durch einen *Reichsbürger*. Der Sachverständige sagt, er habe die Erzählung am heutigen Morgen zum ersten Mal gehört. Ingo K. habe betont, er sei ausdrücklich für, nicht gegen den Staat. Aber: Es laufe einiges »in die falsche Richtung«. Außerdem sei er kein »Ausländerhasser« und kein Feind der Polizei. Im Gegenteil: Er habe viele Migrant:innen trainiert und »etliche« Polizist:innen in seinem Freundeskreis. Dann fährt der Sachverständige mit dem zweiten Gespräch fort. Im Gespräch habe Ingo K. wiederholt, er sei kein »Ausländerhasser« und kein *Reichsbürger*. Und: auch kein Nazi. Er sei »eher ein Buddhist« mit einem »rechten Denken«. Recht im Sinne von »philosophisch richtig«.

Über die Tat vom 20. April 2022 habe Ingo K. gesagt, er habe am Vorabend gekifft und getrunken. Am frühen Morgen sei er vom Krach aufgewacht. Es sei ein »Albtraum«, ein »Chaos« gewesen. Sein einziger Gedanke sei gewesen, seinen Sohn Marco S. zu beschützen.

Die Szene, als er »wimmernd« und »zusammengekrümmt« auf dem Boden gelegen sei, habe sich »regelrecht eingebrannt«; diese Szene habe der Angeklagte jeden Tag vor Augen. Sein »Blackout« habe geendet, als er mit Schießpulver in der Nase an der Terrassentür gestanden habe. Er habe »niemanden verletzen wollen«, es sei bloß sein »Personenschützer-Reflex« gewesen. Schließlich habe er seinen Sohn beschützen wollen. Briefe an den Verletzten habe er verfasst, aber nicht verschickt. Sein Wunsch sei, ein Vier-Augen-Gespräch mit dem Verletzten führen zu können. Wäre er auf Seite der Polizist:innen gestanden, wäre er der Erste gewesen, der den SEK-Beamten beschützt hätte. Der psychiatrische Sachverständige wird um 14:35 Uhr entlassen. Mit Blick auf eine Anfrage vom 20. Prozesstag erklärt Rechtsanwalt Seifert, sein Mandant stimme einer Untersuchung durch den Augen- und Ohrenarzt zu, um mögliche Beeinträchtigungen festzustellen. Um 15:00 Uhr wird die Sitzung beendet.

# Montag, 14.08.2023 | 22. Prozesstag

Um 9:21 Uhr wird der Angeklagte Ingo K. mit Hand- und Fußfessel in den Sitzungssaal 2 geführt. Dimitrula S., die im Publikum sitzt, wirkt sichtlich gerührt. Ein Polizist entfernt die Handfessel. Der Vorsitzende Richter eröffnet die Sitzung und stellt die Zeugin S. vor. Sie ist Ende 20 und Ermittlungsassistentin im *LKA Baden-Württemberg*. Der Vorsitzende Richter erzählt, die Zeugin habe einen Bericht zum Chatverlauf von Heiko A. erstellt. Die Zeugin berichtet, sie habe Audios, Bilder und Videos gefunden. Es habe Bezüge zur *Reichsbürger*-Szene und »ganz viele Bilder von Adolf Hitler« gegeben. Die Kommunikation habe im Wesentlichen via *Telegram* stattgefunden. Jedoch sei nicht nachzuvollziehen, ob die Dateien bloß erhalten oder auch verschickt wurden.

Der Vorsitzende Richter sagt, es habe mehr als 68.000 Bilder gegeben. Er zeigt ein Bild des SHAEF-Wappens mit dem Spruch »Deutschland steht unter KRIEGSRECHT! Es gelten ausschließlich S.H.A.E.F. Gesetze!!!« Einst war SHAEF das alliierte Oberkommando in Mitteleuropa. Er zeigt Bilder einer Schwarzen Sonne sowie diverser Hakenkreuze und Hitlergrüße. Ein Bild beinhaltet den Spruch: »Schicke diese Friedenstaube an alle deine

Freunde, wenn auch du ein Zeichen für Frieden und Harmonie in der Welt setzen möchtest.« Darunter: ein Adler mit Hakenkreuz. Neben den Bildern wurden jeweils über 400 Audios und Videos sichergestellt. Die Zeugin sagt, sie habe darüber hinaus fast 2.000 Dokumente durchgeschaut. Das seien insbesondere Musterschreiben der *Reichsbürger*-Szene gewesen.

Die Zeugin berichtet, es habe auffällige Chats von Heiko A. gegeben. Ein Chat mit Ingo K., aber auch drei Gruppenchats mit ein und derselben Nachricht vom Morgen des 20. April 2022. In die Chats habe A. geschrieben: »Kommt alle her die Bullen stürmen uns filmt alles« [alle Fehler im Original, Anm. d. Verf.]. Im späteren Verlauf fragt der Vertreter der *Bundesanwaltschaft*, ob die Zeugin auch antisemitische Inhalte festgestellt habe. Als die Zeugin verneint, hält er ihr ein Foto mit mehreren Flaggen vor. Neben der Reichskriegsflagge und der Hakenkreuzflagge ist die schwarz-rot-gelbe Flagge der Bundesrepublik zu sehen. Der Titel lautet: »Judenflagge«. Im Text zur Flagge ist die Rede von einer »Judenherrschaft«. Die Zeugin wird um 10:04 Uhr entlassen.

Der Sachverständige F. kommt in den Saal. Er ist Mitte 30 und Kriminalhauptkommissar im *LKA Baden-Württemberg*. Der Vorsitzende Richter erklärt, der Sachverständige habe die Aufgabe gehabt, den Radlader, der vor dem Wohnhaus stand, zu untersuchen. Er habe seine Ergebnisse in einem Bericht festgehalten. Anhand einiger Fotos zeigt der Sachverständige die Brand- und Schussbeschädigungen am Fahrzeug. Es habe mehrere Durchschüsse am Auspuff und an der Tür gegeben. Der Sachverständige wird um 10:26 Uhr entlassen.

Dann betritt der Zeuge Waldemar A., Anfang 70, den Saal. Der Zeuge ist der Nachbar der Familie A. Über Ingo K. berichtet er, dass er mit ihm »kein Wort gewechselt« habe. Aber er habe einen »freundlichen Eindruck gemacht« und stets gegrüßt. Der Zeuge erklärt, er habe mehrfach Schießübungen von Ingo K., Marco S. und Max A. beobachtet. Er habe ein Stativ und Schussscheiben gesehen. Einmal habe Ingo K. »ein Sturmgewehr hochgehalten« und »rübergelächelt«. Um 10:48 Uhr wird der Zeuge entlassen. In einer Erklärung sagt Ingo K. über die Schießübungen, die Familie A. habe vier Softairwaffen besessen.

Nach einer Pause wird der Zeuge S. in den Saal begleitet. Er ist Ende 20 und ist Polizeikommissar im *LKA Baden-Württemberg*. Im Mittelpunkt seiner Aussage steht die Auswertung des Chatverlaufs zwischen Ingo K. und Annett van H., einer ehemaligen Lebensgefährtin aus den 1990er-Jahren. Anfangs sei unklar gewesen, wer hinter »Annett« steckt. Aber schnell sei deutlich geworden, dass ein »inniges Kennverhältnis« bestand. Man habe hauptsächlich verschwörungsideologische Inhalte weitergeleitet. Jedoch habe Ingo K. am 20. April 2022 um 6:59 Uhr eine eigene Nachricht verschickt: »Wir werden gerade von den Bullen gestürmt [...], Wenn ich sterbe, ich liebe dich. Wir sehen uns.« Der Sachverständige wird um 11:36 Uhr entlassen.

Rechtsanwalt Seifert kündigt an, sein Mandant wolle eine Stellungnahme abgeben. Dann sagt Ingo K., er habe jahrelang keinen Kontakt zu Annett van H. gehabt. Erst mit der Erkrankung seiner Mutter sei der Kontakt enger geworden. Sie habe ihm in der Bewältigung seiner Trauer geholfen. Als er Marco S. aus dem betreuten Wohnen holen wollte, habe sie ihren Rat gegeben. Über die »Ich liebe dich«-Nachricht vom 20. April 2022 sagt Ingo K., er habe die Nachricht bloß freundschaftlich gemeint.

Am 9. Prozesstag wurde bekannt, dass ein ehemaliger Nachbar in seiner polizeilichen Vernehmung sagte, Ingo K. habe einmal eine schwarz-weiß-rote Fahne aus seinem Auto getragen. Nun erklärt der Angeklagte, er sei »nie mit einer Fahne auf einer Demo gewesen«. Er habe nur die Fahne seines Kampfsportstudios aus dem Auto geräumt. Um zu veranschaulichen, dass er noch nie eine schwarz-weiß-rote Fahne in einer Demonstration gezeigt habe, gibt er dem Vorsitzenden

Richter einen Presseartikel. Im Artikel ist Ingo K. mit einem Schlegel und einer Trommel vor einem *Querdenken*-Transparent in Bad Mergentheim zu sehen. Über die Teilnahme an der Demonstration sagt der Angeklagte, er sei eingeladen worden. Er habe lediglich 15 Minuten teilgenommen und »getrommelt für die Mannschaft«. Mehr nicht.

Ingo K. spricht über seine Arbeit als Kampfsporttrainer. Er habe hunderte Jugendliche trainiert, sich selbst zu verteidigen. Das sei ihm beim eigenen Sohn verwehrt geblieben.

Es sei schwer, darüber zu sprechen. Plötzlich verlässt Dimitrula S., die Mutter des gemeinsamen Sohnes Marco S., unter Tränen den Saal. Später thematisiert Ingo K. die Aussage einer Sachverständigen. Sie untersuchte die Rufe aus dem Inneren des Wohnhauses und sagte am 18. Prozesstag aus. Damals sagte die Sachverständige, es sei eine männliche Stimme gewesen. Nun behauptet Ingo K., dies sei »nicht meine Stimme«. Er vermutet, man habe die Stimme von Bianca S. gehört. Um 12:00 Uhr wird die Sitzung beendet.

# Montag, 11.09.2023 | 23. Prozesstag

Eine Zeugin, 30, wird um 9:14 Uhr in den Sitzungssaal 2 begleitet. Dann wird der Angeklagte Ingo K. mit Hand- und Fußfessel in den Saal geführt. Der Vorsitzende Richter eröffnet die Sitzung und ein Polizist nimmt die Handfessel ab. Die Zeugin B. ist Kriminalkommissarin im *LKA Baden-Württemberg*. Sie war an der Vernehmung der SEK-Beamten Nr. 2, 5 und 8 beteiligt. Zunächst thematisiert der Vorsitzende Richter die Nr. 8; jener Beamte saß während des SEK-Einsatzes mit zwei Kolleg:innen in einem SUV. Die Zeugin berichtet, der SEK-Beamte Nr. 8 habe in seiner Vernehmung ausgesagt, man habe eine Pistole von Ingo K. einziehen wollen. Das SEK sei mit vier Fahrzeugen zum Wohnhaus gefahren. Zwei Fahrzeuge, darunter der SUV, seien vor dem Haus, zwei Fahrzeuge abseits des Hauses geparkt worden. Das Blaulicht sei durchgängig, das Martinshorn regelmäßig eingeschaltet worden. Die Polizei habe Durchsagen gemacht. Der SEK-Beamte Nr. 8 sei im SUV geblieben, aber habe eine Dachluke geöffnet, um das Geschehen zu beobachten. Erst sei der Grundstückszaun, dann der Rollladen der Terrassentür geöffnet worden; dies habe Nr. 8 lediglich akustisch wahrnehmen können. Gesehen habe er Bewegungen einer Frau am Dachfenster und eines Mannes an der Balkontür.

Die Zeugin berichtet, der SEK-Beamte Nr. 8 habe mindestens zehn Einzelschüsse einer »großkalibrigen Waffe« gehört. Sie ergänzt: »Die Schussfolge war kurz und schnell.« Nr. 8 habe wahrgenommen, dass eine tiefe Stimme aus dem Inneren der Wohnung das Wort »Drecksbullenschweine« rief. Es folgten Schüsse aus unterschiedlichen Waffen. Nach Beschuss der Dachluke habe er die Luke geschlossen. Die Zeugin erzählt, der SEK-Beamte Nr. 8 habe über die Evakuierung eines verletzten Kollegen und über die Evakuierung von mehreren Kolleg:innen, die am Wohnhaus feststeckten und unter Einsatz von »Irritationsmitteln« befreit werden mussten, berichtet. Nach Einsatz der Nebelhandgranaten sei ein Feuer im Bereich der Garage ausgebrochen. Der kleine Brand wurde zum Vollbrand. Es gab Knallgeräusche – und schließlich verließen Ingo K. und Max A. das Wohnhaus. Laut Nr. 8 seien die beiden »auffällig gelassen« gewesen. Der SEK-Beamte habe den Eindruck gehabt,

Ingo K. »amüsiere« sich über den Einsatz, finde den Einsatz »lächerlich«. Nach den Ausführungen der Zeugin stellt ein Richter mehrere Fragen. So fragt er nach den Einschüssen in der Dachluke. Die Zeugin sagt, Nr. 8 sei unklar, wie viele Schüsse die Luke trafen. Aber der SEK-Beamte habe »massive Einschüsse« in der Luke wahrgenommen.

Dann rückt der Vorsitzende Richter die Aussage des SEK-Beamten Nr. 5 in den Fokus. Die Zeugin sagt, Nr. 5 habe – wie Nr. 8 – die Annäherung zum Wohnhaus beschrieben. Vier Fahrzeuge, Blaulicht und Martinshorn, eine Frau am Dachfenster. Öffnung des Grundstückszauns und eines Rollladens. Plötzlich Schüsse. Mit dem SEK-Beamten Nr. 2 habe er den verletzten Kollegen evakuiert. Nr. 2 sei gestolpert und an der Schaufel des Radladers, der zwischen Haus und Zaun stand, hängen geblieben. Letztendlich konnte der Verletzte in den SUV gebracht werden. Die Zeugin schildert, laut Nr. 5 sei die Hecktür des SUV beschossen worden. Der SEK-Beamte habe über die Evakuierung von mehreren Kolleg:innen und über die Festnahme von Ingo K. gesprochen. Ein Richter fragt, ob die Rollläden geöffnet oder geschlossen waren. Die Zeugin antwortet, zwar seien die Rollläden geschlossen, aber die Lamellen offen gewesen.

Zuletzt thematisiert der Vorsitzende Richter die Aussage des SEK-Beamten Nr. 2. Die Zeugin erklärt, Nr. 2 habe – wie Nr. 5 und 8 – die Annäherung zum Wohnhaus beschrieben und betont, man sei als Polizei deutlich erkennbar gewesen. Mit Blaulicht, Martinshorn, »Polizei«-Rufen. Durch den Einsatz des Martinshorns sei die Kommunikation zwischen den SEK-Beamt:innen erschwert worden. Daher könne er sich so gut an dessen Einsatz erinnern. Der SEK-Beamte Nr. 2 habe einen Schuss, »dann viele, sehr schnelle, einzelne Schüsse« gehört. Es seien »drei Schusssalven«, ein »Dauerfeuer« gewesen. Nr. 8 sei »sicher« gewesen, »dass er über ein Sturmgewehr verfügen musste«. Dann habe er über die Evakuierung des Verletzten und die Festnahme von Ingo K. gesprochen. Nach Fragen der Richter:innen und der *Bundesanwaltschaft* wird die Zeugin um 10:28 Uhr entlassen.

Nach einer Pause wird der Zeuge B. in den Saal begleitet. Er ist 60 Jahre alt und Polizeihauptkommissar im *LKA Baden-Württemberg*. Der Zeuge führte die Vernehmung des SEK-Beamten Nr. 9 durch. Er sagt aus, Nr. 9 habe über die Annäherung und die Schüsse gesprochen. Es sei eine automatische Waffe mit Dauerfeuer eingesetzt worden. Nr. 9 selbst habe ins Innere der Wohnung geschossen. Auf die Frage eines Richters, wie oft der SEK-Beamte Nr. 9 geschossen habe, antwortet der Zeuge, Nr. 9 habe ein Magazin verschossen. Ein Kollege, der hinter Nr. 9 gestanden sei, habe ihm, als das Magazin leer war, die Waffe geladen. Der Richter fragt nach den Folgen des SEK-Einsatzes. Der Zeuge sagt, Nr. 9 schlafe schlecht und könne sich nur schwer konzentrieren. Um 11:25 Uhr wird der Zeuge entlassen.

Nach der Vernehmung bringt Rechtsanwalt Seifert einen Beweisantrag ein. Er sagt, Marco S. sei dauerhaft verhandlungsunfähig. Der Sohn soll am übernächsten Prozesstag aussagen. Laut Rechtsanwalt Seifert habe sich der Gesundheitszustand von Marco S., der unter einer psychischen Krankheit leidet und offenbar Medikamente mit starken Nebenwirkungen einnimmt, massiv verschlechtert. Je näher die Vernehmung rücke, desto schlechter werde sein Zustand. Der Vorsitzende Richter gibt den Vertreter:innen der *Bundesanwaltschaft* die Gelegenheit, Stellung zu beziehen. Nach kurzer Beratung erklärt der Vertreter, es sei derzeit unklar, ob die Aussagen des Rechtsanwalts korrekt sind. Der Vorsitzende Richter kündigt an, das Gericht werde über den Antrag beraten. Dann beendet er die Sitzung.

Doch plötzlich klopft Ingo K. an die Glasscheibe. Er gibt zu verstehen, dass er ein Anliegen habe. »Grüß Gott, Hohes Gericht!«, sagt der Angeklagte. Er klagt über seine Haftbedingungen. Er wolle arbeiten, Bücher bestellen, Fitnesstraining machen. Der Vorsitzende Richter entgegnet, der Angeklagte müsse einen schriftlichen Antrag stellen. Die Sitzung wird um 11:43 Uhr beendet.

# Montag, 18.09.2023 | 24. Prozesstag

Um 9:16 Uhr wird ein Zeuge in den Sitzungssaal 2 begleitet. Dann wird der Angeklagte Ingo K. mit Hand- und Fußfessel in den Saal geführt. Ein Polizist entfernt die Handfessel. Der Vorsitzende Richter eröffnet die Sitzung und begrüßt den Zeugen. Der Zeuge B. ist Mitte 40 und Polizeihauptkommissar im *LKA Baden-Württemberg*. Im Rahmen des SEK-Einsatzes war er der Polizeihundeführer. Der Zeuge berichtet, man habe die Pistole von Ingo K. einziehen wollen. Blaulicht, Martinshorn, »Polizei«-Rufe. Öffnung des Zauns, Öffnung des Rollladens der Terrassentür. Plötzlich seien Schüsse und ein Kollege zu Boden gefallen. Später sei ein Brand ausgebrochen. Der Zeuge schildert, er habe mit seinem Fahrzeug etwa 80 bis 90 Meter vom Wohnhaus entfernt gestanden. Das Fahrzeug habe einen Schuss abbekommen. Wäre der Schuss einen Meter höher eingeschlagen, würde er heute wohl nicht im Saal sitzen, ergänzt er. Denn das Fahrzeug hatte keine Panzerung. Auf die Frage der Rechtsanwältin Combé, ob der Zeuge von einem oder mehreren Schützen ausgegangen sei, antwortet der Zeuge, er sei von zwei Schützen ausgegangen. Schließlich seien die Schüsse aus unterschiedlichen Richtungen gekommen. Heute könne er einen zweiten Schützen »nicht ausschließen«. Um 10:04 Uhr wird der Zeuge entlassen.

Dann betritt der Diplom-Ingenieur K. den Saal. Der Sachverständige ist Mitte 40 und arbeitet im *Fraunhofer-Institut für Bauphysik* in Stuttgart. In seiner Vernehmung sagt der Sachverständige, er habe prüfen sollen, ob die Martinshörner der Fahrzeuge in der Wohnung zu hören waren. Hierfür sei eine Laboruntersuchung nötig gewesen. Er spricht über Schallenergie und Schallleistung, über den Widerstand des Fensters und der Wand. Über den »Schalldruckpegel« der Fahrzeuge und des Untergeschosses. Der Vorsitzende Richter zeigt eine Tabelle mit den Ergebnissen der Berechnungen. Der Sachverständige erklärt, für das Wohnzimmer habe er einen »Schalldruckpegel« von 51 Dezibel berechnet. Das entspreche einer »leisen Unterhaltung«. Für die beiden Schlafzimmer berechnete er ähnliche Werte. Daher sei die Wahrscheinlichkeit, dass das Martinshorn in der Wohnung zu hören war, hoch. Um 11:13 Uhr ist die Vernehmung des Sachverständigen beendet. Nach einer Pause wird der Zeuge S. in den Saal begleitet. Der Zeuge ist Anfang 50 und Postzusteller in Rüsselhausen. Er berichtet über den Briefkasten der früheren Mietswohnung von Ingo K. und eine »Zustellungsurkunde« für ein Schreiben des *Landratsamtes Main-Tauber-Kreis* vom August 2021. Es habe mit der Postzustellung keine Probleme gegeben. Der Zeuge wird um 13:20 Uhr entlassen.

Der Ingenieur Dr. de B. kommt in den Saal. Der Sachverständige ist Mitte 50 und arbeitet im *Fraunhofer-Institut für Bauphysik*. Er wurde mit der Frage betraut, ob das Blaulicht der Fahrzeuge und die Silhouetten der SEK-Beamt:innen im Inneren der Wohnung erkennbar waren. Der Sachverständige erklärt, er habe Modelle eines SEK-Beamten und des Wohnzimmers erstellt, um die Frage beantworten zu können. Er erläutert die Merkmale des Blaulichts sowie die Rolle des Tageslichts. Der Vorsitzende Richter projiziert einzelne Grafiken aus dem Gutachten des Sachverständigen auf die beiden Leinwände. Die Grafiken zeigen die Ergebnisse der Berechnungen: Durch die Lamellen des Rollladens sind sowohl das Blaulicht als auch die Silhouette eines SEK-Beamten zu erkennen. Der Sachverständige resümiert, Blaulicht und SEK-Beamt:innen hätten »wahrnehmbar sein müssen«. Rechtsanwalt Seifert fragt, ob die Lamellen geöffnet waren. Darauf antwortet der Sachverständige, Fotomaterial, das ihm zur Verfügung gestellt wurde, hätten die geöffneten Lamellen gezeigt. Der Sachverständige wird um 13:53 Uhr entlassen.

Dann betritt der Zeuge G. den Saal. Er ist Anfang 20 und Polizeikommissar im *LKA Baden-Württemberg*. Der Zeuge schildert seine Vernehmung des SEK-Beamten Nr. 7. In der Vernehmung habe Nr. 7 über die Annäherung an das Wohnhaus und die Schüsse aus dem Inneren des Untergeschosses gesprochen. Es habe Rufe gegeben: »Verpisst euch, ich mach euch alle fertig!« Es sei eine hasserfüllte, männliche Stimme aus der Wohnung gewesen. Als Ingo K. und Max A. die Wohnung verließen, hätten die beiden »wie ein eingespieltes Team gewirkt« und gesagt, sie hätten »etwas Tolles vollbracht«. Aber: Sie hätten nicht geschossen. Auf die Frage eines Richters, wie das Verhältnis zwischen Ingo K. und Max A. gewesen sei, antwortet der Zeuge, laut Nr. 7 sei K. der »Wortführer« gewesen und A. habe den Worten zugestimmt. Im Zuge der Festnahmen sei an den Händen von A. eine gelbliche Substanz (»wie Pollenstaub«) festgestellt worden. Allerdings lägen »keine Hinweise« auf einen zweiten Schützen vor. Um 15:22 Uhr wird der Zeuge entlassen und die Sitzung geschlossen.

# Mittwoch, 20.09.2023 | 25. Prozesstag

Ein Zeuge wird um 9:17 Uhr in den Sitzungssaal 2 begleitet. Dann wird der Angeklagte Ingo K. mit Hand- und Fußfessel in den Saal geführt. Er hebt die gefesselten Hände an, um Dimitrula S., die im Publikum sitzt, zu grüßen. Im Laufe des Tages sucht er immer wieder den Augenkontakt zu ihr. Ein Polizist nimmt die Handfessel ab. Der Vorsitzende Richter eröffnet die Sitzung und begrüßt den Zeugen. Der Zeuge K. ist Anfang 30, Polizeioberkommissar und im *Polizeirevier Bad Mergentheim* tätig. Er hatte Ende 2020 eine Begegnung mit dem Angeklagten. Der Zeuge schildert, er habe eine Firma beauftragt, eine Ölheizung auszubauen. Für die Firma sei Ingo K. tätig gewesen. Vor Ort habe K. über die Corona-Politik gesprochen. Dem Zeugen seien die Positionen, die er vertreten habe, »unangenehm« gewesen. Nach der Tat vom 20. April 2022 war der Zeuge in Ermittlungen gegen den Angeklagten eingebunden. So habe er polizeiliche Erkenntnisse zu Ingo K. zusammengetragen. Um 9:37 Uhr ist die Vernehmung des Zeugen beendet.

Der Zeuge W. kommt in den Saal. Er ist Anfang 30 und Polizeikommissar im *LKA Baden-Württemberg*. Der Vorsitzende Richter erklärt, er habe den SEK-Beamten Nr. 11, den »Drohnenführer«, vernommen. Daraufhin berichtet der Zeuge, Nr. 11 habe über die Einsatzlage gesprochen. Er sei rund 150 Meter vom Wohnhaus entfernt gewesen. Die Erkennbarkeit der Polizei war »zweifelsfrei gegeben«. Als Blaulicht und Martinshorn losgingen, habe er die Drohne gestartet. Das ursprüngliche Ziel sei gewesen, das Verhalten der Hunde auf dem Grundstück zu beobachten. Er habe die Schüsse nur akustisch, nicht optisch wahrnehmen können. Erst habe Nr. 11 gedacht, die Hunde seien beschossen worden. Dann habe er den Beschuss der SEK-Beamt:innen realisiert. Ein Richter sagt, neben der Vernehmung des SEK-Beamten Nr. 11 habe der Zeuge die Fotos der Feuerwehr und der Nachbarschaft eingesammelt. Der Richter zeigt einige Fotos auf den Leinwänden. Sie dokumentieren den Einsatz der Nebelgranaten und den Brand des Wohnhauses. Der Zeuge erläutert die Fotos und wird um 10:12 Uhr entlassen.

Der Zeuge S. betritt den Saal. Er ist Mitte 20 und Polizeikommissar im *LKA Baden-Württem-*

*berg*. Der Vorsitzende Richter sagt, er habe den SEK-Beamten Nr. 6 vernommen. Der Zeuge berichtet, in seiner Vernehmung habe Nr. 6 über die Einsatzlage und die Erkennbarkeit der Polizei gesprochen. Zudem habe er über die Schüsse, den verletzten SEK-Beamten Nr. 10 und den Brand des Wohnhauses berichtet. Nr. 6 habe vermutet, dass mehrere Personen aus dem Wohnungsinneren geschossen haben. Auf die Frage eines Richters, ob Nr. 6 angeschossen worden sei, nennt der Zeuge einen abgeprallten Schuss am Visier. Der SEK-Beamte habe keine Verletzungen erlitten. Um 10:42 Uhr wird der Zeuge entlassen. Der Vorsitzende Richter verliest zwei Schreiben. Die Betreuerin von Marco S. urteilt, eine Vernehmung würde seine Gesundheit gefährden. Daher lehne sie eine Vernehmung ab. Der Rechtsanwalt von Marco S. teilt mit, als Sohn des Angeklagten verweigere sein Mandant die Aussage.

Nach einer Pause belehrt der Vorsitzende Richter den psychiatrischen Sachverständigen Dr. W. Er begutachtete den Angeklagten im Auftrag der *Bundesanwaltschaft* anhand zweier Gespräche. Der Sachverständige sagt aus, der psychiatrische Befund sei »unauffällig«. Es gebe »keine Beeinträchtigungen seiner geistigen Leistungsfähigkeit«. Ingo K. habe »keine schwere Persönlichkeitsstörung«; ein schizophrener Wahn sei ausgeschlossen. Ob er im Affekt gehandelt habe und eine Bewusstseinsstörung vorliege, hänge von den Erkenntnissen des Prozesses ab. So laute eine Frage, wie sicher Ingo K. sein konnte, dass die Polizei vor der Wohnung stand. Der Sachverständige stellt fest, zwischen Panik und Verärgerung über den SEK-Einsatz lägen Welten. Eine Panikattacke bedeute eine »erhebliche Minderung der Steuerungsfähigkeit«. Allerdings setze eine Panik voraus, dass er die Polizei nicht erkannt habe. Zudem beträfe eine Panik lediglich die ersten Schüsse. Denn eine »affektive Überreaktion« dauere nur kurz. Mehrere Gründe, darunter der Wechsel der Schusspositionen, sprächen gegen eine »affektive tiefgreifende Bewusstseinsstörung«. Rechtsanwalt Seifert fragt den Sachverständigen, ob eine Panikattacke in Frage komme, wenn sein Mandant bloß die ersten Schüsse und Max A. die übrigen Schüsse abgegeben habe. Der Sachverständige bestätigt, das sei theoretisch möglich. Der psychiatrische Sachverständige wird um 16:43 Uhr entlassen. Die Sitzung wird beendet.

# Dienstag, 26.09.2023 | 26. Prozesstag

Der Angeklagte Ingo K. wird um 9:17 Uhr mit Hand- und Fußfessel in den Sitzungssaal 2 geführt, ein Polizist entfernt die Handfessel. Der Vorsitzende Richter eröffnet die Sitzung und begrüßt einen Zeugen. S. ist 30 Jahre alt und Polizeikommissar im *LKA Baden-Württemberg*. Er hatte die Aufgabe, das Handy von Marco S. auszuwerten, und schildert, das Handy sei ab 2020 sowohl von Marco S. als auch von Ingo K. genutzt worden. Der Vorsitzende Richter thematisiert die Anrufe. Der Zeuge sagt aus, es habe vier Telefonate am Morgen der Tat vom 20. April 2022 gegeben: einen Notruf, ein Telefonat mit dem Rechtsextremen Robert V., einen Notruf und schließlich ein Telefonat mit der *Polizei Heilbronn*. Dann spricht der Vorsitzende Richter die Chats an. Der Zeuge berichtet, er habe rechtsextreme und verschwörungsideologische Inhalte feststellen können. Er nennt Beiträge der Neonazi-Partei NPD (heute: *Die Heimat*) und der antisemitischen Sekte *QAnon*.

Als der Vorsitzende Richter die Audio-Nachrichten thematisiert, hebt der Zeuge eine Nachricht hervor. »Untergrundbasen« mit Moscheen und Halal-Lebensmitteln seien errichtet worden, um eine »islamische Armee« in Stellung zu bringen. Und zwar: »gegen uns«. Der Zeuge wird um 9:44 Uhr entlassen.

Der Zeuge K. betritt den Saal. Er ist Mitte 30 und Polizeioberkommissar im *LKA Baden-Württemberg*. Der Vorsitzende Richter sagt, er habe Berichte zur Auswertung der Handys verfasst. Der Zeuge berichtet über das erste Handy, es sei in Chats insbesondere um Corona gegangen. Ingo K. habe allerlei coronakritische Inhalte verbreitet. Im Verlauf spricht der Zeuge über die Benutzerkonten und Newsletter des Angeklagten. Er habe Benutzerkonten und Abonnements mehrerer Newsletter von Waffenshops festgestellt. Ingo K. müsse eine Vorliebe für Waffen gehabt haben, schlussfolgert der Zeuge. Auf die Frage einer Richterin erzählt der Zeuge über Ingo K.s Nachricht vom 3. November 2021, man habe halbautomatische Waffen, »um gegen die Tyrannei zu kämpfen«. Debattiert wird die Frage, ob die Nachricht bloß weitergeleitet oder selbst verfasst wurde. Im Anschluss thematisiert der Vorsitzende Richter die Auswertung des zweiten Handys. Der Zeuge berichtet, auch hier seien Corona und Waffen die zentralen Themen gewesen. Er habe Fotos von Armbrüsten, Munition, Pistolen, Schutzwesten gefunden. Daraufhin zeigt der Vorsitzende Richter die Fotos auf den Leinwänden. Der Zeuge wird um 10:23 Uhr entlassen.

Der Zeuge K., Ende 30, wird in den Saal begleitet. Als Kriminalhauptkommissar im *LKA Baden-Württemberg* verfasste er einen Bericht über die Finanzermittlungen gegen den Angeklagten. Der Zeuge schildert einen Vorfall in einer Filiale der *Sparkasse*. Ingo K. habe sich geweigert, eine Maske aufzusetzen. Dann berichtet er über die Kontobewegungen. Der Zeuge habe Einzahlungen dreier Arbeitgeber und Auszahlungen an den Vermieter festgestellt. Neben alltäglichen Einkäufen seien Käufe von Waffenzubehör getätigt worden. Der Vertreter der *Bundesanwaltschaft* will wissen, wann die Transaktionen getätigt wurden. Der Zeuge schätzt, dies sei im Wesentlichen zwischen 2020 und 2022 gewesen. Dann thematisiert der Vorsitzende Richter einen Bericht zur Auswertung eines Kontos. Gehalt, Miete. Aber auch: Zahlungen an die Agentur für Arbeit, an das *Landratsamt Main-Tauber-Kreis*, an die *Staatsanwaltschaft Ellwangen* – und zuletzt an den Gerichtsvollzieher. Der Zeuge wird entlassen, die Sitzung um 11:25 Uhr beendet.

# Mittwoch, 27. 09. 2023 | 27. Prozesstag

Der Angeklagte Ingo K. wird mit Hand- und Fußfessel in den Sitzungssaal 2 geführt und der Vorsitzende Richter eröffnet die Sitzung. Ein Polizist nimmt die Handfessel ab. Der Vorsitzende Richter begrüßt einen Zeugen. H. ist Mitte 30 und Polizeioberkommissar im *LKA Baden-Württemberg*. Er war mit den *Reichsbürger*-Schreiben betraut. In seiner Vernehmung erklärt er die Gemeinsamkeiten und Unterschiede zwischen *Reichsbürgern* und *Selbstverwaltern*. In der Schweiz sei die Rede von *Staatsverweigerern*. Dann erläutert er den Unterschied zwischen Selbstversorgung und Selbstverwaltung. Der Zeuge schildert, der feste Glaube, der Staat sei illegitim, legitimiere »Notwehr« gegen staatliche Maßnahmen.

Zudem schildert er, es werde zwischen dem »juristischen« und dem »lebenden Menschen« unterschieden. Letzterer habe die Freiheit, Behördenschreiben zu ignorieren. Der Zeuge spricht über die Inhalte der *Reichsbürger*-Schreiben. Der Vorsitzende Richter zeigt mehrere Schreiben. In der Kopfzeile: »Ingo [K.] / Mensch Deutscher / Durch Geburt und Ahnennachweis«. Im Text: Die »BRD« sei ein »Verwaltungskonstrukt«, eine »Firma«, eine »Staatssimulation ohne Geltungsbereich«. Es gelte das RuSTAG, das deutsche Reichs- und Staatsangehörigkeitsgesetz von 1913. Der Vorsitzende Richter thematisiert weitere Schreiben. Die Vernehmung ist um 10:28 Uhr beendet.

Die Sachverständige F. kommt in den Saal. Sie ist Mitte 30 und wissenschaftliche Referentin im *Kompetenzzentrum gegen Extremismus in Baden-Württemberg* (konex). Konex ist Teil des *LKA Baden-Württemberg*. Der Vorsitzende Richter sagt, die Sachverständige habe ein Gutachten zur *Reichsbürger*-Ideologie von Ingo K. erstellt. Das Gutachten bestehe aus zwei Teilen. Im ersten Teil erläutert die Sachverständige, was *Reichsbürger* und *Selbstverwalter* sind. Sie betont, die *Reichsbürger*-Ideologie sei im Kern eine Verschwörungsideologie und nennt das Beispiel Personalausweis. Es werde interpretiert, man sei Personal einer Firma, aber werde im Glauben gehalten, in einem souveränen Staat zu leben. Laut Sachverständige sei der Glaube an Verschwörungserzählungen ein »Mechanismus zur Reduktion von Komplexität«. Wer komplexe Vorgänge mittels Verschwörungen erklärt, könne Schuldige benennen und das Gefühl von Kontrolle zurückgewinnen. Im zweiten Teil spricht die Sachverständige über ihre Befunde im Fall des Angeklagten. Spätestens 2016 habe Ingo K. mit der *Reichsbürger*-Szene sympathisiert. Damals habe er einen »Reichspersonenausweis« besorgt; dies gehe aus einem Schreiben einer Berliner *Reichsdruckerei* hervor. In den Folgejahren seien »szenetypische« Behördenschreiben verschickt worden. Es seien Antwortschreiben gewesen; die Sachverständige spricht von der »reaktiven Natur des Aktivismus«. Während der Corona-Pandemie habe Ingo K. eine erste Phase der Radikalisierung durchlebt. Mit dem Umzug nach Bobstadt – im Winter 2021/22, ein paar Monate vor der Bluttat vom 20. April 2022 – habe eine zweite Phase begonnen. Die »zwei radikalisierungsbefördernden Momente« hätten, befördert durch den wachsenden Druck der Behörden, zur Tat geführt.

Die Vertreterin der *Bundesanwaltschaft* fragt, welche Rolle die *Anastasia*-Buchreihe von Wladimir Megre im Gutachten spielte. Die Romane, gespickt mit antidemokratischen und antisemitischen Inhalten, propagieren die Selbstversorgung. Sie sind in der rechtsesoterischen Szene beliebt. Die Sachverständige antwortet, die *Anastasia*-Bücher seien im Rahmen seiner Hausdurchsuchung sichergestellt worden. Des Weiteren habe Ingo K. in seiner Haft gebeten, die Bücher zu bekommen. Der Vertreter der *Bundesanwaltschaft* will wissen, wie ein *Reichsbürger* mit dem Vorwurf umgehe, ein *Reichsbürger* zu sein. Sie berichtet, die meisten *Reichsbürger* lehnten den Begriff ab, und fügt hinzu, sie kenne keinen *Reichsbürger*, der sagt, er sei ein *Reichsbürger*. Der Begriff sei ein Behördenbegriff. Rechtsanwalt Seifert fragt, ob die Sachverständige von einer »extremistischen Tat« ausgehe. Sie bejaht. Der Rechtsanwalt reagiert empört. Er beklagt, sie sei befangen, bringe ihre persönliche Meinung ein. Rasch formuliert er einen Befangenheitsantrag. Die Vertreter:innen der *Bundesanwaltschaft* äußern, die Sachverständige habe lediglich ihre Einschätzung abgegeben. Die Sachverständige wirkt überfordert und überrascht. Nach einer Pause erklärt sie, Ingo K. habe – aus ihrer Sicht, nach Aktenlage – ein extremistisches Weltbild. Am Ende müsse das Gericht ein Urteil fällen. Um 12:35 Uhr wird die Sachverständige entlassen.

Nach der Mittagspause wird der Zeuge S. in den Saal begleitet. Der Kriminalhauptkommissar des *LKA Baden-Württemberg* berichtet über die Gründung der *Besonderen Aufbauorganisation* und über die Arbeiten der *Tatortgruppe*.

Man habe – nach Auswertung der Asservate und des Videomaterials sowie nach Durchführung zahlreicher Vernehmungen – »ein Gesamtbild entwickeln können, was zum Abschluss der Ermittlungen geführt hat«. Der Hauptsachbearbeiter spricht über Tatort und Tat, Verletzungen und Verhaftungen. Über Waffen, Weltbilder, Widersprüche. Die Tatwaffe sei einst von Montenegro über Österreich nach Hamburg gelangt. Ingo K. habe die, damals »demilitarisierte«, Waffe im Onlineshop einer Hamburger Firma gekauft. Der Vorsitzende Richter zeigt eine 3D-Abbildung mit der Annahme, wo Ingo K. während der Tat im Wohnzimmer gestanden haben könnte. Anhand der Abbildung und mehrerer Fotos, die in der abgebrannten Wohnung gemacht wurden, beschreibt der Hauptsachbearbeiter die einzelnen Positionen, aus denen bestimmte Ziele getroffen werden konnten. Der Zeuge wird entlassen, die Sitzung ist um 14:51 Uhr beendet.

# Montag, 09.10.2023 | 28. Prozesstag

Ein Zeuge, Ende 50, betritt den Sitzungssaal 2. Dann wird der Angeklagte Ingo K. mit Hand- und Fußfessel in den Saal geführt. Um 9:20 Uhr eröffnet der Vorsitzende Richter die Sitzung und ein Polizist entfernt die Handfessel. Der Zeuge D. ist Erster Kriminalhauptkommissar in der Abteilung Staatsschutz des *LKA Baden-Württemberg*. Der Zeuge hat den SEK-Beamten Nr. 4, der Beifahrer im Transporter war, vernommen. In seiner Vernehmung habe Nr. 4 die Anfahrt zum Wohnhaus und den Einsatz der Signale (Blaulicht, Martinshorn) beschrieben. Man habe »Polizei!« gerufen. »Mehrfach und lautstark«. Dann habe Nr. 4 über eine Frau, die aus dem Dachfenster schaute, gesprochen. Sie habe »heftig gestikuliert«. Als der SEK-Beamte seinen Scheinwerfer zur Frau richtete, habe sie das Fenster geschlossen und verlassen. Dann habe Nr. 4 über die ersten Schüsse sowie über die Schüsse auf den Transporter berichtet. Letztere hätten geklungen, als sei der Wagen über Kieselsteine gefahren. Erst im Laufe der Schüsse habe er realisiert, dass Projektile einschlagen. Der Einschuss in die Fensterscheibe, Stirnhöhe, habe ihn »sehr beeindruckt«. Im Zuge der Evakuierung des verletzten SEK-Beamten Nr. 10 habe er dessen Beine abgebunden, um einen starken Blutverlust zu vermeiden. Nach den Ausführungen des Zeugen thematisiert der Vorsitzende Richter die Auswertung zweier Kontobewegungen vom März und April 2022. Der Angeklagte hat, nur wenige Wochen vor der Tat vom 20. April 2022, Waffenzubehör gekauft. Um 10:06 Uhr wird der Zeuge entlassen.

Der Vorsitzende Richter kündigt an, die SEK-Beamten Nr. 8, 10 und 16 per Videoschalte zu vernehmen. Nach einer Pause präzisiert er, die SEK-Beamt:innen hätten eine »besondere Schutzbedürftigkeit«. Der Monitor, der bislang am Rande des Saales stand, steht fortan in der Mitte. Er zeigt in die Richtung des Vorsitzenden Richters. Das Publikum nimmt lediglich die Akustik wahr. Im Monitor sagt ein Polizist, die SEK-Beamten würden sprachlich und optisch »verschleiert«. Der Polizist testet die Verfremdung, dann beginnt die Vernehmung des SEK-Beamten Nr. 10. Der Vorsitzende Richter thematisiert die Inhalte der Einsatzbesprechung. Der Zeuge sagt, man habe aufgrund der *Reichsbürger*-Ideologie mit Widerstand gegen polizeiliche Maßnahmen gerechnet. Der Einsatz einer Waffe sei möglich.

Aber: Er persönlich habe nicht mit dem Einsatz einer Waffe gerechnet. Der Zeuge spricht über die Anfahrt, über die Öffnung des Zauns und des Rollladens der Terrassentür. Er habe den Trennschleifer angesetzt und geschnitten. Als er das Werkzeug wechselte, habe er einen Knall wahrgenommen. Einen Schuss. Der zweite und dritte Schuss waren Treffer. Er habe die Beschädigungen im Rollladen gesehen und realisiert: Das sind Schüsse aus dem Inneren der Wohnung. Der Zeuge schildert sein Zu-Boden-gehen und seine Evakuierung. Er habe, nach der Ankunft im Transporter, »sehr viele« Schüsse gehört. Der SEK-Beamte Nr. 3 habe die medizinische Erstversorgung übernommen. Später sei er ins Krankenhaus gebracht und operiert worden.

Auf die Frage eines Richters, wie der Geschädigte mit der Tat umgehe, erzählt er, der Einsatz belaste ihn noch heute. »Es holt mich regelmäßig ein«, betont er. Wenn Kolleg:innen über den Einsatz sprechen, merke er, wie es ihm Tränen in die Augen treibe. Die Tat habe ihn und sein engstes Umfeld stark getroffen. Der Richter fragt, ob der Zeuge den Rollladen, geschützt durch einen Schutzschild, hätte öffnen können. Er antwortet: »Nur sehr schwer.« Nachdem er mit dem Trennschleifer herangetreten sei, habe er seinem Kollegen Nr. 16 gesagt, der einen Schutzschild trug, er brauche mehr Platz, um den Rollladen öffnen zu können. Nach Fragen seiner Verteidigung hat Ingo K. die Möglichkeit, Fragen an den Zeugen zu stellen. Der Angeklagte nutzt sein Fragerecht, um eine Entschuldigung auszusprechen. »Das tut mir wirklich weh.« Und: »Ich bitte um Verzeihung.« Die Vernehmung des Zeugen ist um 11:25 Uhr beendet. Der Vorsitzende Richter begrüßt den SEK-Beamten Nr. 16 und thematisiert die Einsatzbesprechung und die Annäherung an das Wohnhaus. Der Zeuge äußert, er sei im Transporter gewesen und habe »Polizei!« gerufen. Als sein Kollege Nr. 10 den Rollladen öffnete, sei er an seiner Seite gestanden. Der Kollege habe das Werkzeug wechseln wollen. Nun, schildert der Zeuge, sei seine Erinnerung »verzerrt«. Er habe »Nadelstiche«, dann Einschläge im Schild gespürt. Sofort habe er das Feuer erwidert. Kurze Zeit später habe er den Ruf einer männlichen Stimme gehört: »Verpisst euch, ihr …«

Der Zeuge schildert, er habe die leichten Verletzungen und die psychische Belastung gut überstanden. Nun spricht der Vorsitzende Richter über die Festnahme. Der Zeuge schildert, er habe gesehen, wie Ingo K. mit Max A. die Wohnung verlassen habe. In Anbetracht der Geschehnisse sei Ingo K. äußerst gelassen in Erscheinung getreten. Er habe »sehr viel geredet« und stets betont, weder Nazi noch *Reichsbürger* zu sein. Geflüchtete seien »Verbrecher« und »Vergewaltiger«, Polizisten seien »gute Jungs«, aber kämpften »auf der falschen Seite«. Er habe behauptet, man hätte bloß klingeln brauchen, dann hätte er die Waffe abgegeben. Im Falle zweier Fragen zum SEK-Einsatz verweist der Zeuge auf seine beschränkte Aussagegenehmigung. Rechtsanwältin Combé bittet, Rücksprache mit der Kommandoführung zu halten. Nach einer Pause, in der Nr. 16 mit dem stellvertretenden Kommandoführer gesprochen hat, gibt der Zeuge eine Auskunft über den Schutz seines Kollegen Nr. 10. Um 12:45 Uhr ist die Vernehmung beendet. Nach der Mittagspause erhält Rechtsanwalt Seifert die Gelegenheit, zwei Beweisanträge einzubringen. Er fordert, Ingo K.s ehemalige Wohnungen in Rüsselhausen und Bobstadt in Augenschein zu nehmen. Im Fall Bobstadt heißt es, die Inaugenscheinnahme könne belegen, dass der Rollladen blickdicht geschlossen war. Ausführlich begründet der Vertreter der *Bundesanwaltschaft*, warum der Strafsenat die Anträge ablehnen sollte. Nun berät der *7. Strafsenat* über die Beweisanträge.

Der Vorsitzende Richter fährt mit der Vernehmung des SEK-Beamten Nr. 8 fort. Der Zeuge sagt aus, in der Einsatzbesprechung sei die *Reichsbürger*-Ideologie und die Gefahr, Ingo K. könne eine Waffe einsetzen, thematisiert worden. Im Rahmen des SEK-Einsatzes sei Nr. 8 mit Kollegen im SUV gesessen. Er sei

»Sicherungsschütze« gewesen und an der Dachluke des Fahrzeugs gestanden; dort habe er die Öffnung des Rollladens und die ersten Schüsse beobachten können. Der Zeuge sagt, jemand habe »Drecksbullenschweine« gerufen. Als der Vorsitzende Richter den Beschuss des SUV anspricht, nennt der Zeuge die Einschläge in der Dachluke. Daraufhin habe er die Luke geschlossen. Dann folgen Berichte über den Brand und die Festnahmen. Der Zeuge schildert, das Verhalten von Ingo K. sei »kasperhaft« gewesen. Er habe gelacht und keineswegs den Eindruck erweckt, ihn würde die Situation belasten. Der Zeuge wird um 14:55 Uhr entlassen. Zwei Polizisten schieben den Monitor von der Mitte an den Rand des Saales.

Dann wird die Zeugin S. in den Saal begleitet. Sie ist Mitte 20 und Polizeioberkommissarin im *LKA Baden-Württemberg*. Ihre Aufgabe lag in der Auseinandersetzung mit einigen Dokumenten. Schreiben an das Landratsamt, diverse Musterschreiben aus dem Netz, handschriftliche Zettel. Die Zeugin spricht über das *Reichsbürger*-Vokabular in den Dokumenten und wird entlassen. Abschließend verkündet der Vorsitzende Richter, der Befangenheitsantrag gegen die Sachverständige, die ein Gutachten zur *Reichsbürger*-Ideologie vortrug, werde zurückgewiesen. Es heißt, das Misstrauen sei »nicht gerechtfertigt« und »fernliegend«. Die Sitzung endet um 15:30 Uhr.

# Montag, 16.10.2023 | 29. Prozesstag

Als der Angeklagte Ingo K. mit Hand- und Fußfessel in den Sitzungssaal 2 geführt wird, sitzt Dimitrula S. im Publikum. Sie haben Augenkontakt, er winkt. Ein Polizist nimmt die Handfessel ab. Der Vorsitzende Richter eröffnet um 9:23 Uhr die Sitzung und verkündet, die Anträge von Rechtsanwalt Seifert, die ehemaligen Wohnungen des Angeklagten in Augenschein zu nehmen, würden abgelehnt. Dann verliest er die Gründe der Zurückweisungen. Anschließend bittet er die Sachverständige Dr. med. H., die bereits am 12. Prozesstag aussagte, in den Saal. Die Rechtsmedizinerin arbeitet in der *Gesellschaft für Rechtsmedizinische Untersuchungen und Sachverständigentätigkeit* (GRUS) in Tübingen. Im Auftrag des 7. *Strafsenats* war sie mit der Frage betraut, ob das Hör- und Sehvermögen von Ingo K. beeinträchtigt ist. Der Anlass:

In einer Erklärung vom 20. Prozesstag hatte Ingo K. betont, er leide unter Kurzsichtigkeit und einem »schweren Gehörschaden«. Die Sachverständige berichtet, zwar habe ein Arzt eine Kurzsichtigkeit sowie eine Altersweitsichtigkeit festgestellt. Allerdings sei die Sehleistung kaum eingeschränkt. Über die Hörleistung berichtet die Sachverständige, es gebe »keine relevante Einschränkung«. Eine Hochtonschwerhörigkeit, die ein Arzt feststellte, sei irrelevant. Ingo K. sagt, er bezweifle die Werte. Er müsse aufgrund seiner Tätigkeit in Diskotheken eine Lärmschwerhörigkeit haben. Die Sachverständige bekräftigt, der Arzt habe keine Lärmschwerhörigkeit festgestellt. Sie wird um 10:06 Uhr entlassen. Dann schließt der Vorsitzende Richter sowohl die Beweisaufnahme als auch die Sitzung.

# Mittwoch, 18.10.2023 | 30. Prozesstag

Mit dem Ende der Beweisaufnahme beginnen die Plädoyers. Die beiden Vertreter:innen der *Bundesanwaltschaft* halten ihren Schlussvortrag. In weinroten Roben sitzen sie an ihrem Tisch. Auf der Tischmitte steht ein hölzernes Pult. Um 9:35 Uhr wird der Angeklagte Ingo K. mit Hand- und Fußfessel in den Saal geführt. Er trägt ein weißes Hemd mit schwarzem Sakko. Ein Polizist entfernt die Handfessel. Der Vorsitzende Richter eröffnet die Sitzung und bittet die Vertreter:innen der *Bundesanwaltschaft*, den Vortrag zu halten. Die Vertreterin tritt ans Pult und erklärt, die Hauptverhandlung habe ergeben, dass Ingo K. eine »regelrechte Jagd« auf die SEK-Beamt:innen gemacht habe. Es sei Zufall gewesen, dass niemand gestorben sei. In der Hauptverhandlung seien die Vorwürfe, die gegen den Angeklagten erhoben wurden, »in vollem Umfang« bestätigt worden. Die Vertreterin sagt, Ingo K. sei ein »Reichsbürger«. Ab 2015/16 habe er eine Vielzahl an Waffen beschafft und die spätere Tatwaffe militarisiert. Sie spricht über den Entzug seiner Waffenerlaubnis und den Einsatz. Spätestens, als der SEK-Beamte Nr. 10 den Trennschleifer einsetzte, um den Rollladen seiner Terrassentür zu öffnen, habe Ingo K. die Entscheidung getroffen, SEK-Beamt:innen zu erschießen. Als die Vertreterin vom Erschießen spricht, grinst der Angeklagte und schüttelt den Kopf. In der ersten Schusssequenz habe er die Arg- und Wehrlosigkeit des SEK-Beamten Nr. 10 ausgenutzt und mindestens 21 Einzelschüsse abgegeben. Mit den Schüssen habe er die Polizei, »getragen von seiner staatsfeindlichen Ideologie«, fernhalten wollen. In der zweiten bzw. dritten Sequenz folgten neun bzw. sechs Einzelschüsse. Zuletzt, in der vierten Sequenz, feuerte er drei Dauersalven. Zwischen den einzelnen Sequenzen habe er die Schussposition zwischen Schlaf- und Wohnzimmer gewechselt.

Nach den Worten der Vertreterin referiert der Vertreter der *Bundesanwaltschaft* über die Würdigung der Beweise: Ingo K. bestreite bis heute, Anhänger der *Reichsbürger*-Ideologie zu sein. Er habe bloß provozieren und scherzen wollen. Die Darstellung des Angeklagten sei »eindeutig widerlegt«, durch »vielfältige Beweismittel«. Der Vertreter nennt seine Behördenschreiben, die allerlei *Reichsbürger*-Vokabular enthielten, und ein Schreiben der *Reichsdruckerei*, die Dokumente der *Reichsbürger*-Szene vertreibt. Laut Vertreter habe Ingo K. den Inhalt der Schreiben »vollständig erfasst«. Darüber hinaus habe er die »direkte Konfrontation« mit Behörden gesucht und Mitarbeiter:innen bedroht. Sämtliche Zeug:innen, darunter der *Reichsbürger* Heiko A., hätten vor Gericht bestätigt, dass K. die *Reichsbürger*-Thesen »vollkommen ernst gemeint« hat. Der Vertreter führt aus, seine *Reichsbürger*-Ideologie fuße auf diversen Verschwörungsmythen, von denen er »zutiefst überzeugt« gewesen sei. Die Mythen veranschaulichten eindrücklich, dass er über Jahre hinweg eine staatsfeindliche Gesinnung gepflegt habe. Dann spricht der Vertreter über die Würdigung der Tat: Zunächst nennt er den Kauf diverser Waffen, Waffenteile und Munition. Der Angeklagte habe die spätere Tatwaffe, ursprünglich eine Dekowaffe, im Februar 2016 gekauft und spätestens 2017 »vollumfänglich umgebaut«. Über Jahre hinweg habe er ein »Waffenarsenal« beschafft und in einer »Waffenkammer« aufbewahrt, um sich in kürzester Zeit mit Waffengewalt gegen staatliche Maßnahmen zur Wehr setzen zu können. Zwar habe er den Waffenbesitz vor Gericht eingeräumt, aber Details habe er in seiner Einlassung bewusst ausgespart.

Der Vertreter referiert über den Beschluss, die Pistole der Marke Glock zu entziehen. Die Behauptung, Ingo K. habe seine Waffe im *Landratsamt Main-Tauber-Kreis* abgeben wollen, sei widerlegt. Er habe versucht, »eine für ihn günstige Lügengeschichte« zu stricken. Dann geht der Vertreter auf die Tat vom 20. April 2022 ein. Ingo K. habe erzählt, er sei durch Explosionen aufgewacht und habe kein Blaulicht, kein Martinshorn, keine »Polizei«-Rufe wahrgenommen. Er habe seinen Sohn Marco S. gesehen, der auf dem Boden gelegen sei, und in einer Art Panik geschossen, um den Sohn zu schützen. Während er schoss, habe er einen Blackout gehabt. Der Vertreter betont, die Erkennbarkeit der Polizei sei ein »wesentlicher Teil der Einsatzplanung« gewesen. Das Einsatzvideo der SEK-Helmkameras, das am 7. Prozesstag gezeigt wurde, habe die Signale dokumentiert. Jene Signale habe der Angeklagte nach Berechnungen des *Fraunhofer-Instituts für Bautechnik* wahrnehmen müssen. Es sei »schlicht nicht vorstellbar«, dass Ingo K. die Signale nicht wahrgenommen habe. Er habe gewusst, dass die Polizei im Einsatz ist. Dann spricht der Vertreter über die vier Schusssequenzen und über die »Gefährlichkeit und Unbeherrschbarkeit« der Dauersalven in der vierten Sequenz. Erst als Ingo K. festgestellt habe, dass er keine SEK-Beamt:innen mehr erschießen könne, habe er seinen Tatplan aufgegeben. Der Vertreter referiert über die Verletzungen der SEK-Beamt:innen und betont, nur eine geringfügige Änderung des Schussverlaufs hätte zum Tod des SEK-Beamten Nr. 10 führen können.

Nach einer Pause setzt der Vertreter den Vortrag fort und thematisiert die Tötungsmotive. Er sagt, in den einzelnen Schusssequenzen könne eine Tötungsabsicht nachgewiesen werden. Der Angeklagte habe in der Überzeugung gehandelt, die Polizei besitze keine Legitimation. Er »wähnte sich in einem Kampf« gegen den Staat. Der Vertreter stellt fest: »An der Alleintäterschaft bestehen keine Zweifel.« Es gebe »keine belastbaren Anhaltspunkte«, dass Mitglieder der Familie A. geschossen hätten.

Nach der Mittagspause referiert die Vertreterin über die rechtliche Würdigung der Tat. Die vier Schusssequenzen stellten einen Mordversuch in vier Fällen dar. Denn zwischen den einzelnen Sequenzen liege eine »örtliche und zeitliche Zäsur«. Mehr noch: ein »neuer Tatentschluss« mit »neuer Handlungskette«. In den vier Fällen sei das Mordmerkmal der niedrigen Beweggründe erfüllt. Denn Ingo K. habe die SEK-Beamt:innen als Repräsentant:innen der Staatsgewalt angegriffen. So sei seine ideologische Überzeugung die Wurzel der Mordversuche gewesen. Die Tat stehe »sittlich auf tiefster Stufe«. Im Falle des SEK-Beamten Nr. 10 liege, abseits der niedrigen Beweggründe, das Mordmerkmal der Heimtücke vor. Das Opfer sei, als der Rollladen geöffnet wurde, arg- und wehrlos gewesen. Neben den Mordversuchen sieht die *Bundesanwaltschaft* die Tatbestände der gefährlichen Körperverletzung, des Widerstands gegen und des tätlichen Angriffs auf Vollstreckungsbeamte sowie Verstöße gegen das Waffen- und Kriegswaffenkontrollgesetz erfüllt. Der Angeklagte sei »voll schuldfähig«, er habe die Tat »zielgerichtet und überlegt« durchgeführt. Eine akute Panikreaktion sei auszuschließen.

Abschließend stellt die Vertreterin den Strafrahmen und die »Strafzumessung im engeren Sinne« vor. Als sie sagt, Ingo K. habe eine »erhebliche Kaltblütigkeit und kriminelle Energie«, ist er regungslos. Zwar habe er den »objektiven Sachverhalt« eingestanden, aber die Tat nicht vollständig eingeräumt. Seine Entschuldigung, die er am 20. und 28. Prozesstag ausgedrückt habe, stehe im Widerspruch zum Verhalten, das er gegenüber der Polizei im Zuge seiner Festnahme zum Ausdruck brachte. Die Vertreterin fordert lebenslängliche Haft für die erste Schusssequenz, jeweils neun Jahre Haft für die zweite und dritte Sequenz sowie zehn Jahre Haft für die vierte Sequenz. Für die Verstöße gegen das Waffen- und Kriegswaffenkontrollgesetz fordert sie eine Haftstrafe von dreieinhalb Jahren. Die Forderungen nimmt der Angeklagte regungslos zur Kenntnis. Zwar stellt die *Bundesanwaltschaft* keine besondere Schwere der Schuld fest. Aber sie stellt fest, Ingo K. habe in Anbetracht seiner *Reichsbürger-*

Ideologie und seiner Ablehnung staatlicher Institutionen einen Hang zu erheblichen Straftaten. Er habe eine Radikalisierung vollzogen und sehe im Einsatz brutaler Gewalt ein legitimes Mittel. Die Vertreterin sieht eine »tiefe Verankerung der Gewaltbereitschaft in der Persönlichkeit des Angeklagten«. Bis heute habe er keinen Abstand von der Ideologie genommen, daher sei von einer »fortbestehenden Gefährlichkeit« des Angeklagten auszugehen und Sicherungsverwahrung anzuordnen. Der Schlussvortrag, der rund dreieinhalb Stunden gedauert hat, endet um 14:28 Uhr. Damit endet auch die Sitzung.

# Mittwoch, 25.10.2023 | 31. Prozesstag

Kurzfristig ist das Plädoyer der Verteidigung verschoben worden. Anstelle des Plädoyers weist der Vorsitzende Richter den Angeklagten Ingo K. im Rahmen eines kurzen Prozesstages darauf hin, dass eine Anordnung der Sicherungsverwahrung, wie im Plädoyer der *Bundesanwaltschaft* gefordert, grundsätzlich möglich sei.

# Montag, 06.11.2023 | 32. Prozesstag

Der Angeklagte Ingo K. wird um 10:18 Uhr mit Hand- und Fußfessel in den Sitzungssaal 2 geführt. Ein gutes Dutzend Interessierte, darunter Dimitrula S. und einige Journalist:innen, sitzt im Publikum. Der Vorsitzende Richter eröffnet die Sitzung, ein Polizist nimmt die Handfessel ab.

Auf dem Tisch der Verteidigung steht ein hölzernes Pult. Rechtsanwältin Combé tritt ans Pult und kündigt an, sie werde bloß eine »punktuelle Auseinandersetzung« mit dem Plädoyer der Bundesanwaltschaft vornehmen; diese Auseinandersetzung bestehe aus vier Teilen. Im ersten Teil spricht die Rechtsanwältin über die Mordmerkmale. Combé sagt, sie nehme im Vortrag an, Ingo K. sei *Reichsbürger* und habe die Polizei erkannt. Das sei eine »rein hypothetische Betrachtung«. Sie habe, selbst wenn die Annahmen stimmten, eine andere Einschätzung zur strafrechtlichen Bewertung.

Die Rechtsanwältin erklärt, das Mordmerkmal der Heimtücke sei nicht erfüllt, denn das SEK habe mit brutaler Gewalt rechnen müssen. Alleine die Tatsache, dass das SEK eingesetzt wurde und die SEK-Beamt:innen mit Schusswaffen und Schutzwesten im Einsatz waren, um die Waffe eines *Reichsbürgers* einzuziehen, sei ein Beleg für das befürchtete Eskalationspotenzial. Auch das Mordmerkmal der Arglosigkeit sei nicht erfüllt. Der SEK-Beamte Nr. 10, der den Rollladen der Terrassentür öffnete und durch mehrere Schüsse verletzt wurde, habe mit einem Angriff rechnen müssen. Denn seine Gefährdung sei in der Einsatzbesprechung thematisiert worden.

Über seine Arglosigkeit sagt sie: »De facto sprechen alle Indizien dagegen.«

Die Rechtsanwältin thematisiert das Mordmerkmal der niedrigen Beweggründe. Es sei unter der Annahme, Ingo K. sei *Reichsbürger* und habe die Polizei erkannt, erfüllt; dies »müsste die Verteidigung zugestehen«. Im zweiten Teil spricht Combé über die Tötungsabsicht und schickt voraus, es lasse sich »keine Tötungsabsicht begründen«. Der Angeklagte sei in einer »überforderten Situation«, in einer »psychischen Ausnahmesituation« gewesen. Er habe die »Eindringlinge« vom Grundstück »vertreiben« wollen. Die Dauersalven seien lediglich »Ausdruck« seines Vorhabens, die »unmittelbare Gefährdungslage« beenden zu wollen, gewesen. Dass ihr Mandant den Tod der SEK-Beamt:innen forciert hätte, könne nicht belegt werden.

Die Rechtsanwältin erklärt, im Falle der vierten Schusssequenz, als mit Dauersalven gefeuert wurde, habe Ingo K. die Schüsse auf Basis einer autonomen und freiwilligen Entscheidung eingestellt. Es habe keine äußeren Zwänge gegeben. Zum Beispiel habe der Brand des Wohnhauses keine Rolle gespielt. Aufgrund der individuellen Entscheidung, die Schüsse zu beenden, sei ein Mordversuch auszuschließen. Dann zählt die Rechtsanwältin die Gründe für eine Strafmilderung auf. Der Angeklagte sei »aus dem Schlaf gerissen« und »völlig überrascht« worden. Eine »besonnene Reaktion« sei »erschwert« worden. Der Tod von SEK-Beamt:innen sei »relativ fern« gewesen. Der SEK-Beamte Nr. 16 habe »geringe Verletzungen«, Nr. 10 »schwerwiegendere Verletzungen« erlitten. Es habe keine akute Lebensgefahr bestanden.

Im dritten Teil spricht die Rechtsanwältin über die besondere Schwere der Schuld. Sie erläutert, es müssten mehrere Mordmerkmale erfüllt sein, um die Schwere festzustellen. Die Rechtsanwältin lehnt die Feststellung der besonderen Schwere ab. Abschließend, im vierten Teil, thematisiert die Rechtsanwältin die Sicherungsverwahrung. Sie sagt, es sei eine spontane Tat gewesen. Der SEK-Einsatz habe die »Tatlawine« ausgelöst. Der Angeklagte habe Empathie für die Verletzten und besitze keinen Hang zu schweren Gewalttaten. Insofern sei eine Sicherungsverwahrung abzulehnen. Um 11:23 Uhr, nach einer Stunde, ist der Vortrag beendet. Nach einer kurzen Unterbrechung fährt Rechtsanwalt Seifert mit seinen Ausführungen fort.

Der Rechtsanwalt beklagt, die *Bundesanwaltschaft* habe die Biografie des Angeklagten vernachlässigt. Es gehe um den Menschen Ingo K., er sei ein »Kind unserer Zeit«. Der Rechtsanwalt referiert über die DDR-Sozialisation seines Mandanten, später über Arbeit und Ehen. Er resümiert, der Angeklagte sei »auf allen Ebenen gescheitert«. Um sein eigenes Scheitern zu verdecken, habe er nach Erklärungen gesucht. Die Erklärungen habe er in Verschwörungsmythen gefunden. Ingo K. sei ein Verschwörungsideologe, aber kein *Reichsbürger*.

Als der Angeklagte seine alte Wohnung verlor, sei die Tatsache, dass er eine mietfreie Wohnung in Bobstadt gefunden habe, eine »segnungsreiche Fügung« gewesen. Sein Mandant habe ein »starkes Dankbarkeitsgefühl« gegenüber Heiko A. und dessen Familie. Sein Vermieter habe Behördenschreiben mit *Reichsbürger*-Vokabular verschickt, Ingo K. habe die Inhalte der Schreiben nicht verstanden. In persönlichen Gesprächen habe Seifert den Eindruck gewonnen, sein Mandant könne die *Reichsbürger*-Ideologie nicht erklären.

Nach einer Mittagspause thematisiert der Rechtsanwalt das Gutachten der Sachverständigen F. vom konex. Sie hatte die *Reichsbürger*-Ideologie des Angeklagten begutachtet. Es sei ein »Fehler« gewesen, die Sachverständige anzufragen. Denn: Ob ein Mensch zur *Reichsbürger*-Szene gehöre, sei eine Meinung, eine Wertung. Der 7. *Strafsenat* sei »auf dem Holzweg«, wenn er glaube, auf das Werturteil einer Sachverständigen zurückgreifen zu können. Das Gutachten sei »für die Tonne«, die Sachverständige betreibe »Scharlatanerie« im Namen der Wissenschaft.

Der Rechtsanwalt spricht über die Hausdurchsuchung seines Mandanten. Sie sei »rechtswidrig« gewesen. Der Grund: Ingo K. habe keine Gelegenheit gehabt, Widerspruch gegen den Bescheid der Waffenbehörde, seine Schusswaffe abgeben zu müssen, einzulegen. Denn der Bescheid sei nicht zugestellt worden. Das Problem: der offene, unbeschriftete Briefkasten. Nicht nur der Durchsuchungsbeschluss, auch die Umsetzung des Durchsuchungsbeschlusses sei rechtswidrig gewesen. Das SEK habe gegen den Grundsatz der Verhältnismäßigkeit verstoßen. Anstatt unmittelbaren Zwang anzudrohen, sei direkt unmittelbarer Zwang mithilfe des Trennschleifers angewandt worden. Indem die Androhung unterlassen wurde, habe das SEK das Polizeigesetz »vorsätzlich verletzt«.

Der Rechtsanwalt thematisiert das Mordmerkmal der niedrigen Beweggründe. Er stellt die *Reichsbürger*-Ideologie seines Mandanten in Frage und wirft in den Raum, ob die Ideologie, selbst wenn er ein »Reichsbürger« sei, in der Ausführung der Tat eine Rolle spielte. Danach spricht er über das Mordmerkmal der Heimtücke. Da das SEK mit unmittelbarem Zwang gehandelt habe, hätten die Beamt:innen mit einer gewaltsamen Reaktion rechnen müssen. Der Rechtsanwalt spricht von der »Inkaufnahme der Eskalation«. So sei eine Heimtücke ausgeschlossen.

Zur Frage der Tötungsabsicht sagt der Rechtsanwalt, sein Mandant habe unter dem Einfluss von Cannabis und Honigwein gestanden. Beides hatte Ingo K. am Vorabend der Tat konsumiert. Zudem habe er aufgrund einer Panikattacke eine »erheblich verminderte Steuerungsfähigkeit« gehabt. Nach Ende der Panikattacke, also: nach der ersten Schusssequenz, habe er die »intellektuelle Einsicht« gehabt, dass die Schüsse sinnlos seien. So sei er im Falle der ersten Schusssequenz freizusprechen.

Was die zweite bis vierte Schusssequenz betrifft, sagt der Rechtsanwalt, liege nahe, dass mehr als eine Person geschossen habe. Bianca und Max A. seien »überzeugte Reichsbürger« und – aufgrund von Schmauchspuren – potenzielle Schütz:innen. Bianca A. habe, als der Zaun durchtrennt wurde, aus dem Dachfenster geschaut und ausreichend Zeit gehabt, ihre Familie zu benachrichtigen. Zeit, um den »Widerstand gegen die verhassten Eindringlinge zu organisieren«. Es liege nahe, dass Max A. versuchte, Schmauchspuren zu entfernen; Gelbfärbungen, die an seinen Händen sichergestellt wurden, seien nicht untersucht wurden. Im Falle der zweiten bis vierten Schussfolge sei Ingo K. »in dubio pro reo« freizusprechen. Während sein Verteidiger die mögliche Täterschaft der Familie A. thematisiert, schaut der Angeklagte nach unten, auf den Tisch.

Der Rechtsanwalt fasst seine Kritik zusammen. Er spricht vom »rechtswidrigen Angriff« des SEK und von der »Notwehr« des Angeklagten. Das SEK habe sich »gegen das Wohnungsrecht des Angeklagten gestellt«. Er blickt zum Vorsitzenden Richter und sagt: »Unverständlich«. Dann spricht er von »Rambo« und ergänzt: »Ich muss das so deutlich sagen.« Nicht nur der Vorwurf des Mordversuchs, auch der Vorwurf der gefährlichen Körperverletzung und des Widerstands gegen und des tätlichen Angriffs auf Vollstreckungsbeamte entfalle. Der Rechtsanwalt ergänzt, mit Blick auf das Beweisverwertungsverbot entfalle auch der Vorwurf des Verstoßes gegen das Waffen- und das Kriegswaffenkontrollgesetz. Die Schusswaffen samt Munition seien Zufallsfunde gewesen – die auf einem rechtswidrigen Durchsuchungsbeschluss beruhten.

Um 14:21 Uhr, nach knapp zwei Stunden, sagt er: »Ich beantrage, den Angeklagten freizusprechen.« Nun bekommt der Angeklagte die Gelegenheit, Ausführungen zu machen und ein letztes Wort zu sprechen. »Grüß Gott, Hohes Gericht«, beginnt er. Dann sagt er: »Was geschehen ist, tut mir unendlich leid.« Ingo K. sagt, er habe »Panik« gehabt und »zum Schutz« seines Sohnes gehandelt. Er hoffe, die »unsägliche Verbindung« zwischen ihm und dem Verletzten aufheben zu können, »um uns beiden Frieden zu geben«. Dann beteuert er: »Ich sprach in diesem Prozess die Wahrheit.« Am Ende betet er: »Möge Gott dem Gericht helfen, die Wahrheit zu finden.« Die Sitzung ist um 14:25 Uhr beendet.

# Mittwoch, 15.11.2023 | 33. Prozesstag

Ingo K. im Sitzungssaal 2
(Quelle: Joachim Roettgers)

An der Glaswand im Sitzungssaal 2, die das Publikum vom Rest des Saales trennt, warten Filmer:innen und Fotograf:innen. Sie wollen dokumentieren, wie der Angeklagte Ingo K. den Saal betritt. Um 10:15 Uhr wird Ingo K. mit Hand- und Fußfessel in den Saal geführt. Mit einer Hand winkt K., der ein schwarzes Sakko mit weißem Hemd trägt, ins Publikum. Dimitrula S. sitzt im Publikum. Rasch sucht er den Austausch mit seiner Verteidigung. Der *7. Strafsenat* betritt den Saal, ein Polizist entfernt die Handfessel. Der Vorsitzende Richter verkündet das Urteil: Der Angeklagte wird zu einer Haftstrafe von 14 Jahren und 6 Monaten verurteilt. Eine anschließende Sicherungsverwahrung wird vorbehalten. Ingo K. nimmt das Urteil – wie bereits die Forderung der *Bundesanwaltschaft* nach lebenslanger Haft – regungslos zur Kenntnis.

Der Vorsitzende Richter erklärt, die Anklagepunkte der *Bundesanwaltschaft* seien »weitestgehend bestätigt«. Er führt aus, man habe vier Taten, darunter zwei Fälle des versuchten Mordes, festgestellt. Der Tatkomplex sei ein »schwer fassbares, ungemein komplexes Geschehen« und ein »in vielerlei Hinsicht außergewöhnlicher Fall«. Außergewöhnlich – wegen Ingo K.s Persönlichkeit und Radikalisierung sowie wegen der Dichte und Schwere der Taten. Der Vorsitzende Richter merkt an, »die Taten lassen einen noch immer erschaudern«, wohin Radikalisierung und Staatsablehnung führen können. Er spricht vom »blanken und grenzenlosen Hass«. Dann fügt er hinzu: »Es grenzt an ein Wunder«, dass nur zwei SEK-Beamte verletzt wurden. Schließlich habe Ingo K. einen »Kugelhagel mit mehr als 40 Schüssen« abgegeben. Schüsse auf Polizist:innen – »die nichts anderes getan haben, als ihrem Beruf nachzugehen«.

Die Arbeit der Polizei sei »nicht einfach«, sie werde »immer schwieriger«. Sie habe »höchsten Nutzen« und »unschätzbaren Wert«. Der Angeklagte habe »Hass auf den Staat« und sei in einer »Kampfhaltung« gewesen. Als der Vorsitzende Richter erklärt, man habe sich »in aller Neutralität und Sachlichkeit« mit dem Tatkomplex befasst, grinst Ingo K. leicht. Es folgen Ausführungen über seine Ideologie, seine Radikalisierung, seine Waffen. Über die *Reichsbürger*-Ideologie sagt er, staatliche Maßnahmen würden abgelehnt, aber staatliche Leistungen allzu gerne genutzt. Der Glaube an Verschwörungsmythen befeuere die staatsfeindliche Haltung. Dann spricht er über »Mischideologien«, über die Verschmelzung der *Reichsbürger*-Ideologie mit rechtsextremen Ideologien. Mit der Verschmelzung wachse die Gefahr, mit Waffengewalt gegen den Staat vorzugehen.

Der Vorsitzende Richter fragt: »Wie kam es zu einer solch unglaublichen Radikalisierung des Angeklagten?« Er thematisiert die Schule und Ausbildung in der DDR, die Ausreise in den Westen, das Scheitern im Beruflichen und im Privaten. Das Scheitern sei nichts Ungewöhnliches. Erst 2016 erfolgte mit der »Flüchtlingskrise« ein »erster deutlicher Einschnitt«. Seine staatskritische Haltung, die Ingo K. in der DDR entwickelt hatte, sei verstärkt worden. Mit der Corona-Pandemie erfolgte 2020 ein weiterer Einschnitt. *Chemtrails*, Reptiloiden – und Juden, die Kinder schlachten und deren Blut trinken: Mit dem Glauben an Verschwörungsmythen habe die Radikalisierung ihren Lauf genommen. Der Radikalisierungsprozess sei »nicht von 0 auf 100« erfolgt. Erst 2021, als Ingo K. nach Bobstadt zog, sei der »maßgebliche Einschnitt« erfolgt. Nun lebte er auf dem Bauernhof des *Reichsbürgers* Heiko A. und dessen Familie.

Nun, unter Gleichgesinnten, habe der Radikalisierungsprozess einen »entscheidenden Schub« erhalten. Man sei überzeugt gewesen, der Bauernhof liege außerhalb der bundesrepublikanischen Rechtsordnung. Auf dem Hof habe Ingo K. gemeinsam mit seinem Vermieter mehrere Behördenschreiben verfasst. Die Schreiben enthielten Formulierungen aus der *Reichsbürger*-Szene. Mit dem Hofleben habe er den »Kontakt zur Außenwelt und damit auch jedwedes Korrektiv andersdenkender Personen« verloren. Seine Waffen habe er nicht mehr abgeschlossen, sondern sie seien »jederzeit zugriffsbereit« und mehrheitlich »einsatzbereit« gewesen. Im Frühjahr 2022 sei das Auftreten gegen den Staat »massiver« geworden. So habe er am 8. April, knapp zwei Wochen vor der Tat, einen Finanzbeamten bedroht. Am Ende mündete der Radikalisierungsprozess in die »Anwendung massivster Gewalt«.

Der Vorsitzende Richter spricht über den Widerruf der Waffenbesitzerlaubnis. Der Widerrufbescheid vom 28. August 2021 sei »ordnungsgemäß zugestellt« worden. An der Zustellung bestehe kein Zweifel. Ingo K. selbst habe laut seinem Vermieter gesagt, er müsse seine Pistole Glock abgeben. Da er die Abgabefrist verstreichen lässt, sei die Schusswaffe illegal geworden. Um die Waffe einzuziehen, sei das SEK angefragt worden. Schließlich sei die Gesinnung von Ingo K. und der Familie A. bekannt gewesen. Am 20. April 2022 seien 43 Polizist:innen, darunter 16 SEK-Beamt:innen, im Einsatz gewesen. Man habe »besonderen Wert« auf die Erkennbarkeit der Polizei gelegt (Blaulicht, Martinshorn, »Polizei«-Rufe). Grundstückszaun und Rollladen der Terrassentür seien »aus Gründen der Verhältnismäßigkeit« mit einem Trennschleifer geöffnet worden.

Der SEK-Beamte Nr. 10 habe den Trennschleifer um 6:10 Uhr am Rollladen angesetzt. Er schneidet erst vertikal, dann horizontal. Er setzt ab, es folgt ein »Polizei«-Ruf. Als er den Trennschleifer zur Seite legt und zum Entglasungswerkzeug greift, folgte ein weiterer »Polizei«-Ruf. Der Vorsitzende Richter betont, der Angeklagte müsse die Polizei durch die geöffneten Lamellen seines Rollladens gesehen haben. Er hätte die Gefahrensituation durch Abgabe der Waffe oder durch Rufe aus dem Haus beenden können. Stattdessen habe er das »brutalstmögliche Vorgehen« gewählt und das Feuer mit 21 Einzelschüssen eröffnet. Bereits der dritte und vierte Schuss habe die beiden Oberschenkel des SEK-Beamten Nr. 10 getroffen. Als SEK-Beamt:innen das Gegenfeuer eröffnen, habe Ingo K. das Zimmer gewechselt, um seinen Beschuss fortsetzen zu können.

Der Vorsitzende Richter kommentiert: »Wer glaubt, es sei keine Steigerung an Niedrigkeit und Verwerflichkeit möglich«, werde mit den folgenden Schusssequenzen eines Besseren belehrt. Nun habe der Angeklagte auf diejenigen SEK-Beamt:innen, die den Verletzten evakuiert haben, geschossen. Die zweite Sequenz erfolgte mit neun, eine dritte – nach einer Pause von sieben Sekunden – mit sechs Einzelschüssen. Nach zweiminütiger Pause erfolgt die vierte und letzte Sequenz mit drei Dauersalven (drei, zwei, vier Schüsse). Während der Angeklagte mit Max A. in der Wohnung ausharrt, sei eine Nebelgranate eingesetzt worden, um den Rückzug dreier SEK-Beamt:innen zu ermöglichen. Die Granate habe einen Holzstapel getroffen und den

Carport in Brand gesetzt. Später habe das Wohnhaus gebrannt. Um 8:03 Uhr verlassen Ingo K. und Max A. das Haus, deren Festnahme erfolgt um 8:12 Uhr.

Nun thematisiert der Vorsitzende Richter die vier Einlassungen des Angeklagten. Gegenüber der Polizei, gegenüber zwei Gutachtern, gegenüber dem Senat. Er stellt fest, Ingo K. habe »kein umfassendes Geständnis« abgelegt. Aussagen seiner Einlassungen seien teils widerlegt, teils »Schutzbehauptungen« gewesen. Eine akute Panikreaktion sei auszuschließen. Zur Frage, ob eine zweite Person geschossen habe, sagt der Vorsitzende Richter, es sei aus einer Waffe geschossen worden. Die einzigen DNA-Spuren, die an der Waffe sichergestellt wurden, stammten vom Angeklagten. Daher sei ein zweiter Schütze auszuschließen. Über die Mordmerkmale sagt der Vorsitzende Richter, in allen vier Sequenzen sei das Merkmal der niedrigen Beweggründe erfüllt. Der Angeklagte habe die Schüsse »aus ideologischer Überzeugung heraus« abgegeben.

Im Falle der Schüsse auf den SEK-Beamten Nr. 10 komme das Merkmal der Heimtücke hinzu; er sei arg- und wehrlos gewesen. Die Aufnahmen mehrerer Helmkameras, die am 7. Prozesstag gezeigt wurden, hätten gezeigt, wie lange das Aufschweißen des Rollladens dauerte. Indem Ingo K. ruhig blieb und nicht reagierte, habe er sein Opfer »in Sicherheit gewiegt«. Abschließend sagt er, der Strafsenat verhänge 12 Jahre und sechs Monate für die erste Tat (1. Schusssequenz; versuchter Mord einschließlich gefährlicher Körperverletzung), 11 Jahre für die zweite (2./3. Schusssequenz; versuchter Mord), vier Jahre für die dritte (Widerstand gegen und tätlicher Angriff auf Vollstreckungsbeamte) und vier Jahre für die vierte (Verstöße gegen das Waffen- und Kriegswaffenkontrollgesetz). Die Einzelstrafen würden wegen der einheitlichen Tatmotivation und des engen Zeitrahmens zu 14 Jahren und sechs Monaten zusammengefasst.

Aus Sicht des *7. Strafsenats* bestehe eine »deutliche Wahrscheinlichkeit«, dass Ingo K. erneut Straftaten verüben würde. Aktuell sei von einer »künftigen Gefährlichkeit« auszugehen. Bislang habe er noch »keinen Ansporn« erkennen lassen, die *Reichsbürger*-Szene zu verlassen. Der Vorsitzende Richter resümiert: Ob eine Sicherungsverwahrung vonnöten sei, werde die »künftige Entwicklung« zeigen. Dann ist der Prozess vor dem *Oberlandesgericht Stuttgart* beendet. Der Angeklagte und die *Bundesanwaltschaft* haben binnen einer Woche die Möglichkeit, Revision gegen das Urteil einzulegen.

# Tatort Bobstadt. Chronologie eines Verbrechens

**Mitte 2021**
- Ingo K. (geb. 1967) wohnt in Niederstetten-Rüsselhausen (Main-Tauber-Kreis/Baden-Württemberg). Er ist im Besitz eines Waffenscheins und einer Kurzwaffe der Marke Glock 19.

**24.06.2021**
- Das *Landratsamt Main-Tauber-Kreis* schickt Ingo K. ein Schreiben. Die Behörde teilt ihm den Widerruf seiner Waffenerlaubnis mit. Es heißt, die »waffenrechtliche Zuverlässigkeit« sei aufgrund seiner Vorstrafen »entfallen«. Das Schreiben enthält eine Einladung zur Anhörung.

**12.07.2021**
- Ingo K. ruft im *Landratsamt Main-Tauber-Kreis* an und nennt den Widerruf seiner Waffenerlaubnis ein »absolutes Fehlurteil«. Die Forderung, die Waffe abgeben zu müssen, sei eine »Enteignung«. Ingo K. besucht das *Landratsamt Main-Tauber-Kreis* in Tauberbischofsheim. Die Anhörung findet in der Waffenbehörde statt.

**19.07.2021**
- Ingo K. ruft im *Landratsamt Main-Tauber-Kreis* an und kündigt an, seine Waffe freiwillig abgeben zu wollen. Das *Landratsamt Main-Tauber-Kreis* gewährt eine Frist von drei Monaten, die Waffe freiwillig abzugeben.

**21.07.2021**
- Das *Landratsamt Main-Tauber-Kreis* schickt Ingo K. ein Schreiben mit einem Aktenvermerk. Der Vermerk hält seine Ankündigung fest, die Waffe freiwillig abgeben zu wollen. Die Behörde bittet ihn, den Aktenvermerk gegenzuzeichnen und zurückzusenden.

**12.08.2021**
- Das *Landratsamt Main-Tauber-Kreis* schickt Ingo K. ein Erinnerungsschreiben mit dem Aktenvermerk und bittet ihn erneut, den Aktenvermerk gegenzuzeichnen und zurückzusenden.

**26.08.2021**
- Das *Landratsamt Main-Tauber-Kreis* schickt Ingo K. einen Bescheid mit der Ankündigung, die Waffe einzuziehen. Zwei Tage später wird der Bescheid in Niederstetten-Rüsselhausen postalisch zugestellt.

**Ende 2021/Anfang 2022**
- Ingo K. zieht von Niederstetten-Rüsselhausen auf das Grundstück der Familie A. nach Boxberg-Bobstadt (Main-Tauber-Kreis/Baden-Württemberg).

**28.12.2021**
- Nach Absprache mit der *Polizei Tauberbischofsheim* beantragt das *Landratsamt Main-Tauber-Kreis* einen Durchsuchungsbeschluss bei der *Staatsanwaltschaft Mosbach*, um die Waffe einziehen zu dürfen.

**31.03.2022**
- Das *Amtsgericht Mosbach* beschließt die Durchsuchung der Mietwohnung von Ingo K. in Boxberg-Bobstadt, um die Waffe einzuziehen.

## Tatort Bobstadt.
## Chronologie eines Verbrechens

**14.04.2022**
- Nach Absprache mit der *Polizei Tauberbischofsheim* versucht das *Landratsamt Main-Tauber-Kreis* zum letzten Mal, Ingo K. telefonisch zu erreichen. Nach mehreren Anrufen spricht ein Mitarbeiter auf seinen Anrufbeantworter und bittet ihn, die Waffe bis spätestens Dienstag, 19. April 2022 freiwillig abzugeben.

**19.04.2022**
- Die *Polizei Tauberbischofsheim* ruft das *Landratsamt Main-Tauber-Kreis* an und fragt, ob Ingo K. die Waffe abgegeben hat. Die Frist zur freiwilligen Abgabe der Waffe endet.

**20.04.2022**
- 5:00 Uhr: Die Polizei trifft am Parkplatz des Sportplatzes in Boxberg-Schweigern ein (»Kräftesammelstelle«).
- 5:58 Uhr: Die Polizei fährt vom Sportplatz in Boxberg-Schweigern zum Zielobjekt nach Boxberg-Bobstadt.
- 6:08 Uhr: Die Fahrzeuge der Polizei erreichen das Zielobjekt in Boxberg-Bobstadt. Das SEK setzt ein »Irritationsmittel« ein, um die Hunde auf dem Grundstück zu irritieren.
- 6:09 Uhr: Der SEK-Beamte Nr. 10 schneidet den Grundstückszaun mit einem Trennschleifer auf. Neun SEK-Beamte betreten das Grundstück.
- 6:10 Uhr: Der SEK-Beamte Nr. 10 schneidet den Rollladen der Terrassentür mit einem Trennschleifer auf.
- 6:11:05 Uhr: Erster Schusswechsel. Der SEK-Beamte Nr. 10 wird vom zweiten und dritten Schuss aus dem Inneren des Hauses getroffen und fällt auf den Boden.
- 6:11:47 Uhr: Zweiter Schusswechsel.
- 6:11:58 Uhr: Dritter Schusswechsel.
- 6:12 Uhr: SEK-Beamte bringen den SEK-Beamten Nr. 10 in den Transporter. Der Verletzte kommt im Transporter an und wird medizinisch versorgt.
- 6:45 Uhr: Die Polizei setzt Nebelhandgranaten ein, um mehrere SEK-Beamte evakuieren zu können. Vermutlich löst eine Nebelhandgranate im Bereich des Carports einen Brand aus.
- 6:59 Uhr: Ingo K. schreibt seiner Bekannten Annett van H. eine Nachricht: »Wir werden gerade von den Bullen gestürmt.«
- 7:06 Uhr: Die Feuerwehr trifft ein.
- 7:20 Uhr: Ingo K. wählt den Notruf und fordert einen »Verhandler«.
- 7:22 Uhr: Ingo K. ruft seinen Bekannten Robert V. an. Er bittet ihn, nach Boxberg-Bobstadt zu fahren und das Geschehen zu dokumentieren.
- 7:36 Uhr: Ingo K. wählt ein zweites Mal den Notruf und telefoniert mit der Polizei.
- 7:47 Uhr: Ingo K. wählt ein drittes Mal den Notruf und telefoniert mit der Polizei.
- 7:53 Uhr: Eine Polizistin ruft Ingo K. an. Er ruft zurück und telefoniert mit der Polizistin.
- 8:01 Uhr: Der Kontakt zwischen Ingo K. und der Polizistin bricht ab.
- 8:03 Uhr: Ingo K. und Max A. verlassen das Haus.
- 8:12 Uhr: Ingo K. und Max A. werden festgenommen.
- 12:05 Uhr: Ingo K. wird in eine Gefängniszelle in Tauberbischofsheim gebracht.
- 13:30 Uhr: Ingo K. wird in ein Vernehmungszimmer in Tauberbischofsheim gebracht.
- 15:58 Uhr: Ingo K. wird vernommen. Die Vernehmung dauert 27 Minuten und findet in Anwesenheit eines Rechtsanwalts statt.

**06.09. und 24.10.2022**
- Ein psychiatrischer Sachverständiger besucht Ingo K. im Auftrag der Bundesanwaltschaft in der *JVA Schwäbisch Hall*, um ein Gutachten zur Psyche des Angeklagten zu erstellen. Erstes und zweites Gespräch.

**03.01.2023**
- Die *Bundesanwaltschaft* erhebt Anklage gegen Ingo K. vor dem Staatsschutzsenat des *Oberlandesgerichts Stuttgart*.

**02.02.2023**
- Ein psychiatrischer Sachverständiger besucht Ingo K. im Auftrag von Rechtsanwalt Seifert in der *JVA Schwäbisch Hall*, um ein Gutachten zur Psyche des Angeklagten zu erstellen.

**05.04.2023**
- Der *7. Strafsenat* unter Vorsitz des Richters Stefan Maier eröffnet die Hauptverhandlung im Sitzungssaal 2 des *Oberlandesgerichts Stuttgart*.

**18.10.2023**
- Die *Bundesanwaltschaft* hält ihr Plädoyer. Sie fordert eine lebenslange Haft mit anschließender Sicherungsverwahrung.

**06.11.2023**
- Die Verteidigung hält ihr Plädoyer. Sie fordert einen Freispruch.

**15.11.2023**
- Der *7. Strafsenat* unter Vorsitz des Richters Stefan Maier verliest das Urteil. Er verurteilt Ingo K. wegen versuchten Mordes zu einer Haftstrafe von 14 Jahren und sechs Monaten. Eine Sicherungsverwahrung wird vorbehalten.

Das Urteil ist noch nicht rechtskräftig, denn *Bundesanwaltschaft* und Verteidigung legen Revision gegen das Urteil vom 15.11.2023 ein. Der Bundesgerichtshof prüft das Urteil auf mögliche Rechtsfehler (Stand: Herbst 2024).

**Tatort Bobstadt.
Chronologie eines Verbrechens**

Tatort Bobstadt
(Quelle: Nicholas Potter)

Corrigés

e. turques ; f. japonaises ; g. indonésiennes ; h. grecques.

**97.** a. un grand parapluie ; b. un gros pull en laine ; c. mon imperméable gris ; d. mon nouveau bonnet ; e. mes bottes neuves ; f. un pantalon épais ; g. des gants chauds ; h. une grande écharpe.

**98.** a. J'ai perdu ma nouvelle montre. – b. Ils cherchent une grande ferme en Bretagne. – c. Anita voudrait passer des vacances différentes. – d. Elle a retrouvé une vieille amie. – e. Dans mon village natal il y a des rues anciennes. – f. Donnez-moi un gros melon et quatre pêches sucrées. – g. J'ai rencontré une belle fille suédoise. – h. Tu préfères une tarte salée ou une salade niçoise/une salade niçoise ou une tarte salée ?

**99.** a. une belle théière japonaise ; b. les timbres internationaux rares ; c. une grande plante verte ; d. les chansons traditionnelles irlandaises ; e. une petite écharpe thaïlandaise ; f. musique indienne sacrée ; g. une salade grecque normale ; h. le vieil antiquaire italien.

**100.** a. une nouvelle prof amusante ; b. une vieille voiture blanche ; c. une grande romancière française ; d. une petite peinture remarquable ; e. un restaurant parisien étoilé ; f. une jolie table ronde ; une entreprise commerciale internationale ; h. deux gros poissons rouges.

**101.** a. aux derniers mails urgents ; b. les divers messages enregistrés ; c. les nouvelles imprimantes coréennes ; d. aux nombreux appels téléphoniques ; e. un bon petit café ; f. les gros colis postaux ; h. les anciennes factures payées

# Bilan 3

**1.** a. une belle cravate bleue ; b. le dernier CD ; c. une chemise rouge confortable ; d. gants fourrés ; e. mains froides ; f. longue robe de chambre ; g. chaussons chauds ; h. nouveau prix Goncourt ; i. parapluie pliant ; j. semaine dernière ; k. une grande boîte de peintures ;
l. des jolies bottes noires ; m. une grosse boîte ; n. petite trottinette verte ; o. grosse surprise superbe.

**2.** a. chère ; b. petit ; c. plus beau ; d. roux ; e. clair ; f. chaud ; g. glacial ; h. premières ; i. nouvel ; j. vieille ; k. familiale ; l. longue ; m. énorme ; n. bonne ; o. vieille.

Corrigés

# 1. Le nom

**1.** Masculin : a, b, c, g, i et j.

**2.** M : b, c, f, g, i, j, k et n. – F : a, d, e, h, l, m et o.

**3.** Masculins : pantalon, pull, sweatshirt, manteau, blouson, costume, gant, tee-shirt, foulard, jean. – Féminins : chaussette, jupe, chaussure, basket, chemise, casquette, veste, robe, cravate, écharpe, botte.

**4.** a. le ; b. la, c. le ; d. le ; e. la ; f. le ; g. le ; h. la ; i. le.

**5.** a. le ; b. la ; c. le ; d. la ; e. le ; f. la ; g. la ; h. le.

**6.** Féminin : radio, station, publicité, revue, chaîne, émission.

**7.** M : a, d, e, f, g et i – F : b, c, h et j.

**8.** a. le ; b. le ; c. la ; d. la ; e. le ; f. le ; g. la ; h. la.

**9.** Féminins : a. Islande, Belgique ; b. Inde-Indonésie ; c. Norvège, Suède ; d. Chine, Thaïlande ; e. Espagne, Italie ; f. Bolivie, Argentine ; g. Grèce, Suisse ; h. Colombie, Bolivie.

**10.** a. un Italien / une Italienne ; b. un Belge / une Belge ; c. un Espagnol / une Espagnole ; d. un Suisse / une Suissesse ; e. un Portugais / une Portugaise ; f. Un Grec / une Grecque ; g. un Suédois / une Suédoise ; h. un Danois / une Danoise ; i. un Allemand / une Allemande ; j. un Norvégien / une Norvégienne.

**11.** a. Non, mais je connais un Chinois et une Chinoise. – b. Non, mais je connais un Indien et une Indienne. – c. Non, mais je connais un Indien et une Indienne. – c. Non, mais je connais un Cambodgien et une Cambodgienne. – d. Non, mais je connais un Japonais et une Japonaise. – e. Non, mais je connais un Péruvien et une Péruvienne. – f. Non, mais je connais un Mexicain et une Mexicaine. – g. Non, mais je connais un Chilien et une Chilienne. – h. Non mais je connais un Bolivien et une Bolivienne.

**12.** a. une charcutière ; b. une pharmacienne ; c. une poissonnière ; d. une informaticienne ; e. une crémière ; f. une comédienne ; g. une électricienne ; h. une musicienne.

**13.** a. Il est serveur. – b. Il est danseur. – c. Il est chanteur. – d. Il est instituteur. – e. Il est vendeur. – f. Il est directeur. – g. Il est acteur. – h. Il est restaurateur.

**14.** a. C'est une agricultrice. – **b.** C'est une aviatrice. – c. C'est une traductrice. – d. C'est une ambassadrice. – e. C'est une skieuse. – f. C'est une programmeuse. – g. C'est une basketteuse. – h. C'est une nageuse.

**15.** a. formatrice ; b. marchand ; c. laborantin ; d. agriculteur ; e. avocate ; f. employée ; g. commerçant ; h. représentante.

**16.** infirmier, pâtissier, mécanicien, confiseur, banquier, assistant, chercheur.

**17.** un chat / une chatte ; un chien / une chienne ; un coq / une poule ; un cochon / une truie ; un taureau / une vache.

**18.** a. le jumeau ; b. un héros ; c. le prince ; d. le roi ; e. le duc ; f. le veuf ; g. le fugitif ; h. l'hôte.

**19.** a. C'est une bouchère timide. – b. C'est une auteure/autrice belge. – c. C'est une fermière énergique. – d. C'est une professeure sévère. – e. C'est une peintre médiocre. – f. C'est une animatrice dynamique. – g. C'est une médecin / une femme médecin antipathique. – h. C'est une technicienne extraordinaire.

**20.** les vacances – les toilettes – les gens– les ciseaux.

**21.** Mots corrects : a. La femme ; b. Les beaux gosses ; c. Les enfants ; d. La famille ; e. Les frères ; f. Les bronzés ; g. Le grand bain ; h. Les visiteurs.

**22.** a. 3 et 4 ; b. 1 et 7 ; c. 5 et 9 ; d. 2, 6 et 8.

**23.** a. un taureau ; b. un feu ; c. un vœu ; d. bleu ; e. un bijou ; f. un chameau ; g. un cheveu ; h. un rideau.

**24.** a. des jumeaux ; b. des chapeaux ; c. des manteaux ; d. des carreaux ; e. des eaux ;

f. des gâteaux ; g. des jeux ; h. des neveux.

**25.** a. des genoux ; b. des cous ; c. des bijoux ; d. des clous ; e. des choux ; f. des fous ; g. des trous ; h. des hiboux.

**26.** a. un bateau ; b. un bocal ; c. un tableau ; d. un vitrail ; e. un travail ; f. un gâteau ; g. un mal ; h. un corail.

**27.** a. festivals ; b. hôpitaux ; c. animaux ; d. carnavals ; e. maux ; f. récitals ; g. capitaux ; h. bals.

**28.** a. souris ; b. riz, croix, roux ; c. nez, pays ; d. ours ; e. noix, prix ; f. os ; g. poids ; h. chinois.

**29.** a. des yeux ; b. mesdemoiselles ; c. messieurs ; d. mesdames ; e. des gentilshommes ; f. des œufs ; g. des bonshommes ; h. des bœufs.

**30.** a. animaux ; b. jeux ; c. yeux ; d. carnavals ; e. travaux ; f. autobus ; g. oiseaux ; h. chambres.

**31.** a. bals ; b. vitraux ; c. choux, poireaux ; d. chevaux ; e. tableaux ; f. cheveux ; g. ciseaux ; h. hameaux.

## Bilan 1

**1.** a. les mercredis ; b. les parcs d'attractions ; c. le zoo ; d. les enfants ; e. les animaux ; f. les oiseaux ; g. les hiboux ; h. des yeux ; i. les kangourous ; j. des sauts amusants ; k. les lions ; l. les éléphants ; m. le cou ; n. des girafes ; o. les dromadaires ; p. les chameaux.

**2.** a. les ans ; b. le carnaval ; c. les magasins ; d. un masque ; e. des fêtes ; f. un costume ; g. une soirée ; h. des agences spécialisées ; i. des déguisements ; j. les messieurs ; k. des magiciens ; l. des chevaliers ; m. des généraux ; n. des fous ; o. des sultans ; p. les dames ; q. une princesse ; r. une Indienne ; s. une sorcière ; t. une duchesse ; u. une infirmière ; v. de marquise ; w. les bottines roses ; x. les rubans ; y. des bottes noires ; z. deux grandes dents terribles.

# 2. Les déterminants

**32.** Formes correctes : a. un chalet ; b. un logement ; c. une auberge ; d. un trois-pièces ; e. un duplex ; f. un lotissement ; g. une villa ; h. un loft.

**33.** a. des ; b. un ; c. des ; d. une ; e. une ; f. un ; g. des ; h. des.

**34.** b-8 ; c-1 ; d-2 ; e-7 ; f-3 ; g-4 ; h-6, i-9.

**35.** a. des ; b. une, un ; c. un ; d. des ; e. un ; f. une ; g. un ; h. une, des.

**36.** a. la ; b. le ; c. la ; d. le ; e. le ; f. la ; g. le ; h. la.

**37.** a. 2, 8 et 9 ; b. 4 et 6 ; c. 1, 3, 5 et 7.

**38.** a. l' ; b. la ; c. l' ; d. la ; e. le ; f. le ; g. l' ; h. l'.

**39.** a. l' ; b. le ; c. la ; d. le ; e. l' ; f. la ; g. le ; h. la.

**40.** Articles corrects : a. l' ; b. la ; c. le / la ; d. la ; e. l' ; f. le - l' ; g. la ; h. l'.

**41.** a. On aime le champion national. – b. Ma mère regarde le dernier jeu. – c. Elle préfère la piscine olympique. – d. Regarde le cheval noir. – e. On admire le footballeur européen. – f. Hugo aime le drapeau régional. – g. On encourage l'équipe féminine. – h. Tu connais la skieuse suisse ?

**42.** a. le, l', la ; b. la ; c. les ; d. les ; e. la ; f. la ; g. les ; h. le, les.

**43.** a. le ; b. un ; c. le ; d. un ; e. un ; f. l' ; g. le ; h. un.

**44.** a. des, les ; b. un, le ; c. l', un ; d. l', une ; e. un, le ; f. un, le ; g. la, un ; h. un, la.

**45.** a. la, un ; b. l', le ; c. un, la ; d. une, le ; e. l' ; f. le, la ; g. l', la ; un, la.

**46.** a. un, le ; le, l' ; c. une, le ; d. un, la ; e. l', un ; f. la, des ; g. l' ; h. les, le.

**47.** a. un ; un ; b. des ; c. la ; d. le ; e. les ; f. des ; g. les ; h. une.

**48.** a. un ; b. un ; c. le ; d. le, le ; e. la, le ; f. un, une, un ; g. le ; h. l'.

**49.** a. les ; b. le ; c. les ; le ; d. la, la ; e. la, l' ; f. un ; g. la, la ; h. le, l'.

**50.** a. du ; b. de la ; c. du ; d. de l' ; e. de la ; f. de la ; g. du ; h. de l' ; i. de l'.

**51.** a. de la ; b. du ; c. de la ; d. de l' ; e. de la ; f. du ; g. du ; h. de la

**52.** a. du, le ; b. du, du, de la ; c. le, du ; d. une, la ; e. une ; f. une, de la, de la ; g. le, du.

**53.** a. du ; b. du ; c. de l'; d. de la ; e. du ; f. de la ; g. de la ; h. de l' ; i. de la.

**54.** Articles corrects : a. du ; b. de la ; c. du ; d. de l' ; e. du ; f. de la ; g. du ; h. du

**55.** Phrases possibles : a. Donnez-nous des fruits de mer. b. Voulez-vous de la soupe. – c. Je voudrais de la charcuterie. – d. Je voudrais de l'eau. – e. On boit du café ? – f. Prenez donc des crudités. – g. Donnez-moi du poisson. – h. On voudrait du vin blanc.

**56.** *Il faudrait des yaourts*, du fromage, de la crème fraîche, des petits pois, du jambon, des pommes, de la confiture, du café, du sucre et du pain.

**57.** *Il faut du lait*, de la farine, des œufs, du sucre en poudre, du beurre et du Rhum.

**58.** a. Non, je n'écoute pas/ nous n'écoutons pas de musique classique. – b. Non, elle ne joue pas de violoncelle. – c. Non, je ne veux pas de pain. – d. Non, je n'ai pas de travail ce soir. – e. Non, je ne prends pas d'argent. – f. Non, elle ne fait pas de ski. – g. Non, je n'ai pas de monnaie. – h. Non, elle ne fait pas de voile aujourd'hui.

**59.** a. Non, nous ne mangeons pas de glaces. – b. Non, je n'aime pas les pâtes. – c. Non, je ne veux pas de soupe à l'oignon. – d. Non, elle n'aime pas le potage aux légumes. – e. Non, il ne mange pas de poisson. – f. Non, ils ne prennent pas d'escargots. – g. Non, nous n'aimons pas les huîtres. – h. Non, je ne reprends pas de carpaccio.

**60.** b-8 ; c-6 ; d-2 ; e-9 ; f-1 ; g-3 ; h-5 ; i-7.

**61.** Phrases possibles : a. Julien aime le porc ? – b. Ta mère achète des bonbons ? – c. Alice aime la crème chantilly ? – d. Tu manges du beurre ? – e. Vous buvez du whisky ? – f. Tu manges des haricots ? – g. Tes amis veulent du cidre ? – h. Élise aime le fromage ?

**62.** a. des, un, du /le ; b. de la, un, d', du, de la.– c. le, le/du, des, une. – d. un, un, l'. – f. de l', d', de la. – g. un, les, un. – h. un, d', de.

**63.** a. l', de ; b. les, les, les, de. – c. un, une. – d. le, des. – e. des, de la, du, de. – f. l', un, une. – g. la, de la, le. – h. le, du, le/du, de, de.

**64.** a. l', de la, de l', L', du, de. – b. la, de la, du, la, les. – c. l', le, des, une, l', des. – d. le, le, la, les, un, d'. – e. la, de, une, du, des. – f. le, les, la, la, un, une, la. – g. Le, les, de, un, les. – h. les, un, l', la, les, les. – i. de, de la, du, des, un, de la, de la.

**65.** a. 4 et 7 ; b. 2 et 8 ; c. 3, 5 et 6.

**66.** a. ces ; b. cet ; c. cette ; d. ces ; e. ces ; f. cette ; g. cette ; h. ces.

**67.** Mots corrects : a. ce ; b. cet ; c. cet ; d. cette ; e. cette ; f. cette ; g. ce ; h. ce ; i. cette.

**68.** a. cet ; b. ce ; c. ces ; d. cette, ces ; e. ces ; f. ces ; g. ces ; h. cette.

**69.** Je vais prendre a. cette ceinture en cuir ; b. ce pantalon en lin ; c. cette paire de boucles d'oreilles ; d. cet anneau en argent ; e. ces bottes noires ; f. cet élégant chemisier ; g. ce foulard en coton ; h. cette montre en acier.

**70.** a. mon ; b. ma ; c. ma ; d. ma ; e. mes ; f. mon, g. mon ; h. ma.

**71.** a. ma ; b. mon, c. mon ; d. mon ; e. ma ; f. mon ; g. mon ; h. ma.

**72.** a. ton/tes ; b. ton ; c. tes ; d. ta ; e. ton ; f. tes ; g. ton ; h. tes.

**73.** a. votre ; b. votre ; c. vos ; d. notre ; e. nos ; f. notre ; g. vos ; h. nos.

**74.** a. C'est sa moto. – b. C'est leur voiture. – c. Ce sont ses tickets de métro. – d. C'est leur minibus. – e. Ce sont leurs billets d'avion. – f. C'est leur train. – g. C'est son vélo. – h. C'est sa trottinette.

**75.** a. leurs, leur ; b. leur ; c. leurs ; d. leurs ; f. leur ; g. leur ; h. leurs.

**76. A.** a. ses ; b. son ; c. ses ; d. son. – **B.** a. leur ; b. son ; c. ses ; d. leurs ; e. leur ; f. leurs.

**77.** Dans leur collège, elles étudient le japonais. Elles adorent leur professeur mais elles ne font pas toujours leurs exercices ; alors leurs résultats ne sont pas très bons. Leur mère est plutôt sévère et elle interdit à Charlotte et Pauline de voir leurs amies le mercredi. Charlotte et Pauline passent donc leur jour de repos à faire la tête, sans ouvrir leur livre de japonais.

**78.** a. son ; b. mes ; c. mon ; d. mes ; e. leur ; f. mon ; g. notre ; h. ton ; i. mon/notre ; j. ton ; k. son ; l. tes.

**79.** a. tous ; b. tout ; c. toute ; d. tous ; e. toute ; f. toutes ; g. toutes ; h. tout ; i. tous.

**80.** a. quelques ; b. chaque ; c. quelques ; d. quelques ; e. chaque ; f. quelques ; g. chaque ; h. quelques.

**81.** a. chaque, chaque ; b. tous ; c. toutes, chaque ; d. quelques, quelques ; f. tous ; g. quelques ; h. tous, toutes.

## Bilan 2

**1.** a. notre ; b. une ; c. nos/des ; d. une ; e. ta ; f. ma ; g. mes ; h. le ; i. votre/cette ; j. la ; k. le ; l. un ; m. un ; n. un ; o. ton ; p. un ; q. le ; r. ce ; s. les ; t. votre ; u. les ; v. votre ; w. le/mon ; x. cet

**2.** a. un ; b. le ; c. des ; d. des ; e. un ; f. un ; g. la ; h. de ; i. de ; j. l' ; k. l' ; l. ses ; m. vos

# 3. L'adjectif qualificatif

**82.** petite, noire, souriante, courte, originale, lourde, laide.

**83.** a. poli ; b. blessée ; c. matinale ; d. portugais ; e. élégant ; f. vraie ; g. bavard ; h. joli.

**84.** a. européenne ; b. étrangère ; c. menteuse ; d. naturelle ; e. ancienne ; f. active ; f. merveilleuse ; h. conservatrice.

**85.** Adjectifs corrects : a. petit ; b. première ; c. long ; d. syrienne ; e. buissonnière ; f. cher ; g. pressé ; h. espagnole.

**86.** Elle est : b, e, f, g et l. – Il est : a, c, d et h.

**87.** a. nouveau ; b. sèche ; c. blanche ; d. jaloux ; e. fraîche ; f. belle ; g. neuve ; h. vieille.

**88. H :** a, e, f et h. – **F :** b, c, d et g.

**89.** a. bel ; b. royale ; c. vieil ; d. marseillaise ; e. bel ; f. premier ; g. fol ; h. nouvel

**90.** a. heureux ; b. français, bas ; c. nerveux, gras ; d. courageux ; e. doux, malheureux ; f. vieux, généreux ; g. mauvais, jaloux ; h. gris, faux.

**91.** a. petites, intelligentes ; b. longs, tristes ; c. faux ; d. beaux, crémeux ; e. noires, élégantes ; f. magnifiques, colorés ; g. grosses, verts ; h. blonds, courts.

**92.** a. internationaux ; b. navals ; c. radicaux ; d. normaux ; e. principaux ; f. banals ; g. originaux ; h. spéciaux.

**93.** a. marron ; b. blanches ; c. orange ; d. vertes, bleues ; e. roses, violettes ; f. noires ; g. rouges, or ; h. kaki, grises.

**94.** a. aînée ; b. vieilles ; c. varié ; d. succulents ; e. délicieuse ; f. niçoise ; g. noires ; h. fraîches ; i. naturelle ; j. grosse ; k. italiennes ; l. blanches ; m. verts ; n. orange ; o. nouvelle ; p. imprévus ; q. merveilleuse.

**95.** a. 4, 5 et 9 ; b.-1/2/9 ; c. 3 ; d. 6, 7 et 8.

**96.** a. africaines ; b. chinoise, italiennes ; c. indienne ; d. écossais, polonaise ;

e. turques ; f. japonaises ; g. indonésiennes ; h. grecques.

**97.** a. un grand parapluie ; b. un gros pull en laine ; c. mon imperméable gris ; d. mon nouveau bonnet ; e. mes bottes neuves ; f. un pantalon épais ; g. des gants chauds ; h. une grande écharpe.

**98.** a. J'ai perdu ma nouvelle montre. – b. Ils cherchent une grande ferme en Bretagne. – c. Anita voudrait passer des vacances différentes. – d. Elle a retrouvé une vieille amie. – e. Dans mon village natal il y a des rues anciennes. – f. Donnez-moi un gros melon et quatre pêches sucrées. – g. J'ai rencontré une belle fille suédoise. – h. Tu préfères une tarte salée ou une salade niçoise/une salade niçoise ou une tarte salée ?

**99.** a. une belle théière japonaise ; b. les timbres internationaux rares ; c. une grande plante verte ; d. les chansons traditionnelles irlandaises ; e. une petite écharpe thaïlandaise ; f. musique indienne sacrée ; g. une salade grecque normale ; h. le vieil antiquaire italien.

**100.** a. une nouvelle prof amusante ; b. une vieille voiture blanche ; c. une grande romancière française ; d. une petite peinture remarquable ; e. un restaurant parisien étoilé ; f. une jolie table ronde ; une entreprise commerciale internationale ; h. deux gros poissons rouges.

**101.** a. aux derniers mails urgents ; b. les divers messages enregistrés ; c. les nouvelles imprimantes coréennes ; d. aux nombreux appels téléphoniques ; e. un bon petit café ; f. les gros colis postaux ; h. les anciennes factures payées

# Bilan 3

**1.** a. une belle cravate bleue ; b. le dernier CD ; c. une chemise rouge confortable ; d. gants fourrés ; e. mains froides ; f. longue robe de chambre ; g. chaussons chauds ; h. nouveau prix Goncourt ; i. parapluie pliant ; j. semaine dernière ; k. une grande boîte de peintures ;
l. des jolies bottes noires ; m. une grosse boîte ; n. petite trottinette verte ; o. grosse surprise superbe.

**2.** a. chère ; b. petit ; c. plus beau ; d. roux ; e. clair ; f. chaud ; g. glacial ; h. premières ; i. nouvel ; j. vieille ; k. familiale ; l. longue ; m. énorme ; n. bonne ; o. vieille.

# 4. Les pronoms

**102.** Pronoms corrects : a. J' ; b. J' ; c. Tu ; d. Je ; e. Tu ; f. Je ; g. Tu ; h. J'.

**103.** Formes correctes : a. visites ; b. habite ; c. adore ; d. loges ; e. monte ; f. achètes ; g. loue ; h. déménages.

**104.** a. Il ; il – b. Elle ; elle – c. Elle ; elle – d. Elle ; elle – e. Elle ; elle – f. Elle ; elle – g. Il ; il – h. Il ; il.

**105.** a. 1 et 3 ; b. 12 ; c. 2 ; d. 1 et 3 ; e. 1 et 3 ; f. 2 et 3 ; g. 1 et 3 ; h. 3.

**106.** b-6 ; c-1 ; d-8 ; e-5 ; f-7 ; g-2 ; h-4.

**107.** a. Tu joues dans une équipe de football ? – b. Tu pratiques un sport ? – c. Tu as une piscine ? – d. Tu es sportif ? – e. Tu assistes à un match de tennis ? – f. Tu aimes la boxe ? – g. Tu participes à une compétition ? – h. Tu montes à cheval ?

**108.** a. Vous assistez au spectacle ce soir ? – b. Vous écoutez le concert de Zaz ? – c. Vous visitez l'exposition de Matisse avec moi ? – d. Vous aimez les pièces de théâtre de Molière ? – e. Vous regardez le film à la télévision ? – f. Vous adorez les boîtes de jazz ? – g. Vous détestez l'opéra ? – h. Vous avez rendez-vous au cinéma ?

**109.** a. Vous ; b. Tu ; c. Tu ; d. Vous ; e. Tu ; f. Vous ; g. Vous h. Tu.

**110.** Pronoms corrects : a. Je ; b. nous ; c. On ; d. On ; e. Je ; f. Nous ; g. Nous ; h. On.

**111.** a. On ; b. On ; c. Nous ; d. Nous ; e. On ; f. On ; g. Nous ; h. Nous.

**112.** b-3 ; c-5 ; d-3/4 ; e-3/4 ; f-1 ; g-8 ; h-6/7.

**113.** a. 3 ; b. 1 ; c. 1 ; d. 4 ; e. 2 ; f. 3 ; g. 2 ; h. 1.

**114.** a. profitent ; b. goûtez ; c. visitent ; d. sommes ; e. restons ; f. avez ; g. partent ; h. passent.

**115.** a. Moi ; b. vous ; c. Lui ; d. Eux ; e. Nous ; f. Elles ; g. Eux ; h. Toi.

**116.** a. elle ; b. elles ; c. lui ; d. eux ; e. elle ; f. eux ; g. lui.

**117.** a. Moi ; b. Eux ; c. Toi ; d. Elle ; e. Nous ; f. Lui ; g. Elles ; h. Eux.

**118.** a. elles ; b. elle ; c. eux ; d. lui ; e. eux ; f. lui ; g. moi ; h. nous.

**119.** a. Oui, nous déjeunons avec elle. – b. Oui, elle fait ce tableau pour eux. – c. Oui, je suis assis à côté de lui. – d. Oui, j'ai choisi ce disque pour lui. – e. Oui, elle marche devant elles. – f. Oui, mon mari est près de moi. – g. Oui, vous dînerez sans nous. – h. Oui, ils ne sont pas d'accord avec vous.

**120.** b-1/5 ; c-3 ; d-4 ; e-1/5 ; f-4 ; g-2/4 ; h-1.

**121.** a. … qu'eux. – b. … qu'elles. – c. … qu'elles. – d. …que lui. – e. …qu'elle. – f. … que nous. – g. …que lui. – h. que vous.

**122.** a. me ; b. vous ; c. te ; d. nous/vous ; e. me/nous ; f. t' ; g. me ; h. m'.

**123.** a. l' ; b. la ; c. le ; d. les ; e. l' ; f. le ; g. la ; h. les.

**124.** b-8 ; c-6 ; d-2 ; e-5 ; f-1 ; g-3 ; h-4.

**125.** a. le ; b. l' ; c. l' ; d. les ; e. la ; f. la ; g. les ; h. l'.

**126.** b-2/3 ; c-1/3 ; d-4, e-2/3 ; f-4 ; g-1/3 ; h-2.

**127.** a. Oui, je les utilise souvent. – b. Oui, elle les fait en ligne. – c. Oui, je le prends. – d. Oui, on l'allume. – e. Oui, il les télécharge. – f. Oui, ils les piratent. – g. Oui, je la scanne. – h. Oui, nous le connaissons.

**128.** a. Nous les faisons avant de partir. – b. Je la vide. – c. Ma femme l'arrose. – d. Les enfants les retrouvent. – e. On la range un peu. – f. De temps en temps, ma femme l'invite à déjeuner. – g. L'après-midi, on la fait dehors s'il fait beau. – h. Le soir, on les reçoit. –

**129.** a. Vous prenez le train à la gare de Lyon ? – b. Elle achète son billet à la gare ? – c. Elle lit le journal ? – d. Vous écoutez les informations ? – e. Il prend la voiture ? – f. Vous voyez vos parents souvent ? – g. Vous prenez le tram souvent ? – h. Vous rencontrez cet homme tous les jours ?

**130.** a. l' ; b. les ; c. vous ; d. te ; e. la ; f. le ; g. nous ; h. me.

**131.** a. Il ne les connaît pas. – b. Nous ne la trouvons pas jolie. – c. Vous ne l'aimez pas beaucoup. – d. Tu ne me reconnais pas. e. Pourquoi elle ne m'écoute pas. – f. Je ne le vois jamais le week-end. – g. La mère de Max ne nous accompagne pas. – h. Tu ne nous appelles plus le dimanche.

**132.** b-1 ; c. 2 ; d-7 ; e-3 ; f-8 ; g-4 ; h-6.

**133.** a. Oui, il sait l'utiliser. – b. Non, je ne dois pas l'envoyer. – c. Oui, ils veulent l'essayer. – d. Oui, tu dois le lire. – e. Non, je ne sais pas/ nous ne savons pas le conduire. – f. Non, je ne peux pas la prendre. – g. Oui, il veut le vendre. – h. Oui, je peux /nous pouvons la commander.

**134.** a. Non, il ne le voudra pas. – b. Non, je ne le sais pas/ nous ne le savons pas. – c. Oui, je le pense. – d. Oui, je le crois. – e. non, ils ne le veulent pas. – f. Oui, je le crois/ nous le croyons. – g. Non, je ne le sais pas. – h. Non, je ne le sais pas/nous ne le savons pas.

**135.** a. les ; b. -les ; c. les ; d. les ; e. l' ; f. me ; g. -moi ; h. t'.

**136.** b-2 ; c-1 ; d-5 ; e-6 ; f-3/7 ; g-4 ; h-6.

**137.** a. Oui, elle peut le demander. – b. Non, tu ne pourras pas le dire. – c. Oui, je peux/ nous pouvons le préciser. – d. Oui, je vais/ nous allons le répéter. – e. Oui, je peux/nous pouvons l'assurer. – f. Oui, je dois le dire. – g. Non, je ne veux pas/nous ne voulons pas l'ajouter. – h. Oui, je veux/nous voulons le savoir.

**138.** a. Ne vous regardez pas ! – b. Interroge-toi ! – c. Crois-la ! – d. Remercie-moi ! – e. Ne les invitez pas ! – f. Ne m'écoute pas ! – g. Ne nous punissez pas ! – h. Ne te présente pas !

**139.** a. me ; b. te ; c. m' ; d. me ; e. te ; f. m' ; g. t' ; h. me.

**140.** a. D'accord, je te donne de ses nouvelles. – b. Non, tu ne m'envoies pas ce colis par la poste. – c. Oui, vous me donnez votre nouvelle adresse. – d. Non, vous ne nous posez pas les questions en anglais. – e. Oui, nous vous rendons visite. – f. Oui, tu nous plais avec cette robe. – g. Non, je ne vous rends pas service. h. Non, tu ne m'empruntes pas ce CD.

**141.** a. Je lui raconterai – b. ils lui rendent visite – c. Elle lui envoie ; préfère lui passer – d. Mes parents leur répètent – e. Vous lui dites – f. Tu lui fais signe ; tu ne lui souris jamais – g. Je leur offre – h. je leur ai donné.

**142.** Je lui : a, b, c, g et h. – Je leur : d, e et f.

**143.** b. 1 ; c. 1 et 2 ; d. 1 et 3 ; e. 1 et 2 ; f. 1 et 3 ; g. 1 ; h. 1 et 3.

**144.** a. leur ; b. leur ; c. lui ; d. leur, e. leur ; f. lui ; g. leur ; h. lui.

**145.** a. me ; b. lui ; c. vous ; d. leur ; e. lui ; f. lui ; g. nous ; h. te.

**146.** a. Non, je ne lui parle pas sur Skype. – b. Non, vous ne leur écrivez pas de mot. – c. Non, tu ne nous expliques pas le problème. – d. Non, il ne nous raconte pas ses vacances sur son blog. – e. Non, Alex ne lui demande pas son adresse électronique. – f. Non, je ne te chante pas de chanson. – g. Non, nous ne leur laissons pas de message. – h. Non, Paul ne me donne pas son mot de passe.

**147.** a. Tu ressembles à tes frères ? – b. Tes parents achèteront des chocolats aux enfants ? – c. Nous ne faisons pas mal à Sandra ? – d. On ne laisse pas de pourboire au serveur ? – e. Je t'apprends l'espagnol ? – f. Tu me montres ton exercice ? – g. Il ne nous rend pas nos livres ? – h. Ton enfant te manque ?

**148.** a. Tu ne m'as pas montré la direction sur la carte. – b. Tu ne lui as pas commandé une pizza ? – c. Vous ne nous avez pas dit bonjour. – d. Tu ne leur as pas écrit. e. Je ne vous ai pas téléphoné. – f. On ne m'a pas expliqué. – g. Il ne nous a pas prêté sa voiture. – h. Les enfants ne t'ont pas fait confiance.

**149.** a. Vous devez nous écrire. – b. Vous devez m'offrir une glace. – c. Tu dois m'apprendre. – d. Vous devez nous dire ce qui est arrivé. – e. Tu dois lui donner une chance. – f. Vous devez me demander la permission de sortir. – g. Tu dois nous obéir davantage. – h. Nous devons leur expliquer le trajet.

**150.** a. Non, il ne voudrait pas leur échapper. – b. Non, Ils n'aimeraient pas lui plaire. – c. Non, je ne pourrai pas lui pardonner. – d. Non, nous n'allons pas leur permettre de vendre la maison. – e. Non, vous n'allez pas lui acheter un appartement. – f. Non, je ne vais pas lui mentir longtemps. – g. Non, tu ne peux pas me montrer les photos. – h. Non, elle ne veut pas nous parler.

**151.** a. -lui ; b. me ; c. -toi ; d. nous ; e. m' ; f. leur ; g. -moi ; h. -nous.

**152.** a. Ne leur rendez pas la monnaie. – b. Ne me prêtez pas 200 euros. – c. Demandez-leur de signer le chèque. – d. Ne lui emprunte pas d'argent. – e. Ne nous dis pas de retirer de l'argent au distributeur. – f. Demande-moi de payer en espèces. – g. Ne me montrez pas votre carte bancaire. – h. Expliquez-nous comment remplir un chèque.

**153.** b-2 ; c-1 ; d-3 ; e-2 ; f-1 ; g-3 ; h-2.

**154.** a. Oui, j'en porterai une à la soirée. – b. Oui, les étudiants en ont un. – c. Oui, j'en ai un. – d. Oui, il y en a. – e. Non, ils n'en ont pas. – f. Non, merci je n'en veux pas. – g. Non, je n'en ai pris. – h. oui, elle en porte.

**155.** a. Vous n'en avez pas pris. – b. Il n'y en a pas. – c. Elle en a acheté une. – d. N'en buvez pas. – e. Prenez-en une. – f. Je voudrais en manger un. – g. Il ne veut pas en faire. – h. Vous n'allez pas en porter.

**156.** a. du beurre ; b. des céréales ; c. du lait ; d. de la confiture ; e. des légumes ; f. de la moutarde. g. de l'huile d'olive. h. de l'eau froide.

**157.** a. Oui, nous allons en cuisiner. – b. Non, je n'en ai pas. – c. Oui, elle en a pris. – d. Non, il n'en reste plus. – e. Non, ils n'en ont pas acheté. – f. Oui, elle en a. – g. Non, je ne voudrais pas en mettre. – h. Oui, nous en prenons au supermarché.

**158.** a. Oui, mes amis y louent... – b. Oui, Clara y habite. – c. Oui, ils y restent... – d. Oui, nous y skions. – e. Oui, mon amie y part. – f. Oui, les enfants y sont. – g. Oui, mes parents y campent. – h. Oui, je m'y arrête.

**159.** a. Oui, elle y est. – b. Oui, ces adolescents y font leurs études. – c. D'accord, on s'y retrouve. – d. Non, je n'y passe pas... – e. Non, je n'y vais pas. – f. Oui, Camille s'y promène. – g. D'accord, on y déjeune à midi. – h. Non, je n'y travaille pas/nous n'y travaillons pas.

**160.** a. (sur les bords de Seine) Oui, ils peuvent s'y promener... – b. (à Versailles) Non, ils ne veulent pas y aller... – c. (dans le sud de la France) Oui, il faut y habiter... – d. (en Bretagne) Non, ils ne vont pas y passer leurs vacances. – e. (dans ce musée) Oui, il peut y retourner... – f. (dans le parking) Non, ils ne peuvent pas s'y garer. – g. (au marché aux fleurs) Oui, ils préfèrent y passer plus de temps. – h. (devant l'hôtel Negresco) Oui, ils doivent s'y arrêter...

**161.** a. Oui, j'en sors. – b. Oui, il en part de bonne heure. – c. Oui, elle en vient. – d. Oui ils en rentrent à 16 heures. – e. Oui, nous en arrivons. – f. Oui, nous en revenons. – g. Oui, il en sort. – h. Oui, ils en reviennent.

**162.** a. Ils arrivent de l'école ? – b. À quelle heure sortent-elles du travail ? – c. Vous revenez du Mexique ? – d. Quand partez-vous de Paris ? – e. A quelle heure rentres-tu de la piscine ? – f. Je viens de la faculté dans la soirée ? – g. Vous sortez de vos cours à 11 heures ? – h. Comment ressort-elle de la clinique ?

**163.** a. Je préfère en partir maintenant. – b. Ils ne veulent pas en sortir. – c. Nous devons en ressortir tout de suite. – d. Il ne faut pas en repartir. – e. Vous pouvez en revenir plus tard. – f. On ne va pas en partir demain. – g. Marie ne sait pas en sortir. – h. J'aimerais en partir.

**164.** a. en ; b. y ; c. y ; d. y ; e. en ; f. y ; g. y ; h. y.

**165.** a. y ; b. -y ; c. -en ; d. y ; e. -y ; f. y ; g. en ; h. -y.

**166.** a. 3 ; b. 2 ; c. 1 ; d. 2 et 3 ; e. 2 et 3 ; f. 2 ; g. 1 ; h. 1 et 3.

**167.** b-5 ; c-6 ; d-2 ; e-1 ; f-4 ; g-8 ; h-7.

**168.** a. 2 ; b. 2 ; c. 3 ; d. 3 ; e. 3 ; f. 1 ; g. 3 ; h. 2.

**169.** b-6 ; c-5 ; d-2 ; e-7 ; f-3 ; g-1 ; h-8.

**170.** a. Tu en as loué une. – b. Il faut les déménager. – c. Ne les préviens pas. – d. Tu viens d'y emménager. – e. Tu lui as demandé le montant du loyer. – f. Vous l'avez visité avec vos enfants. – g. Si tu cherches un logement appelle-la. – h. Je voudrais en acheter.

**171.** a. Oui, j'en ai acheté un. – b. Non, je ne l'ai pas acheté… – c. Oui, nous en voulons une. – d. Non, nous ne la voulons pas. – e. Oui, il les fera… – f. Non, il n'en fera pas… – g. Non, il n'est pas sorti avec moi. – h. Oui, elle m'y accompagnera.

**172.** a. me ; -moi ; te – b. Toi ; Moi, j'en – c. m' ; me – d. lui ; lui ; le – e. Eux ; elles – f. lui ; -lui – g. leur – h. en ; y.

**173.** a. lui ; b. lui ; c. n'en ; d. d'en ; e. leur ; f. l' ; g. j'en ; une.

**174.** a. Elle voudrait lui parler. – b. Je vais en acheter. – c. Il n'a pas pu le visiter. – d. Elle ne devrait pas la fermer. – e. Nous préférons en acheter. – f. Il souhaite y aller. – g. On déteste le boire dans un gobelet.

**175.** a. la tienne ; b. la mienne ; c. le tien ; d. le mien ; e. la sienne ; f. la tienne ; g. la sienne ; h. le mien.

**176.** a. Non, ce n'est pas le sien. – b. Non, ce n'est pas la mienne. – c. Non, ce n'est pas la sienne. – d. Non, ce ne sont pas les miennes. – e. Non, ce n'est pas le tien. – f. Non, ce ne sont pas les tiens. – g. Non, ce ne sont pas les siens. – h. Non, ce n'est pas le mien.

**177.** a. C'est le nôtre. – b. C'est le leur. – c. C'est le vôtre. – d. C'est la leur. – e. C'est la vôtre. – f. C'est la nôtre. – g. C'est le vôtre. – h. C'est la vôtre.

**178.** a. 3 ; b. 2 ; c. 3 ; d. 2 ; e. 1 ; f. 1 ; g. 2 ; h. 3.

**179.** a. Oui, c'est le mien. – b. Non, ce n'est pas le sien. – c. Oui, ce sont bien les miennes. – d. Non, ce ne sont pas les leurs. – e. Oui, c'est bien le mien. – f. Non, ce n'est pas la leur. – g. Non, ce ne sont pas les tiens/les vôtres. – h. Oui, ce sont bien les miennes/les nôtres.

**180.** a. … que la mienne. – b. … que le leur. – c. … que le nôtre. – d. … que les vôtres. – e. … que les siens. – f. … que les tiennes. – g. … que dans le vôtre.

**181.** b-7 ; c-2 ; d-8 ; e-3 ; f-6 ; g-1 ; h-5.

**182.** a. Marion Cotillard est une actrice qui a joué dans le film sur Édith Piaf, La Môme. – b. Jean Paul Gaultier est un grand couturier qui crée de très belles robes. – c. Zaz est une chanteuse qui a connu son premier succès avec la chanson « Je veux ». – d. J. M. G. Le Clézio est un écrivain qui a obtenu le prix Nobel de littérature. – e. Daniel Pennac est un auteur qui écrit des romans à succès. – f. François Truffaut est un cinéaste qui a réalisé le film Les Quatre Cents Coups. – g. Ariane Mnouchkine est un metteur en scène qui travaille au Théâtre du Soleil. – h. Philippe Starck est un designer qui crée des meubles très modernes.

**183.** a. Va chercher les cadeaux. Ils sont sous le sapin. – b. On sort beaucoup le soir du 21 juin. Le 21 juin est la date de la fête de la Musique. – c. Paul part à la retraite. Il organise un pot de départ. – d. Mes enfants ont invité leurs copains. Ils étudient à la faculté. – e. Ma fille aura bientôt 15 ans. Elle veut faire une petite fête à la maison. – f. Le muguet du 1$^{er}$ Mai est une fleur. Elle porte bonheur toute l'année. – g. Nous passerons la nuit de la Saint-Sylvestre avec des amis. Ils viennent de Marseille. – h. Les invités ne peuvent pas venir. Ils ont écrit un texto.

**184.** a. … qui propose aussi ses programmes sur Internet. – b. … qui passe sur France 3 depuis des années. – c. … qui est le journal le plus suivi par les Français. – d. … qui traite des futures élections européennes. – e. … qui connaît un grand succès. – f. … qui se passait au xix$^e$ siècle en Angleterre ? – g. … qui se trouve sur la table basse. – h. ... qui annonce les bulletins de météo sur France 2 ?

**185.** a. Les handballeuses françaises ont gagné le championnat européen. On l'a suivi à a télé. – b. Les spectateurs ont vu le match de tennis. Roger Federer a gagné ce match à Paris. – c. Un joueur a frappé le ballon. J'ai reçu le ballon sur la tête. – d. L'équipe de France a battu un record. Nous ne pouvions pas imaginer ce record. – e. Les supporters ont chanté des chansons. On ne les connaissait pas. – f. Les adversaires ont marqué un but. L'arbitre a refusé ce but. – g. Les basketteurs ont remporté le match. J'ai trouvé très intéressant ce match. – h. Le commentateur sportif a annoncé la défaite du tennisman. Tu l'admires tant.

**186.** Pronoms corrects : a. qu' ; b. que ; c. qu' ; d. qu' ; e. qu' ; f. que ; g. qu' ; f. qu'.

**187.** a. Mathieu écoute un disque qu'il aime énormément. – b. Léa a acheté l'album posthume de Johnny Hallyday qu'elle va offrir à son frère. – c. On m'a offert un roman de Patrick Modiano que j'ai déjà lu. – d. Amélie Nothomb est une écrivaine que tu as rencontrée à une séance de signature à la Fnac. – e. Ma petite fille regarde des films d'animation qu'elle emprunte à la médiathèque de l'école. – f. Nous lisons régulièrement des magazines féminins qu'on nous prête. – g. Zoé, tu m'as rendu le C.D. que je t'ai demandé ? – h. Mes parents ont choisi une liseuse comme cadeau que je leur offrirai pour Noël.

**188.** a. Oui, ce sont des vêtements qu'ils achètent… – b. Non, ce n'est pas une cravate qu'il porte… – c. Oui, ce sont des bijoux que ma femme aime beaucoup. –d. Non, ce n'est pas un blouson en cuir qu'il vend… – e. Oui, ce sont des bottes noires en cuir que j'achète/nous achetons. – f. Non, ce n'est pas une veste que j'emporte… – g. Si, ce sont des gants en laine qu'elles essaient. – h. Si, c'est une chemise que Baptiste prend.

**189.** b-7 ; c-6 ; d-2 ; e-8 ; f-3 ; g-1 ; h-5.

**190.** a. que ; **b.** que ; c. qui ; d. qui ; e. qui ; f. qui ; g. que ; h. que.

**191.** a. … qui est la suite des *Petits Mouchoirs* ? – b. … que mes amis m'ont recommandée ? – c. … qui est joué à l'Opéra Garnier ? – d. … qui vient d'ouvrir en face de chez nous ? – e. … que j'ai découvert dans la vieille ville ? – f. … qui se produit au festival de musique de Bourges ? – g. … que tu n'as pas encore visité ? – h. … que mes enfants adorent ?

**192.** b-qui-1 ; b-qui-7 ; d-que-8 ; e-qu'-4 ; f-que-2 ; g-qui-3 ; h-qui-6.

**193.** a. qui ; b. qui ; c. qu'ils ; d. qu'il ; e. qui ; f. qu'il ; g. qu'ils ; h. qu'il.

**194.** a. qu' ; b. qu' ; c. qui ; d. qui ; e. que ; f. qui ; g. qui.

**195.** a. qui ; que – b. que ; qui – c. qui ; qui – d. qui ; que – e. qui ; qui – f. qu' ; qui – g. que ; qui – h. qui ; qu'.

**196.** a. qui ; qui – b. que ; qui – c. qui ; qui – d. que ; que – e. que ; qui – f. qui ; qu' – g. qui ; que – h. qui ; qui.

**197.** b-3/4 ; c-6 ; d-1 ; e-3/4 ; f-7 ; g 3/5 ; h-8.

**198.** a. C'est un hôtel où l'accueil est très chaleureux. – b. Vous passez vos vacances en Italie où vous avez de la famille. – c. C'est la clinique où Thibault est né. – d. On court dans le bois où les enfants montent à cheval. – e. Je travaille à Strasbourg où le Parlement européen se réunit. – f. C'est le théâtre où on passe la grande pièce de la rentrée. – g. Voici un musée où vous devriez passer un après-midi. – h. Nous voyageons en Égypte où nos amis habitent.

**199.** a. Tu es venu me voir un jour où je n'étais pas chez moi. – b. L'année 1789 est une année importante où il y a eu la Révolution française. – c. Juillet et août sont des mois d'été où les Français prennent leurs vacances. – d. Vous êtes arrivé à Paris un dimanche où il neigeait. – e. Nous nous sommes rencontrés un hiver où il faisait très doux. – f. L'année 1981 est une année décisive où François Mitterrand a aboli la peine de mort. – g. Je t'ai présenté Quentin un soir où tu donnais une fête. – h. Les étudiants n'aiment pas beaucoup le mois de mai où ils préparent leurs examens.

**200.** b-4 ; c-5 ; d-8 ; e-1 ; f-2 ; g-3 ; h-6.

**201.** a. qui ; b. où ; c. qui ; d. que ; e. où ; f. où ; g. qu'; h. où

**202.** a. que ; où – b. qu' ; qui – c. qu' ; qui ; où – d. qui ; qu' ; où – e. que ; où ; qui – f. qui ; que – g. où ; que – h. que ; où ; qui

**203.** a. …qui m'emmènera à la plage. – b. … que j'aime énormément. – c. … où la publicité est peu présente. – d. … qui se dispute souvent avec ses camarades de classe. – e. … qu'on voit là-bas avec tes amis. – f. … qui malheureusement va disparaître car il circule la nuit. – g. … où on peut rire, pleurer et réfléchir. – h. … où tu es allé chercher ta mère à l'aéroport.

**204.** a. Mes voisins ont acheté un appartement qu'ils ont trouvé à Toulouse et où ils passent leurs vacances. – b. Roland-Garros est un tournoi qui se déroule à Paris et où on peut voir de grands joueurs. – c. Versailles est une ville qui est située à 14 km de Paris, où vous pourrez visiter un magnifique château que vous serez ravi de quitter pour vous promener dans les jardins. – d. Tours est une ville calme qui se trouve dans la vallée de la Loire et où vous dégusterez du bon vin.

**205.** a. J'habite dans un village où les habitants trient les déchets, que la déchetterie recycle. – b. À l'entrée de la forêt, il y a panneaux où on peut lire les règles à suivre pour préserver la faune et la flore, que tous les promeneurs ne respectent pas. – c. Je m'intéresse à l'écologie qui a pour mission de sauver la planète, où mes petits-enfants vivront. – d. Pour respecter l'environnement, il faut faire de petits gestes qui sont simples, que chaque personne peut réaliser.

**206.** b-4 ; c-1 ; d-2 ; e-1 ; f-3 ; g-2 ; h-4.

**207.** a. celle ; b. ceux ; c. ceux ; d. celui ; e. celles ; f. celui ; g. ceux ; h. celles.

**208.** a. celui ; b. celui ; c. celle ; d. celles ; e. celui ; f. celle ; g. celles.

**209.** a. Celui-ci ou celui-là ? – b. Celle-ci ou celle-là ? – c. Ceux-ci ou ceux-là ? – d. Celle-ci ou celle-là ? – e. Celles-ci ou celles-là ? – f. … celle-ci ou celle-là ? – g. … celles-ci ou celles-là ?

**210.** a. celui ; b. celui-ci ; c. celui-là ; d. Celui-ci ; e. Ceux ; f. ceux-ci ; g. ceux-là ; h. Celui-ci.

## Bilan 4

**1.** Nous ; 2. vous ; 3. y ; 4. en ; 5. une ; 6. toi ; 7. j' ; 8. vous ; 9. y ; 10. tu ; 11. le ; 12 on ; 13. qui ; 14. qui ; 15. où ; 16. vous ; 17. où ; 18. en ; 19. ceux ; 20. qui ; 21. les ; 22. qui ; 23. les ; 24. celle ; 25. que ; 26. Elle ; 27. Lui ; 28. la ; 29. m' ; 30. la ; 31. vous ; 32. nous ; 33. leur ; 34. Les nôtres ; 35. te ; 36. nous ; 37. qui ; 38. la nôtre ; 39. moi ; 40. celui

**2.** a. y ; b. moi ; c. je ; d. leur ; e. les ; f. me ; g. te ; h. qui ; i. me ; j. s'y ; k. que ; l. eux ; m. où ; n. moi ; o. Celle-ci ; p. celle-là ? q. me ; r. celles-ci, s. t' ; t. t' ; u. te ; v. m' ; w. moi.

# 5. Le présent

**211.** a. es ; b. est ; c. suis ; d. sommes ; e. est ; f. êtes g. sont ; h. sont.
**212.** a. est ; b. suis c. sommes ; d. êtes ; e. est ; f. es ; g. sont ; h. sont.
**213.** a. est, b. est ; c. sont ; d. suis ; e. sont ; f. sont ; g. sommes ; h. êtes.
**214.** a. Vous ; b. Tu ; c. Nous ; d. Je ; e. Il/Elle ; f. Il ; g. Elle ; h. Ils/Elles.
**215.** b-3 ; c-1/8 ; d-2 ; e-1/8 ; f-4 ; g-5 ; h-5/7.
**216.** a. sommes ; b. est ; c. suis ; d. est ; e. êtes ; f. es ; g. sont ; h. est
**217.** b-4 ; c-5 ; d-1 ; e-8 ; f-2 ; g-3 ; h-9 ; i-7.
**218.** b-3/4 ; c-6 ; d-7/8 ; e-1 ; f-7/8 ; g-3/4 ; h-2.
**219.** a. ont ; b. a ; c. ai ; d. a ; e. a ; f. avez ; g. as ; h. avons.
**220.** a. ont soif ; b. a faim ; c. a peur ; d. a mal ; e. avez sommeil ; f. ont tort ; g. as froid ; h. ai chaud.
**221.** a. avez ; b. as ; c. avons ; d. a ; e. ont ; f. ont ; g. a ; h. ai.
**222.** a. ai ; b. a ; c. ont ; d. avons ; e. a ; f. avez ; g. a ; h. ont.
**223.** a.-2 J' ; b.-7 Vous ; c.-9 Nous ; d.-1 Il/Elle/On ; e.-6 Il/Elle/On ; f.-5 Ils/Elles ; g.-3 Ils/Elles ; h.-8 Il/Elle/On ; i.-4 Tu.
**224.** a. est ; b. ai ; c. es ; d. ai ; e. est ; f. est ; g. est ; h. es.
**225.** Verbes corrects : a. ont ; b. sont ; c. ont ; d. ont ; e. ont ; f. sont ; g. ont ; h. sont.
**226.** a. a ; b. avons ; c. suis ; ai ; d. sommes ; e. as ; f. est ; g. es ; h. sont.
**227.** a-3/7 ; b-5 ; c-1/6/8 ; d-4 ; e-1/6/8 ; f-3/7 ; g-2 ; h-1/8.
**228.** a. Nous ; b. Ils/Elles ; c. Je/Il/Elle/On ; d. Vous ; e. Tu ; f. Je/Il/Elle/On ; g. Tu ; h. Vous.
**229.** a. rencontre ; b. détestent ; c. adores ; d. aimez ; e. passe ; f. bronze ; g. parlons ; h. joue.
**230.** a. crient ; b. étudie ; c. oublie ; d. publies ; e. pliez ; f. trions ; g. apprécient, h. négocie.
**231.** a. imprimez ; b. classes ; c. enregistre ; d. allumons ; e. racontez ; f. téléchargent ; g. clique ; h. arrive.
**232.** a. En général, je regarde… – b. Normalement, je mange… – c. En général, j'aime… – d. En vacances, je pratique… – e. D'habitude le samedi soir, j'invite… / je dîne… – f. Normalement, je passe… – g. En été , je porte… – h. En général, je fête…
**233.** a. terminent ; b. travaillons ; c. embauche ; d. travaillez ; e. demande ; f. supportes ; g. touche ; h. gagnes.
**234.** a. nous rangeons… – b. nous recommençons… – c. nous changeons… – d. nous déplaçons… – e. nous partageons… – f. nous prononçons… – g. nous remplaçons… – h. nous engageons…
**235.** a. déplaçons ; b. dérangez ; c. mangeons ; d. remplacent ; e. obligeons ; f. force ; g. finançons ; h. emménages.
**236.** b-1 ; c-2/3/7 ; d-2/3/7 ; e-5 ; f-8 ; g-2/3/7 ; h-6.
**237.** a. promenons ; b. enlevez ; c. emmenons ; d. pèsent ; e. promène ; f. amène ; g. amenez ; h. enlève.
**238.** a. pèle ; b. achetons ; c. congelez ; d. pèlent ; e. gèle ; f. achètes ; g. décongèle ; h. rachètent.
**239.** a. complètes ; compléter – b. J'emmène ; emmener – c. espérez ; espérer – d. répètes ; répéter – e. préfère ; préférer – f. protège ; protéger – g. préférez ; préférer – h. répétons ; répéter.
**240.** a. achètes ; acheter – b. levons ; lever – c. complète ; compléter – d. enlève ; enlever – e. espère ; espérer – f. achetez ; acheter – g. exagère ; exagérer – h. préférons ; préférer – i. promenez ; promener.
**241.** a. épelez ; épelles – b. appelons ; rappelle – c. projetez ; projette – d. jettes ; jetons – e. rejetez ; rejette – f. appelles ; appelle – g. épelle ; épelle – h. renouvelle ; renouvelez.

**242.** a. rejettes ; b. possède ; c. lève ; d. protégez ; e. épelles ; f. rappellent ; g. préfèrent ; h. espérons.

**243.** a. On ; b. Elle ; c. Vous ; d. Nous ; e. Ils ; f. Vous ; g. Tu ; h. Je.

**244.** a. payes/paies ; payons – b. essuyez ; essuie – c. envoyons ; envoie – d. nettoie ; nettoyez – e. ennuie ; ennuyez – f. essaye/essaie ; essayons – g. emploie ; emploient – h. appuies ; appuyez.

**245.** a. renvoie ; b. essaye/essaie ; c. essuyez ; d. essaient/essayent ; e. balayes/balaies ; f. ennuient ; g. emploie ; h. payons.

**246.** a. Vous ; b. Tu ; c. Ils/Elles ; d. Il/Elle/On ; e. Nous ; f. Je ; g. vous ; h. Tu.

**247.** a. vais ; b. allez ; c. vont ; d. vas ; e. allons ; f. va ; g. va ; h. vont.

**248.** avertir ; grossir ; agir ; rougir ; réussir ; grandir ; nourrir ; maigrir ; vieillir ; réfléchir ; choisir ; mincir ; remplir ; réunir ; ralentir ; garantir ; trahir ; applaudir ; rajeunir ; atterrir.

**249.** Verbes à rayer : a. j'étudie ; étudier – b. elle oublie ; oublier – c. tu cries ; crier – d. vous remerciez ; remercier – e. ils publient ; publier – f. nous skions ; skier – g. il simplifie ; simplifier – h. on vérifie ; vérifier.

**250.** Pronoms corrects : a. On ; b. Nous ; c. Vous ; d. je ; e. Tu ; f. Elles ; g. Nous ; h. Il.

**251.** b-2/8 ; c-4 ; d-2/8 ; e-1/7 ; f-5 ; g-2/8 ; h-3.

**252.** a. En général, nous réussissons… – b. Ils rougissent… – c. Quand tu réunis… – d. Vous finissez… – e. Je rajeunis… – f. Elle franchit… – g. Elles agissent… – h. Vous choisissez…

**253.** a. grossissent ; b. nourrit ; c. maigrissons ; d. vieillit ; e. mincit ; f. grandissent ; g. unit ; h. salissez.

**254.** a. noircissent ; réagit – b. raccourcissent ; pâlit – c. envahissent ; salissent – d. embellit ; garantit – e. agrandissons ; élargissons – f. mûrissent ; pourrissent – g. punissez ; obéissent – h. vieillissons ; blanchissent.

**255.** ouvrir ; découvrir ; cueillir ; offrir ; souffrir ; couvrir ; accueillir ; recueillir.

**256.** a. souffrent ; b. offre ; c. cueille ; d. découvrons ; e. accueilles ; f. ouvrez ; g. couvre ; h. ouvre ; i. recueille.

**257.** Verbes à rayer : a. vous réussissez ; réussir – b. tu choisis ; choisir – c. nous blondissons ; blondir – d. on désobéit ; désobéir – e. ils agissent ; agir – f. j'approfondis ; approfondir – g. elle établit ; établir – h. elles investissent ; investir.

**258.** a. Je pars à la plage. – b. Il dort très tôt. – c. Tu sens la mer ? – d. Elle ne ment pas. – e. Je dors mal. – f. Il sort avec moi. – g. Tu pars à quelle heure ? – h. Je sers du champagne. – i. Tu dors dans le train.

**259.** a. sers ; b. sors ; c. dort ; d. sent ; e. resservons ; f. endormez ; g. pars ; h. mentent.

**260.** a. détiennent ; b. revenez ; c. soutiens ; d. viennent ; e. souviens ; f. obtenons ; g. retiens ; h. prévient.

**261.** a. Ils appartiennent à ma mère ? – b. Je préviens tes parents ? – c. Tu te souviens de Nathan ? – d. Vous tenez fort la main de maman. – e. Elles viennent à pied ? – f. Nous retenons la porte ? – g. Nous revenons comment ? – h. Elle tient quoi dans la main ?

**262.** a. produisons ; b. inscrivent ; c. rit ; d. écrivent ; e. lisent ; f. vis ; g. construit ; h. sourient.

**263.** a. Nous traduisons… – b. Vous écrivez… – c. Nous rions… – d. Elle écrit… – e. Les professionnels élisent… – f. Ces films décrivent… – g. Les chauffeurs nous conduisent… – h. Il vit…

**264.** a.-2/5 ; b-4/6/7 ; c-3 ; d-1 ; e-8 ; f-4/6/7 ; g-4/6/7 ; h-3.

**265.** a. faites ; b. battez ; c. disent ; d. dites ; e. faisons ; f. promets ; g. interdit ; h. fais.

**266.** prendre ; appartenir ; comprendre ; recevoir ; prévenir ; venir ; apprendre ; devenir ; tenir ; se souvenir ; obtenir.

**267.** b-1/4 ; c-6 ; d-2/3 ; e-7-8 ; f-2/3 ; g-5 ; h-6.

**268.** a. surprennent ; b. comprends ; c. reprenez ; d. comprennent ; e. prend ; f. apprennent ; g. entreprends ; h. reprenons.

**269.** a. Je vends… – b. Tu entends… – c. Il ne répond pas… – d. Elle descend… – e. Tu ne perds jamais… – f. Je défends… – g. Il rend… – h. Tu confonds…

**270.** a. dépendez ; b. étends ; c. tond ; d. répondent ; e. prétendez ; f. perd ; g. fond ; h. correspondent.

**271.** a. connaissez ; b. savent ; c. paraissent ; d. reconnaissons ; e. sais ; f. sait. g. savons ; h. disparaît.

**272.** apercevoir ; concevoir ; pouvoir ; devoir ; recevoir ; savoir ; décevoir ; percevoir.

**273.** a. revoyons ; b. croit ; c. prévoit ; d. croyez ; e. prévoient ; f. vois ; g. croient ; h. vois.

**274.** b-4 ; c-2/8 ; d-5/6 ; e-3/7 ; f-1 ; g-5/6 ; h-7.

**275.** a. boivent ; b. reçoit ; c. boit ; d. buvons ; e. déçois ; f. buvez ; g. aperçoit ; h. bois.

**276.** a. rejoignez ; b. craignons ; c. peint ; d. plaint ; e. craignent ; f. éteins ; g. repeins ; h. dépeint ; i. rejoins.

**277.** a. peux ; b. dois ; c. peut ; d. faut ; e. devons ; f. veulent ; g. peuvent ; h. voulez.

**278.** a ; doit ; b. dois ; c. pouvez ; d. voulons ; e. veut ; f. peux ; g. pouvons ; h. devez.

**279.** b-4-y/7-u/8-z ; c-4-y/7-u/8-z ; d-4-y/7-u/8-z ; e-2-x ; f-3-s/t ; g-1-s ; h-5-v.

**280.** a. paraître ; b. écrire ; c. attendre ; d. mentir ; e. préférer ; f. ouvrir ; g ; promettre ; h. sentir.

**281.** a. Tu étudies… – b. Vous remplissez… – c. Vous devez… – d. Tu vas… – e. Tu peux… – f. Vous dites… – g. Vous faites… – h. Tu crains…

**282.** a. Oui, je suis… – b. Oui, je rends… – c. Oui, je prends… – d. Oui, j'habite… – e. Oui, je fais… – f. Oui, je connais… – g. oui, je vis seul/seule… – h. Oui, je vais…

**283.** a. Il souffre… – b. Je reste… – c. Elle ne connaît pas… – d. Tu tousses… – e. Il n'a pas… – f. Tu suis… – g. Il sent… – h. Je dois…

**284.** a-2/3/8 ; b-7 ; c-6 ; d-4 ; e-1 ; f-4 ; g-2/3/8 ; h-6.

**285.** a. raccourcissent ; b. vont ; c. allonge ; d. amincit ; e. grossissons ; f. ne peuvent pas porter ; g. dois élargir ; h. rétrécissent.

**286.** a. Nous ne pratiquons pas… – b. Elles font… – c. Vous aimez… – d. Ils boxent… – e. Elles prennent… – f. Vous courez… – g. Nous nageons… – h. Vous savez…

**287.** a. se lève ; apparaissent – b. joue ; fait – c. commence ; sont – d. interprètent ; répètent – e. applaudissent ; appellent – f. saluent ; partent – g. tient – h. a ; plaisent.

**288.** a. désirez payer ; b. voulez déjeuner ; c. pouvez aller chercher ; d. Souhaitez-vous réserver ; e. vous pouvez me montrer ; f. quitter ; g. goûter ; h. manger.

**289.** a. parler ; b. dit ; c. entends ; d. écoute ; e. sort ; f. partons ; g. connaissons ; h. savent.

**290.** a. mettent ; b. prends… ; c. faut ; d. devez ; e. pouvez ; f. voyons ; g. regardez ; h. vois.

**291.** b-4/6 ; c-5 ; d-8 ; e-1/7 ; f-8 ; g-2 ; h-2.

**292.** a. je me lève ; b. je me lave ; c. je m'habille ; d. je m'en vais ; e. je me mets ; f. je m'arrête ; g. je m'occupe ; h. je me presse.

**293.** Réponses possibles : a. Comment vous vous connectez à Internet ? – b. Pourquoi tu t'ennuies au travail ? – c. À quelle heure nous nous réunissons dans le bureau ? – d. Où ils se promènent le dimanche ? – e. Je me dépêche de finir. – f. vous vous préparez vite le matin ? – g. Les employés se posent des questions. – h. Comment elles se coiffent ?

**294.** a. nous ; b. se ; c. se ; d. vous ; e. se ; f. se ; g. vous ; h. nous.

**295.** a. je m'occupe ; b. elle s'intéresse ; c. tu te souviens ; d. vous vous moquez ; e. il s'absente ; f. nous nous promenons ; g. elles s'appellent ; h. ils se couchent

**296.** a. Il ne se brosse pas… – b. On ne

s'amuse pas… – c. Ils ne se méfient pas…
– d. Tu ne t'éloignes pas… – e. Elle ne se coiffe pas… – f. Je ne me demande pas…
– g. Vous ne vous baignez pas…
– h. … il ne se déguise pas…

**297.** b-4 ; c-1 ; d-3 ; e-6 ; f-5 ; g-8 ; h-7.

**298.** a. Il est en train de pleuvoir. – b. Vous êtes en train d'écrire… – c. Ils sont en train de découvrir… – d. Vous êtes en train de vous amuser. – e. Tu es en train de réviser…
– f. Elles sont en train de se doucher.
– g. Nous sommes en train de rechercher…
– h. La neige est en train de fondre.

**299.** a. On n'est pas en train de courir sur la plage. – b. Je ne suis pas en train de regarder la télé. – c. Nous ne sommes pas en train de cuisiner. – d. Ils ne sont pas en train de se raser. – e. Vous n'êtes pas en train de faire vos valises. – f. Il n'est pas en train de dire le contraire. – g. Tu n'es pas en train de mettre la table. – h. Vous n'êtes pas en train de vous doucher.

## Bilan 5

**1.** a. suis ; b. viens ; c. prie ; d. repeins ; e. essuie ; f. fait ; g. pouvez ; h. semble ; i. avez ; j. passons ; k. est ; l. voyez ; m. a ; n. peux ; o. donne ; p. paraît ; q. dort ; r. sont ; s. prenez ; t. est ; u. réfléchis ; v. appelle ; w. va ; x. faites ; y. connaissez ; z. faut.

**2.** a. ont ; b. sortent ; c. dînent, d. vont ; e. prennent ; f. peuvent ; g. font ; h. préfèrent ; i. aime ; j. fait ; k. bricolent ; l. jardinent ; m. partent ; n. disent ; o. passent ; p. ont ; q. sont ; r. apprennent ; s. jouent ; t. dansent ; u. pensent ; v. doivent.

**3.** a. me lève ; b. m'occupe ; c. se réveille ; d. nous embrassons ; e. se regarde ; f. se sourit ; g. me douche ; h. me rase ; i. m'habille ; j. nous dépêchons ; k. se lèvent ; l. s'appellent ; m. ne me ressemblent pas ; n. me charge ; o. s'organise ; p. s'investit ; q. s'assoit/s'assied ; r. se précipitent ; s. nous arrêtons ; t. s'amuse ; u. nous couchons.

**4.** a. dois ; b. fais ; c. sais ; d. déteste ; e. suis en train de refaire ; f. est ; g. j'adore ; h. sommes en train de choisir ; i. êtes en train de choisir ; j. faut ; k. devons ; l. dois ; m. doit ; n. admire ; o. sembles.

# 6. Le passé

**300.** a. viens de commencer ; d. vient de décoller ; e. viennent de rentrer ; g. vient de rencontrer ; h. vient de comprendre.

**301.** a. vient d'annoncer ; b. vient d'ouvrir ; c. vient de démissionner ; d. vient de commencer ; e. vient d'inaugurer ; f. vient de proposer ; g. vient de recevoir ; h. vient de fermer.

**302.** a. Non, elle vient de déjeuner. – b. Non, il vient de partir. – c. Non, ils viennent de déménager. – d. Non, nous venons de le regarder. – e. Non, je viens de le lire. – f. Non, je viens de faire les courses. – g. Non, vous venez de signer. – h. Non, nous venons de boire un verre.

**303.** a. Oui, je viens de comprendre… – b. Oui, ils viennent de finir… – c. Oui, tu viens de passer… – d. Oui, elles viennent d'arriver. e. Oui, je viens de prendre… – f. Oui, nous venons d'offrir… – g. Oui, elle vient de partir… – h. Oui, il vient de faire…

**304.** a. Il vient de faire le ménage. – b. Nous venons de lui dire. – c. Je viens de faire la vaisselle. – d. Tu viens de leur envoyer un SMS. – e. Ils viennent de nous appeler. – f. Il vient de me demander en mariage. – g. On vient de vous écrire un mail. – h. Elles viennent de t'inviter à leur fête.

**305.** a. viens ; b. viens de perdre ; c. dois ; d. m'accompagnes ; e. viennent d'arriver ; f. m'attendent ; g. suis ; h. rejoins ; i. sais ; j. je viens de m'apercevoir ; k. n'as pas ; l. viens de refaire ; m. vient de me quitter ; n. vais ; o. vois ; p. viennent de sortir.

**306.** a. parlé ; b. étudié ; c. marché ; d. joué ; e. habité ; f. chanté ; g. donné ; h. travaillé.

**307.** a-4 ; b-3 ; c-1 ; d-2 ; e-7 ; f-8 ; g-6 ; h-5.

**308.** a. j'ai jeté la poubelle. – b. ils ont acheté une nouvelle voiture. – c. On a appelé notre fils André. – d. Il a soulevé la valise. – e. Il a gelé la nuit. – f. tu n'as pas projeté de partir. – g. Il a martelé toute la journée. – h. Il n'a pas épelé son nom.

**309.** a. réussir ; b. choisir ; c. dormir ; d. accueillir ; e. sentir ; f. maigrir ; g. grandir ; h. sortir

**310.** Formes correctes : a. voulu ; b. pris ; c. compris ; d. appris ; e. dû ; f. pu ; g. réussi ; h. vu ; i. descendu.

**311.** a. connu ; b. lu ; c. rajeuni ; d. tenu ; e. écrit ; f. aperçu, g. vendu ; h. descendu.

**312.** a. faire ; b. boire ; c. courir ; d. choisir ; e. prendre ; f. dire ; g. perdre ; h. voir.

**313.** a. faire ; b. rire ; c. savoir ; d. recevoir ; e. boire ; f. ouvrir ; g. croire ; h. vivre

**314.** a. Je finis les valises. – b. on descend les bagages. – c. Louis fait les sandwiches. d. Tu arroses le jardin. – e. Je mets les plantes sur le balcon. – f. Vous ouvrez la fenêtre du couloir. – g. Tu éteins le wi-fi. – h. On rend la clé à la propriétaire.

**315.** a. On peut assister à ce concert. – b. Ma mère vend sa voiture. -- c. Ils veulent dormir à l'hôtel. – d. Je ne crois pas cette histoire. – e. Tu lis le dernier roman de Pierre Lemaître ? – f. Ils reçoivent un gros colis. – g. On revoit ce vieux film avec plaisir. – h. Vous n'entendez pas la sonnerie ?

**316.** a. Mes amis ont aimé la chaleur. – b. Vous avez fait des promenades en Camargue. – c. On a goûté les spécialités régionales. – d. Vous avez vu le massif des Maures ? e. Elle a appris la recette de la pissaladière. – f. J'ai visité Avignon. – g. Tu as joué aux boules à Aix. – h. J'ai découvert les beaux villages du Lubéron.

**317.** a. on a écouté la dernière chanson de Vanessa Paradis. – b. elles ont lu des poèmes de Jacques Prévert. – c. nous avons vu la pièce Poésie au théâtre. – d. Noé a lu Le Rouge et le Noir. – e. j'ai passé un bon moment à lire une B.D. – f. vous avez découvert l'humour d'Anne Roumanoff. – g. tu as entendu la bande-son du film Lawrence d'Arabie. – h. nous avons assisté à un superbe concert à la Philharmonie.

**318.** a. 2 et 7 ; b. 5 et 9 ; c. 4, 6 et 8 ; d. 1, 3 et 10.

**319.** a. a fait ; b. ont découvert ; c. a réussi ; d. ont reçu ; e. a traversé ; f. a su ; g. a créé ; h. ont construit.

**320.** il est né ; il est monté ; il est descendu ; il est devenu ; il est tombé ; il est sort ; il est allé ; il est arrivé ; il est resté ; elles sont venues ; il est mort.

**321.** a. a ; b. est ; c. a ; d. a ; e. est ; f. a ; g. est ; h. a.

**322.** a. sont ; b. sont ; c. ont ; d. ont ; e. ont ; f. ont ; g. sont ; h. ont.

**323.** a-4/5/8 ; b-1/2/3/6 ; c-4/5/7/8 ; d-1/3 ; e-2/6 ; f-4/5/7/8 ; g-1/3 ; h-4/5/7/8.

**324.** a. a ; b. ont ; c. sont ; d. sont ; e. ont ; f. ont ; g. a ; h. ont.

**325.** a. il a suivi... – b. il est devenu... – c. Il a rencontré... – d. Il a fait... – e. il a entrepris... – f. il a obtenu... et il a rencontré... – g. il a reçu... a connu... – h. il a vécu... il est mort.

**326.** a. il a fait... – b. il a trouvé... et est devenu... – c. il a réalisé... – d. il a ouvert..., il a créé... – e. il a construit... – f. il a conçu... – g. il a dirigé...– h. il a mené...– ; i. il est mort...

**327.** Les participes ne changent pas sauf : c. partie ; d. descendues ; f. rentrés.

**328.** a. 2 et 4 ; b. 1, 5 et 6 ; c. 7 et 8 ; d. 3, 7 et 8.

**329.** Les participes ne changent pas sauf : a. morte ; h. née.

**330.** a. 1 ;b. 3 ; c. 3 ; d. 1 ; e. 3 ; f. 2 ; g. 3 ; h. 2.

**331.** a. Vous êtes parties... – b. ils ont bricolé... – c. Nous avons vu ... – d. Elles sont allées... – e. Vous avez enlevé... – f. Elles sont passées ... – g. Nous avons fait... – h. Vous êtes allées... – i. Ils ont lu...

**332.** a-3/4 ; b-6 ; c-2 ; d-3/7 ; e-8 ; f-1 ; g-4 ; h-5

**333.** a. Cette chemise, je l'ai repassée. – b. Ces chaussures, il les a achetées. – c. L'armoire, on l'a rangée. – d. Cette robe, tu l'as portée au pressing. – e. Son bouton, elle l'a recousu. – f. Ses bottes, elle les a cirées. – g. Ces chaussettes, je les ai lavées. – h. Ta jupe, tu l'as nettoyée.

**334.** a. Les dessins que les enfants ont faits sont très colorés. – b. La robe que Fanny a choisie lui va très bien. – c. La maison que mes parents ont louée est à côté de la plage. – d. Les voisins que nous avons invités sont très amusants. – e. les disques vinyles que tu as rapportés sont très abîmés. – f. Les skis que les garçons ont choisis sont trop grands. – g. La tenue que tu as mise est trop sophistiquée. – h. Les exercices qu'elle a donnés sont trop difficiles.

**335.** a. Elle s'est levée... – b. Elle s'est douchée... – c. elle s'est habillée. – d. elle s'est coiffée. – e. elle s'est maquillée. – f. elle s'est dépêchée... – g. elle s'est préparée ... – h. elle s'est dirigée...

**336.** a. Il s'est rendu... – b. il s'est allongé... – c. Il s'est reposé... – d. Il s'est inquiété... – e. Il s'est invité... – f. Il s'est changé... – g. Ils se sont retrouvés... – h. Ils se sont couchés...

**337.** a. Elle a embrassé – b. Elle s'est assise ; a ouvert – c. Elle s'est mise – d. Elle a fait ; et a pris – e. Elle a répondu ; a classé ; s'est occupée – f. Elle s'est arrêtée ; a acheté – g. elle a quitté – h. Elle s'est dirigée.

**338.** b-2 ; c-6 ; d-1 ; e-7 ; f-4 ; g-5 ; h-3.

**339.** a. Non, je n'ai pas utilisé l'imprimante. – b. Non, elle n'a pas demandé de connexion Internet. – c. Non, on n'a pas installé le wi-fi. – d. Non, il ne s'est pas servi du scanner. – e. Non, nous n'avons pas reçu la facture de téléphone. – f. Non, elle n'a pas branché le répondeur. – g. Non, je n'ai pas écouté les messages. – h. Non, ils n'ont pas envoyé plusieurs courriels (/de courriels).

**340.** a. Ils n'ont rien voulu. – b. On n'a invité personne demain soir. – c. Tu n'as rien acheté ? – d. Elle n'a croisé personne dans l'escalier. – e. Vous n'avez rien entendu ? – f. Je n'ai rien mangé ce soir. – g. Nous n'avons écrit à personne. – h. Il ne s'est occupé de rien.

**341.** a. Se sont-ils regardés ? – b. S'est-il approché de sa table ? – c. Lui a-t-elle proposé de s'asseoir ? – d. Lui a-t-il proposé un café ? – e. Lui a-t-il donné son numéro de téléphone ? – f. Est-elle partie longtemps après ? – g. Se sont-ils revus souvent ? – h. Se sont-ils mariés ?

**342.** a. Avez-vous regardé la télévision hier soir ? – b. Avez-vous/As-tu fait du sport samedi ? – c. A-t-elle fait de la natation ? – d. A-t-il acheté des magazines cette semaine ? – e. Combien de magazines/Quels magazines avez-vous lus ? – f. Où êtes-vous allés le week-end dernier ? – g. Qu'avez-vous fait ? – h. Avez-vous visité l'exposition Monet ?

**343.** a. Oui, elle a bien dormi dans l'avion. – b. Oui, ils ont vite répondu à la question. – c. Non, elle n'a pas souvent regardé la télévision. – d. Oui, nous avons /on a un peu joué au tennis. – e. Oui, j'ai trop surfé sur Internet. – f. Non, je n'ai pas assez maigri cette semaine. – g. Oui, j'ai beaucoup progressé ce trimestre. – h. Non, il n'a pas été toujours été agréable.

**344.** a. Je savais – b. Vous compreniez – c. Tu voyais – d. Elle devait – e. Elles allaient – f. Tu tenais – g. Ils connaissaient – h. Vous étiez.

**345.** a. tu jouais encore du piano – b. nous étions encore mariés – c. ils avaient encore des problèmes – d. on travaillait encore à Blois – e. elle faisait encore du ski – f. nous regardions encore la télévision – g. elle cuisinait encore – h. j'écrivais encore des lettres.

**346.** a. ils ont – b. il ouvre – c. il travaille – d. notre mère va – e. elle sert – f. et bavarde – g. elle est – h. il se passe – i. je rentre – j. je passe – k. on peut – l. je retrouve – m. on fait

**347.** a. Vous étudiiez – b. Vous riiiez – c. Nous employions – d. Vous balayiez – e. Nous mangions – f. Nous commencions – g. Nous plongions – h. Vous nettoyiez – i. Vous voyagiez – j. Nous pliions.

**348.** a. Nous voulions... – b. Mes grands-mères bavardaient... – c. Elles devaient... – d. Vous allumiez... – e. Nous mettions... – f. Nous déménagions... – Elles faisaient... – Nous envoyions...

**349.** a. habitait – b. partait – c. se levait – d. allaient – e. rentrions – f. faisions – g. prenait – h. nous couchions.

**350.** a. Les enfants naissaient... – b. Plusieurs générations naissaient... – c. On travaillait... – d. Les vacances n'existaient... – e. Nous nous nourrissions... – f. Les filles aidaient... – g. Les garçons étudiaient... – h. On accordait...

**351.** Phrases possibles : a. Il fallait huit heures pour aller en train de Paris à Marseille. – b. On envoyait des lettres qui arrivaient plusieurs semaines ou mois plus tard. – c. En bateau, on faisait le tour du monde en plusieurs mois. – d. On travaillait uniquement à son bureau. – e. Les enfants n'employaient pas d'écrans, ils avaient des livres et des cahiers. – f. Les connexions internet n'existaient pas. – g. Les satellites ne transmettaient pas d'images. – h. On ne communiquait pas par SMS, on se téléphonait ou on s'écrivait – i. On n'utilisait pas la 4G.

**352.** a. C'était l'hiver, il neigeait, les arbres étaient gelés. – b. La femme se tenait debout... un homme dormait... – c. un chat s'étirait, un chien mangeait... – d. La femme portait... et l'homme semblait... – e. Une vieille femme entrait... la vendeuse rangeait... – f. Il faisait très beau, la plage était... – g. Il pleuvait, les enfants n'étaient pas contents, ils s'ennuyaient. – h. Le salon était en désordre, des revues traînaient...

**353.** a. commençaient – b. allait – c. faisait – d. trouvait – e. avait – f. démarrait – g. fonctionnait.

**354.** a. rêvaient – b. pleuvait – c. s'ennuyaient – d. ne fonctionnait pas – e. était – f. ressemblait – g. avait – h. ne se sentait pas.

**355.** a. vient de rentrer – b. vient de mettre ; avait – c. vient de comprendre ; disait – d. viens de le croiser ; passait – e. vient de déposer – f. avais ; viens de manger – g. vient de trouver ; cherchait – h. viens de t'appeler.

**356.** a. avons visité – b. viens de le perdre – c. a retrouvé – d. l'ai acheté – e. a été ; est revenue – f. viens de l'éteindre – g. vient de partir – h. a démissionné.

**357.** a-3/8 ; b-1/4/5/7 ; c-3/6/8 ; d-2 ; e-1/2/5/7 ; f-6/ ; g-3/8 ; h-1/4/5/7.

**358.** a. demandait – b. recherchaient – c. a écrit – d. se passait – e. représentait – f. a combattu – g. a commencé – h. reposait.

**358.** a. sommes arrivés – b. a allumé – c. avons dîné – d. s'est régalé – e. a joué ; a bu – f. a gagné – g. est allés ; s'est endormis – h. a neigé.

**359.** a. faisait – b. soufflait – c. se déroulait ; était – d. jouait – e. dormaient – f. avait – g. habitait – h. voulait.

**360.** a. Ils ont déménagé parce qu'ils attendaient un enfant. – b. Élodie a cherché un nouvel emploie car elle s'entendait mal avec son directeur. – c. L'ouragan était très violent, il a provoqué des dégâts importants. – d. Depuis une semaine il pleuvait et, soudain, le soleil est revenu. – e. Raphaël s'est endormi alors qu'il voulait voir ce film. – f. Nous voulions prendre le train et finalement nous avons voyagé en avion. – g. Je n'ai pas trouvé le roman que je cherchais depuis longtemps. – h. Comme elle ne se sentait pas bien, Hilda est rentrée chez elle.

**362.** a. voulions – b. a buté – c. est tombée – d. ne pouvait pas – e. a appelé – f. est partis – g. s'est foulé.

**363.** a. travaillaient – b. demandait – c. suis allé(e) – d. n'aimait pas – e. a piqué – f. ne savais plus – g. ai dit – h. ne voulais plus.

**364.** a. finissait ; est arrivée – b. ont sonné ; était – c. regardiez ; a appris – d. dormais ; a pénétré – e. savait ; a refusé – f. a retenti ; s'est souhaité – g. ai enfin vu ; tu me recommandais – h. mentait ; a compris ; ne servait.

**365.** Phrases possibles : a. je travaillais le week-end dans un restaurant. / j'ai rencontré de bons amis à la fac – b. je réussissais mes partiels et pour cela je travaillais beaucoup – c. j'ai obtenu mon diplôme d'infirmière – d. j'ai commencé à chercher un travail – e. je travaillais dans un centre de santé – f. j'ai rencontré Lucas – g. nous nous sommes mariés – h. nous avons emménagé dans un beau deux-pièces.

## Bilan 6

**1.** a écrit – b. sont devenues ; a fabriqué – c. a eu – d. a créé – e. a découpé – f. l'a construit – g. est devenu(e) – h. a commencé – i. s'est modifié ; a ouvert – j. a conçu ; a confié.

**2.** De son vrai nom, Marie Gouze, elle **est née** en 1748 dans une famille modeste à Montauban. En 1765, elle **s'est mariée** et, deux ans plus tard, elle a eu un enfant. Son mari **est mort** peu après et **elle est partie** à Paris avec son fils pour fuir la bourgeoisie provinciale. Elle **s'est fait** appeler Olympe de Gouges et **est devenue** très vite une femme de lettres. À partir de 1870, elle **a publié** des romans et des pièces de théâtre. Pendant la Révolution française, elle **a écrit et a lu** à l'Assemblée nationale *La Déclaration des droits de la femme et de la citoyenne*. Elle y **a défendu** l'émancipation des femmes et a **revendiqué** l'égalité des deux sexes. Elle **s'est opposée** aussi à la peine de mort et à l'esclavage. On **l'a arrêtée** le 20 juillet 1793, et on **l'a condamnée** à mort. On **l'a guillotinée** le 3 novembre 1793.

**3.** a. était – b. finissait – c. terminait – d. se rappelait – e. s'est levé – d. est allés – g. était – h. tombait – i. s'est dit – j. allait – k. s'est réveillés – l. soufflait – m. a voulu –

n. ne fonctionnait pas – o. a ouvert
– p. a découvert – q. a essayé – r. était.

a. venait – b. avait – c. a quitté – d. avait –
e. a perdu – f. est parti – g. a travaillé – h. a
dormi – i. pouvait – j. donnait – k. est arrivé
– l. a rejoint – m. n'était pas – n. rencontrait –
o. a obtenu – p. est arrivé – q. a retrouvé –
r. a commencé – s. a pris.

# 7. « C'est », « il y a » et les verbes impersonnels

**366.** a. Au musée d'Orsay, il y a l'exposition Gauguin. – b. À Angoulême, il y a le festival de la bande dessinée. – c. Au stade de France, il y a les finales de football. – d. Sur l'avenue Montaigne, il y a la boutique Chanel. – e. En banlieue parisienne, il y a le parc d'attractions Astérix. – f. À Paris, il y a de nombreux touristes chinois. – g. À Cannes, il y a le festival international du film. – h. Dans le 8e arrondissement, il y a les Champs-Élysées.

**367.** b-5 ; c-6 ; d-2 ; e-8 ; f-7 ; g-3 ; h-1.

**368.** a. En Amérique latine, il y a la cordillère des Andes ; c'est une chaîne de montagnes. – b. Au Canada, il y a le Saint-Laurent ; c'est un long fleuve. – c. Au Brésil, il y a l'Amazonie ; c'est une forêt immense. – d. En Grèce, il y a Rhodes, Mykonos, Corfou ; ce sont des îles grecques. – e. Au Népal, il y a l'Everest ; c'est un grand sommet montagneux. – f. En Italie, il y a l'Etna ; c'est un volcan actif. – g. En Argentine et au Brésil, il y a les chutes d'Iguazú ; ce sont des cascades merveilleuses. – h. En France, il y a le site d'Étretat ; ce sont des falaises de craie.

**369.** a. 2, 3, 4 et 7 ; b. 1, 5, 6 et 8.

**370.** a. Édith Piaf est chanteuse, c'est une chanteuse internationale. – b. Maurice Ravel est compositeur, c'est un compositeur moderne. – c. Jacques Prévert est poète, c'est un poète populaire. – d. Voltaire est philosophe, c'est un philosophe des Lumières. – e. Molière est dramaturge et comédien, c'est un dramaturge du XVIIe siècle. – f. Charles Aznavour est chanteur, c'est un représentant de la chanson française. – g. Catherine Deneuve est actrice, c'est une actrice célèbre. – h. François Truffaut est metteur en scène, c'est un metteur en scène de la Nouvelle Vague.

**371.** a. C'est ; b. C'est ; c. Ce sont ; d. C'est ; e. Ce sont ; f. C'est ; g. Ce sont ; h. C'est.

**372.** a. Il est ; C'est – b. C'est ; Il est – c. Il est ; C'est – d. C'est ; Il est – e. C'est ; C'est – f. C'est ; Il est – g. C'est ; C'est – h. C'est ; Il est.

**373.** a. Ce sont ; b. Ils sont ; c. C'est ; d. Ce sont ; e. C'est ; f. il est ; g. Ce sont ; h. Ils sont.

**374.** a. c'est ; c'est ; b. Elle est ; c. Il est ; d. c'est ; e. C'est ; f. Elles sont ; g. C'est ; h. Ils sont.

**375.** a. c'est ; b. elle est ; c. c'est ; d. Il est ; e. Elles sont ; f. c'est ; g. ils sont ; h. elles sont ; i. C'est.

**376.** a. C'est ; Il est – b. Il est ; C'est – c. C'est ; C'est – d. C'est ; c'est – e. C'est ; Il est – f. c'est ; c'est – g. C'est ; Il est – h. c'est ; c'est.

**377.** a. c'est ; b. Ce sont ; c. Il est ; d. C'est ; e. C'est, f. Elles sont ; g. c'est ; h. Elle est.

**378.** a. il y a – b. il y aura – c. il pleut ; il vente , il se peut ; il grêle – d. il s'agit – e. il risque – f. il faisait – g. il paraît – h. il y a.

**379.** a. Il y a du soleil. – b. Il fait froid. – c. Il pleut. – d. Il bruine. – e. Il vente. – f. Il neige. – g. Il fait chaud. – h. Il gèle.

**380.** a. Il y avait, il y a eu du soleil. – – b. Il faisait, il a fait froid. – c. Il pleuvait, il a plu. – d. Il bruinait, il a bruiné. – e. Il ventait, il a venté. – f. Il neigeait, il a neigé – g. Il faisait, il a fait chaud. – h. Il gelait, il a gelé.

**381.** a. il pleut – b. il faut de bonnes chaussures – c. il risque de faire froid – d. ça se passe bien – e. il faut donner aux pauvres – f. il risque d'y avoir du bruit –g. il faut partir – h. c'est important.

## Bilan 7

a. c'est – b. il y a – c. il y a – d. c'était – e. il y a – f. il y a – g. il y a – h. c'est – i. c'est – j. il y a – k. il y a – **l.** c'est – **m.** il y a.

# 8. L'impératif

**382.** Impératif : a. attendez – b. avancez – d. passez.

**383.** a. Fermons… – b. Donnez… – c. Laisse… – d. Arrosez… – e. Débranche… – f. Fermez… – g. Sortez… – Branchons…

**384.** a. ez – b. er – c. ez – d. er – e. er – f. er – g. ez – h. er.

**385.** a. Pense… – b. Prends… – c. Achète… – d. Choisis… – e. Compare… – f. Recherche… – g. Pèse… – h. Sois modéré…

**386.** a. Buvez… – b. Fais… – c. Restons… – d. Sors… – e. Ayez… – f. Marche… – g. Prenons… – h. Arrêtez de…

**387.** a. Basculez… – b. Ne décollez pas… – c. Décollez… – d. Ne bougez pas… – e. Gardez… – f. Levez… ; inspirez. – g. Baissez…… ; expirez. – h. Faites… – i. N'oubliez pas de…

**388.** a. Ne mange pas… – b. Ne traînons pas… – c. Ne parle pas… – d. N'oubliez pas de… – e. Ne passe pas… – f. Ne jouons… – g. Ne reste pas… – h. Ne coupez…

**389.** a. Ne klaxonnez pas… – b. Ne dépassez pas… – c. Ne téléphonez pas… – d. Ne roulez pas… – e. Ne conduisez pas… – f. Ne garez pas… – g. Ne franchissez pas… – h. Ne faites pas…

**390.** a. Appelle… – b. N'achetez pas… – c. Réserve… – d. Enregistrons… – e. Ne faites pas… – f. Ne demandons pas… – g. Téléphonons… – Ne prends pas…

**391.** a. Ne faites pas… – b. Organise… – c. Réunissons… – d. N'allez pas… – e. Suis… – f. Ne perdons pas… – g. Goûte… – h. Soignez…

**392.** Séparez… – b. Utilisez… – c. Placez… – d. N'utilisez pas… – e. Ne placez pas… – f. Ne jetez pas… ; allez… – g. Respectez… – h. Soyez…

**393.** a. Lave-toi… – b. Fais-toi… – c. Maquillez-vous… – d. Habillons-nous… – e. Douchez-vous… – f. Brossons-nous… – g. Coupez-vous… – h. Rase-toi…– i. Démaquille-toi…

**394.** a. Couvre-toi... – b. Faisons-nous...– c. Enferme-toi... – d. Balance-toi...– e. Occupons-nous... – f. Tiens-toi...– g. Éloignons-nous. – h. Pressez-vous...

**395.** a. Prends-toi... – b. Ne nous inscrivons pas... – c. Vaccinez-vous... – d. Ne vous prévoyez pas... – e. Ne nous reposons... f. Alimentez-vous... – g. Ne nous détendons pas.... – h. Endors-toi...

**396.** a. Inscrivez-vous... – b. Ne te présente pas... – c. Ne nous préparons... – d. ne vous renseignez pas... – e. Occupez-vous... – f. Ne vous munissez pas... – g. ne te rappelle pas... – h. Angoissons-nous... – i. Ne nous informons pas...

**397.** a. Ne vous inquiétez pas pour moi. – b. Ne nous fâchons pas. – c. Occupez-vous de vos affaires. – d. Donnez-moi vos documents. – e. Mettons-nous à l'aise. – f. Force-toi à travailler davantage. – g. Ne nous mêlons pas de ça. – h. Repose-toi plus souvent.

**398.** a. Ne t'énerve pas. – b. Ne nous disputons pas... – c. Fais-toi plaisir... – d. Entourez-vous de... – e. Ne nous fâchons pas... – f. Force-toi... – g. Ne vous couchez pas... – h. Éloignons-nous...

**399.** a. Faites-les. – b. Passez-y. – c. Étendez-le. – d. Videz-le. – e. Repassez-les. – f. Passez-le. – g. Nettoyez-les. – h. Lavez-le.

**400.** a. Ne les essuie pas. – b. Choisis-le. – c. Prends-la. – d. Mets-le. – e. Ne les échange pas. – f. Ne la commande pas. – g. Ne le rends pas. – h. Ne la paie pas par chèque.

**401.** a. Ne les essuie pas. – b. Ne la balaie pas. – c. Ne le range pas. – d. Ne la frotte pas. – e. Ne les nettoie pas. – f. Ne les lessive pas. – g. Ne la fais pas. – h. Ne le cire pas.

**402.** a. Réponds-lui. – b. Ne lui pose pas cette question. – c. Envoie-lui ce paquet. – d. Ne leur raconte pas cette histoire. – e. Obéis-lui. – f. Ne lui téléphone pas. – g. Réclame-leur tes jeux vidéo. – h. Ne lui demande pas ce service.

**403.** a. Écrivez-nous de temps. – b. Prête-moi ton vélo électrique. – c. Nous leur donnons l'autorisation de sortir. – d. Demande-lui son adresse électronique. – e. Téléphonons-lui. – f. Passe-moi Louisa. – g. Indiquons-lui la procédure.– h. Communiquez-lui les informations nécessaires.

**404.** a. Ne lui emprunte pas sa voiture. – b. Ne leur parlez pas librement. – c. Ne nous prête pas ce magazine. – d. Ne leur montrons pas notre blog. – e. Ne lui commandez pas ce smartphone. – f. ne m'apportez pas de copie du contrat. – g. Ne m'emmène pas avec toi. – h. Ne me conduisez pas à l'aéroport.

**405.** a. Ne me parlez pas fort. – b. Félicite-moi. – c. Donnez-moi ses coordonnées. – d. Ne leur prêtons pas l'appartement. – e. Donne-moi des nouvelles. – f. Ne me rejoins pas à la sortie. – g. Ne la raccompagnons pas chez elle. – h. Apportez-moi le courrier.

**406.** b-7, c-1, d-2, e-3, f-8, g-4, h-5.

**407.** a. Soyez y : 4 – b. Achetons-en : 1/3/7 – c. Regardes-en : 6 – d. Sors-en : 8 – e. Buvez-en : 2 : f. Goûtes-y : 5 – g. Partons-en : 8 – h. Manges-en : 1/3/7.

**408.** a. N'en commande pas. – b. Jettes-en. – c. N'en regarde pas. – d. Emmènes-y Louise. – d. N'en écoute pas. – f. N'en cueille pas. – g. Offres-en. – h. Conduis-y tes amis.

**409.** a. N'en prenez pas. – b. N'y va pas. – c. N'en demandons pas plus. – d. N'y rentrons pas. – e. N'en sortez pas. – f. N'en sers pas plus. – g. N'en buvez pas. – h. N'y passons pas.

**410.** a. Passons-y peu de temps. – b. Allez-y plus souvent. – c. Prends-en quelques-unes. – d. Restons-y longtemps. – e. Consommez-en peu. – f. Partons-y une semaine. – g. Offrez-en souvent. – h. N'en fais pas beaucoup.

**411.** a. passez-y – b. n'en apporte pas – c. partez-y – d. n'en donnons pas – e. prenez-en/prends-en – f. reprenez-en – g. n'y passe pas – h. offrez-en

**412.** a. N'en mets pas partout. – b. N'en donnez pas aux enfants. – c. N'y allez pas trop vite. – d. N'en faites pas trop. – e. Distribuons-en plusieurs. – f. Buvez-en quelques gouttes. – g. Manges-en un petit peu. – h. N'en prends pas trop.

**413.** a. emmenez-les – b. n'y va pas – c. n'en choisissez pas – d. ne la prends pas – e. Commandez-en un – f. passes-y tes vacances – g. prenons-en une – h. n'en ayez pas.

**414.** b-6, c-2, d-1, e-7, f-8, g-4, h-5.

**415.** a. Ne me racontez pas vos voyages. – b. Regarde-la. – c. N'y partons pas. – d. Mets-le. – e. N'en buvez pas. – f. Prends-le aujourd'hui. – g. Ne nous téléphone pas plus souvent. – h. Ne les accompagne pas à l'école.

## Bilan 8

**1.** a. Arrêtez-vous de fumer. – b. Ne mangez pas trop de viandes et de graisses animales. – c. Mangez chaque jour cinq légumes ou fruits. – d. Faites du sport chaque semaine, au moins une heure. – e. Habituez-vous à monter les escaliers, ne prenez pas l'ascenseur. – f. Prenez votre temps. – g. Détendez-vous et ne vous stressez pas. – h. Arrêtez de penser à vos problèmes. – i. Organisez-vous pour aller à la campagne régulièrement. – j. Faites-vous plaisir et lisez de bons livres. – k. Dormez suffisamment et ne vous couchez pas trop tard. – l. Retrouvez le sourire, riez et restez optimiste.

**2.** a. Enlève tes mains de tes poches. – b. Ne crie pas sans raison et parle moins fort. Occupe-toi de ta sœur, joue avec elle. Ne te dispute pas avec elle. Emmène-la jouer dans la chambre. – c. Quand les adultes parlent, ne leur coupe pas la parole et réfléchis avant de dire quelque chose. – d. Laisse passer les grandes personnes devant toi. – e. Ne mets pas tes coudes sur la table. Tiens-toi droit. Finis le repas avant de sortir de table. – f. Ne joue pas trop longtemps sur ta console de jeux. ....

# 9. Le conditionnel et les temps du futur

**416.** b. Pourriez-vous – c. On aimerait – f. Nous voudrions – g. Tu voudrais.

**417.** b-3 ; c-4 ; d-1 ; e-8 ; f-2 ; g-6 ; h-7.

**418.** a. Je voudrais une baguette… – b. J'aimerais un camembert… – c. Je voudrais deux kilos… – d. J'aimerais 500 grammes… – e. Je voudrais un poulet… – f. J'aimerais deux tranches … – g. J'aimerais une mangue… – h. Je voudrais une douzaine…

**419.** a. Pourrais-tu garder nos enfants demain soir ? – b. Pourriez-vous vérifier la monnaie s'il vous plaît ? – c. Je voudrais aller à la gare Saint-Charles – d. Tu pourrais m'aider pour un dossier ? – e. Pourriez-vous faire un joli bouquet ? / J'aimerais un joli bouquet – f. J'aimerais bien un café, s'il te plaît – g. S'il vous plaît, pourriez-vous me donner une boîte de pansements ? – h. Pourrais-tu aller acheter du pain ?

**420.** a. Tu vas boire ; c. Ils vont aller ; d. Nous allons regarder ; e. Elle va demander ; g. Je vais assister.

**421.** b-1 ; c-2 ; d-5 ; e-3 ; f-6.

**422.** a. elle va bientôt étudier ; b. je vais bientôt vivre ; c. nous allons bientôt faire ; d. ils vont bientôt voyager ; e. on va bientôt avoir ; f. je vais bientôt être ; g. nous allons bientôt parler ; h. il va bientôt prendre.

**423.** a. vont fermer ; b. va pleuvoir ; c. va partir ; d. allez réveiller ; e. va neiger ; f. allons rater ; g. vas avoir ; h. vais descendre.

**424.** a. Vous allez déposer vos bagages à l'hôtel. – b. Vous allez déjeuner sur la terrasse de l'hôtel à 12 h 30. – c. Vous allez partir pour Carthage à 14 h 00. – d. Vous allez visiter des ruines de 15 h 00 à 17 h 00. – e. Vous allez déguster des pâtisseries arabes. – f. Vous allez rentrer à l'hôtel. – g. Vous allez dîner dans un cabaret à 20 h 30. – h. Vous allez voir un spectacle folklorique à la salle des spectacles.

**425.** a. vais me coucher ; b. vas te changer ; c. allons nous maquiller ; d. vont s'endormir ; e. va s'installer ; f. allez vous déguiser ; g. va s'habiller ; h. va se doucher.

**426.** a. Mes parents ne vont pas faire le tour du monde. – b. Ma mère ne va pas prendre sa retraite. – c. Je ne vais pas m'installer à la campagne. – d. Il ne va pas retourner dans son pays. – e. Nous n'allons pas pouvoir venir. – f. Vous n'allez pas vous absenter. – g. On ne va pas se dépêcher. – h. Tu ne vas pas t'en aller.

**427.** a. je boirai ; b. vous écrirez ; c. tu danseras ; d. elle prendra ; e. nous dirons ; f. on chantera ; g. tu grandiras ; h. je mettrai.

**428.** a. être ; b. devoir ; c. aller ; d. avoir ; e. courir ; f. savoir ; g. faire ; h. pouvoir.

**429.** a. Ils répondront… – b. Elles inscriront… – c. Vous attendrez… – d. Nous lirons… – e. Ils noteront… – f. Nous éteindrons… – g. Vous allumerez… – h. Elles pourront…

**430.** b-6 ; c-5 ; d-7 ; e-2 ; f-1 ; g-8 ; h-4.

**431.** b-2 ; c-1 ; d-7 ; e-4 ; f-8 ; g-5 ; h-3.

**432.** a. sortirons ; s'arrêtera – b. quitterez ; rejoindrez – c. conduira ; aura – d. serai ; porterai – e. sentiras ; prendras – f. prendrons ; voudrez – g. fera ; étudiera – h. courrez ; pleuvra.

**433.** a. Votre situation professionnelle s'améliorera. – b. Vous connaîtrez un grand amour. – c. Il durera quelques années. – d. Puis vous serez déçue. – e. Alors, votre vie changera. – f. Quelqu'un tombera follement amoureux de vous. – g. Vous l'épouserez. – h. Vous vivrez le bonheur parfait toute votre vie. – i. Vous aurez beaucoup de chance.

**434.** a. j'essayerai/essaierai ; b. Vous essuierez ; c. Tu emploieras ; d. Nous balayerons/balaierons ; e. J'appuierai ; f. Elle payera/paiera ; g. On nettoiera ; h. Ils ennuieront.

**435.** a. Il faudra… – b. Vous laverez… – c. Vous n'oublierez pas… – d. Il y aura… – e. Vous étendrez… – f. À 16 h 30, vous irez… – g. Vous me direz… – h. Vous partirez…

**436.** a. Demain, il y aura du soleil à Cannes. – b. Demain, il ne fera pas froid à Lille. – c. Demain, il ne neigera pas à Chamonix. – d. Demain, les températures ne baisseront pas dans le Nord. – e. Demain, une tempête ne se préparera pas en Bretagne. – f. Demain, le vent ne soufflera pas très fort à Biarritz. – g. Demain, il ne gèlera pas à Grenoble. – h. Demain, il ne faudra pas faire attention au verglas dans l'Est.

**437.** b-4/5/8 ; c-4/5/8 ; d-1 ; e-4/5/8 ; f-2 ; g-3/4/5/6/8 ; h-1/2.

**438.** a. téléphonerez ; b. fêterons ; c. va s'occuper ; d. va soigner ; e. va ouvrir ; f. aura ; g. sera ; h. vont arriver.

**439.** a. allez faire ; b. parleront ; c. vais te préparer ; d. allons arriver ; e. vivra ; f. va écouter ; g. étudierai ; h. achèterai.

## Bilan 9

**1.** a. allez faire ; b. vais partir ; c. vais entrer ; d. serai ; e. irai ; f. essayerai/essaierai ; g. reviendrai ; h. vais prendre ; i. vais travailler ; j. étudierai ; k. m'emploiera ; l. aura ; m. sera.

**2.** a. vais apporter ; b. serez ; c. viendrez ; d. allons décider ; e. serai ; f. allons commencer ; g. ouvrira ; h. pourrez ; i. verrons ; j. aurai ; k. devrez ; l. saurez ; m. ferez ; n. allons travailler.

# 10. La négation

**440.** a. ne – b. ne – c. n' – d. ne – e. ne ; n' – f. n' – g. ne ; ne – h. n' ; ne

**441.** a. Vous n'avez pas son numéro de portable ? – b. Nous ne connaissons pas son adresse électronique. – c. Je ne sais pas où elle travaille. – d. Marion n'habite pas à Lille. – e. On ne comprend pas son attitude. – f. Elle ne parle pas beaucoup avec les autres étudiants. – g. Elle ne sort pas le soir. – h. Elle ne raconte pas sa vie.

**442.** Non, elle n'a pas son identifiant… – b. Non, nous ne nous connectons/je ne me connecte pas souvent sur… – c. Non, on ne communique pas souvent sur… – d. Non, je n'utilise pas Twitter… – e. Non, ils ne postent pas de photos… – f. Non, je n'envoie pas/nous n'envoyons pas de messages…. – g. Non, on n'échange pas de SMS… – h. Non, je ne téléphone pas avec …

**443.** a. On ne met pas les coudes… – b. On n'aspire pas les spaghettis. – c. On ne parle pas la bouche pleine. –d. … ça ne se fait pas – e. On ne sauce pas son assiette… – f. On ne se mouche pas… – g. On ne noue pas sa serviette… – h. … ça ne se fait pas.

**444.** a. Une ouvreuse ne vend pas les places de spectacle – b. Un producteur ne fabrique pas les costumes. – c. Un metteur en scène ne dirige pas les musiciens. – d. La costumière ne s'occupe pas des jeux de lumière. – e. Le décorateur ne prépare pas les costumes. – f. Un comédien ne chante pas à l'Opéra. – g. Une cantatrice ne filme pas les acteurs. – h. Un chef d'orchestre ne dirige pas les comédiens.

**445.** a. Non, je ne l'ai pas/Nous ne l'avons pas enregistré. – b. Non, on ne la regardera pas. – c. Non, je ne la suis pas – d. Non, nous ne le verrons pas. – e. Non, nous ne les avons pas/Je ne les ai pas écoutées – f. Non, ils ne l'ont pas regardé – g. Non, on ne le retransmet pas – h. Non, elle ne l'écoute pas.

**446.** b-5 ; c-1 ; d-2 ; e-3 ; f-8 ; g-4 ; h-6.

**447.** a. Non, nous ne la choisirons pas/je ne la

choisirai pas. – b. Non, elle n'en commande pas. – c. Non, on ne la prend pas. – d. Non je n'en veux pas. – e. Non, on n'en boit pas. – f. Non, je n'en mange pas/nous n'en mangeons pas. – g. Non, je ne l'aime pas. – h. Non, on n'en prend pas.

**448.** a. Non, je ne lui prête pas ma voiture. – b. Non, on ne les emmènera pas à la campagne. – c. Non, je ne leur adresserai pas/nous ne leur adresserons pas une lettre recommandée. – d. Non, je ne les invite pas pour l'apéritif. – e. Non, elle ne lui emprunte pas sa moto. – f. Non, je ne leur envoie pas/nous ne leur envoyons pas de cartes de vœux. – g. Non, je ne lui téléphone pas souvent. – h. Non, ils ne les livrent pas à domicile.

**449.** b-8 ; c-5 ; d-7 ; e-1 ; f-6 ; g-2 ; h-3.

**450.** Formes correctes : a. la ; b. l' ; c. d' ; d. la ; e. le ; f. d' ; g. de ; h. de.

**451.** a. Non, ils n'aiment pas le champagne. – b. Non, je ne prends pas de cocktail. – c. Non, nous ne choisissons pas d'entrée. – d. Non, ils n'aiment pas les brioches. – e. Non, je ne prends pas le plat du jour. – f. Non, on n'achète pas de croissants. g. Non, on ne prend pas de dessert. – h. Non je ne connais pas/nous ne connaissons pas la bouillabaisse.

**452.** a. Non, je ne prépare pas de concours. – b. Non, vous ne remplirez pas de fiche d'inscription. – c. Non, elle n'a pas obtenu de diplôme. – d. Non, ils ne prennent pas de cours particuliers. – e. Non, je ne poursuis pas/nous ne poursuivons pas d'études. – g. Non, elles n'auront pas d'examens à la fin de l'année. – h. Non, je n'ai pas de cours à 16 heures.

**453.** a. de ; b. l' ; c. de ; d. de ; e. la ; f. de ; g. le ; h. de.

**454.** a. il ne pleut plus ; d. il n'y avait plus ; e. tu n'as plus ; h. il n'y a plus.

**455.** a. pas ; b. plus ; c. plus ; d. plus ; e. pas ; f. plus ; g. pas ; h. plus.

**456.** a. Non, je n'ai plus de cigarettes. – b. Désolé, je ne peux pas te prêter d'argent. – c. Non, je n'en ai pas/je n'ai pas de stylo. – d. Non, je n'ai pas lu son dernier roman. – e. Non, il n'a plus de moto. – f. Non je ne revois plus mes amis. – g. Non, je n'ai pas reconnu Isabelle Huppert. – h. Non, ils n'ont pas gardé leur maison/ils ne l'ont pas gardée.

**457.** a. Non, je ne fais jamais de sport. – b. Non, il ne lit jamais. – c. Non, nous ne jouons jamais aux jeux vidéo. – d. Non, ils ne sortent jamais le soir. – e. Non, nous ne lisons/ je ne lis jamais les programmes culturels. – f. Non, il ne visite jamais d'expositions. – g. Non, je ne vais/on ne va jamais danser. – h. Non je n'emmène jamais les enfants au cinéma.

**458.** a. Non, ils ne communiquent plus par Whatsapp. – b. Non, je n'écoute jamais de musique sur Deezer. – c. Non, ils ne regardent jamais de films américains. – d. Non, je n'écoute plus (autant) la radio. – e. Non, ils ne regardent jamais de films en streaming. – f. Non, je ne regarde plus de films sur YouTube. – g. Non, il n'est plus abonné au réseau Linkedin. – h. Non elle ne se connecte jamais sur Facebook.

**459.** b-7 ; c-3 ; d-2 ; e-4 ; f-1 ; g-8 ; h-6.

**460.** a. personne ; b. rien ; c. personne ; d. rien ; e. personne ; f. rien ; g. personne ; h. rien.

**461.** a. personne ; b. rien ; c. personne ; d. rien ; e. personne ; f. personne ; g. rien ; h. rien.

**462.** a. Je ne travaille avec personne. – b. Je ne suis bon en rien. – c. Elle n'est fâchée contre personne. – d. Je ne sors avec personne. – e. Je n'écris à personne. – f. Je ne compte sur rien. – g. Elle ne s'intéresse à rien. – h. Ils ne parlent de rien.

**463.** b-8 ; c-7 ; d-5 ; e-1 ; f-2 ; g-3 ; h-4.

**464.** a. Non, elle ne travaille plus en Indonésie / elle n'y travaille plus. – b. Non, ils n'ont plus de projets de voyage / ils n'en ont plus. – c. Non, elle ne va jamais au restaurant japonais / elle n'y va jamais. – d. Non, elle ne vit plus avec Bastien / elle ne vit plus avec lui. – e. Non, je n'étudie plus à la Sorbonne / je n'y étudie plus. – f. Non, je ne cherche plus le nom du magasin /je ne le cherche plus. – g. Non, ils n'invitent jamais leurs voisins / ils ne les invitent jamais. – h. Non, je ne passe jamais devant chez toi / je n'y passe jamais.

**465.** a. n'… plus ; b. ne… personne ; c. ne… rien ; d. ne… personne ; e. ne… jamais ; f. ne… rien ; g. ne…rien ; h. ne… jamais.

**466.** a. Vous ne devez pas fumer dans la chambre. – b. Tu ne peux pas réserver le studio. – c. Je ne peux pas avoir de connexion Internet. – d. Elle ne veut pas passer à la réception. – e. Nous ne voulons pas rentrer maintenant à l'hôtel. – f. Je ne réussis pas à ouvrir la porte. – g. On ne voudrait pas garer la voiture dans la rue. – h. Vous ne savez pas utiliser la climatisation.

**467.** Mes parents ne viennent pas d'emballer les cadeaux de Noël. – b. La mairie ne va pas organiser de soirée galette des Rois. – c. On ne vient de décorer le sapin de Noël de l'école. – d. Nous n'allons pas participer à la Fête de la musique. – e. Mes amis ne vont pas danser au bal du 14 Juillet. – f. Les touristes ne viennent pas d'admirer les décorations dans les rues. – g. Le marché de Noël ne vient pas de commencer. – h. On ne va pas cacher les œufs de Pâques dans le jardin.

**468.** a. Non ; je ne peux pas traduire cette lettre en espagnol. – b. Non, je ne dois pas apprendre à nager le crawl. – c. Non, je ne peux pas apprendre le japonais. – d. Non, elle n'a pas envie d'utiliser son ordinateur. – e. Non, nous ne savons pas nous servir / Non, je ne sais pas me servir d'une tablette. – f. Non, elle ne sait pas coudre. – g. Non, tu n'as pas besoin de comprendre le russe. – h. Non, on ne voudrait pas parler le français comme toi/vous.

**469.** b-7 ; c-2 ; d-8 e-6 ; f-3 ; g-1 ; h-4.

**470.** a. Non, je ne l'ai pas apprise. – b. Oui, je les ai écoutées. – c. Oui, ils l'ont regardé. – d. Non, il ne les a pas lues. – e. Non, il ne l'a pas écoutée. – f. Oui, on l'a regardé. – g. Non, elles ne sont pas intéressées par l'actualité. – h. Oui, ils l'ont suivie.

**471.** a. Non, je n'ai pas rencontré de journalistes / je n'en ai pas rencontré – b. Non, nous ne sommes pas allés au musée de la télévision / nous n'y sommes pas allés. – c. Non, nous n'avons pas aimé ce film / nous ne l'avons pas aimé. – d. Non, les enfants n'ont pas participé à ce jeu / ils n'y ont pas participé. – e. Non elle ne s'est pas inscrite au concours / elle ne s'y est pas inscrite. – f. Non je n'ai pas enregistré ce reportage / je ne l'ai pas enregistré. – g. Non, il n'a pas écouté ce morceau de rap / il ne l'a pas écouté. – h. Non, ils ne sont pas venus nombreux à l'enregistrement / ils n'y sont pas venus nombreux.

**472.** a. Elle demande de ne pas marcher sur la pelouse. – b. Ne pas cueillir les fleurs. – c. Prière de ne pas claquer la porte. – d. Elles disent ne pas rentrer tôt. – e. Alice est déçue de ne pas venir. – f. Je suis content de ne pas être à l'école. – g. Merci de ne pas raccrocher. – h. Prière de ne pas manger dans la bibliothèque.

## Bilan 10

**1.** a. ne… pas ; b. ne … pas ; c. n'… plus ; d. ne… rien ; e. personne ne ; f. n'… jamais ; g. n'… rien ;
h. ne jamais ; i. n'… plus ; j. ne … pas .

**2.** a. n'… pas de ; b. n'… rien ; c. ne plus ; d. ne … plus ; e . rien ; f. ne… pas ; g. ne… jamais ; h. ne … rien ; i. n'… pas ; j. ne… personne ; k. ne… pas ; l. ne… pas.

# 11. L'interrogation

**473.** a. Est-ce que vous aimez la musique classique ? – b. Est-ce que tu connais ce morceau de Ravel ? – c. Est-ce que le concert finit tard ? – d. Est-ce que vous avez les places ? – e. Est-ce que ce chef d'orchestre est connu ? – f. Est-ce que c'est un orchestre philharmonique ? – g. Est-ce qu'il y a des chœurs ? – h. Est-ce que vous avez le programme ?

**474.** a. Est-ce que tu prends un parapluie ? – b. Vous avez coupé l'eau ? – c. Est-ce que les fenêtres sont bien fermées ? – d. Est-ce que le chien est dans la voiture ? – e. Est-ce que tu as les clés ? – f. Les enfants sont descendus ? – g. Hugo, est-ce que tu mets les bagages dans la voiture ? – h. Est-ce que je peux fermer la porte ?

**475.** a. Tu vas chez tes parents ? – b. Tu prends le train ? – c. Tu pars longtemps ? – d. Tu pars seule ? – e. Tu vas faire de la voile ? – f. Vous partez bientôt ? – g. Je vous accompagne à l'aéroport ? – h. Il va faire beau ?

**476.** a. Est-ce que la bibliothèque est agréable ? – b. Est-ce que le cinéma se trouve au rez-de-chaussée ? – c. Est-ce que le centre Pompidou est ancien ? – d. Est-ce qu'il accueille beaucoup de visiteurs ? – e. Est-ce que le musée d'Art moderne se trouve au sixième étage ? – f. Est-ce qu'on peut étudier des langues au centre Pompidou ? g. Est-ce que le centre de Création Industrielle propose des expositions ? – h. Est-ce que nous devons visiter ce bâtiment ?

**477.** a. Habitez-vous à Aix-en-Provence ? – b. Allez-vous à l'université ? – c. Étudiez-vous la littérature française ? – d. Vivez-vous chez vos parents ? – e. Cherchez-vous un studio ? – f. Avez-vous un petit job pour payer vos études ? – g. Remplissez-vous ce formulaire ? – h. Pouvez-vous repasser le mois prochain ?

**478.** a. Aimes-tu leur nouvel appartement ? – b. Ne sont-ils pas loin du métro ? – c. Vont-ils organiser une petite fête ? – d. Ont-ils une grande pièce ? – e. Es-tu invité ? – f. Connais-tu la date de la fête ? – g. Peut-on y aller ensemble ? – h. faut-il apporter quelque chose ?

**479.** a. As-tu pris une douche ? – b. Vous êtes-vous préparés ? – c. S'est-il rasé ? – d. S'est-elle maquillée ? – e. Vous êtes-vous occupés des enfants ? – f. Se sont-ils habillés seuls ? – g. Vous êtes-vous dépêchés ? – h. Se sont-ils rendus à la gare en taxi ?

**480.** –t- pour b, c, d, e, g et h.

**481.** a. Repasse-t-elle le linge ? b. Change-t-on les draps ? c. Nettoie-t-il la baignoire ? d. Range-t-elle le salon ? e. Lave-t-on le carrelage, f. Passe-t-il l'aspirateur ? g. Enlève-t-elle la poussière ? h. Secoue-t-on le tapis ?

**482.** a. Aime-t-il sortir ? – b. Va-t-il au cinéma ? – c. Apprécie-t-il la musique ? – d. Fait-il du sport ? – e. A-t-il le sens de l'humour ? – f. Voyage-t-il souvent ? – g. Veut-il rencontrer une femme ? – h. Est-il libre ?

**483.** a. S'est-elle présentée à l'heure ? – b. Se sont-ils installés dans une grande salle ? – c. Vous êtes-vous assis à l'écart ? – d. T'es-tu mise à l'aise ? – e. Vous êtes-vous exprimé naturellement ? – f. S'est-elle retirée très vite ? – g. Se sont-ils salués ? – T'es-tu mise à trembler ?

**484.** a-2/7 ; b-4/5 ; c-6 ; d-5 ; e-8 ; f-1 ; g-7/2 ; h-3/8.

**485.** a. Peux-tu inviter Mamie ? – b. Peut-on préparer une choucroute ? – c. Savez-vous faire la tarte Tatin ? – d. Veut-il choisir le vin ? – e. Vont-ils apporter le fromage ? – f. Allons-nous acheter une entrée chez le traiteur ? – g. Veux-tu inviter les enfants ? – h. Va-t-elle prévoir le menu ?

**486.** a. L'annonce a-t-elle précisé l'horaire d'arrivée ? – b. Paul a-t-il pris un T.G.V. ? – c. Mona a-t-elle voyagé en première ? – d. Votre sœur a-t-elle réservé sa place ? – e. M. Leroux a-t-il annulé sa réservation ?

– f. les enfants ont-ils composté leurs billets ? – g. Les voyageurs ont-ils demandé un remboursement ? – h. Le contrôleur est-il passé dans la voiture 4 ? – i. David est-il descendu à Lyon ?

**487.** a. Ses enfants sortent-ils de l'école à 16 heures ? – b. Sa voisine va-t-elle chercher les enfants ? – c. Ses enfants font-ils leurs devoirs seuls ? – d. Sa mère prépare-t-elle le dîner ? – e. La baby-sitter donne-t-elle le bain aux enfants ? – f. Son mari arrive-t-il vers 20 heures ? – g. Anita couche-t-elle les enfants à 20 heures 30 ? – h. Son mari et elle regardent-ils un film dans la soirée ?

**488.** a. Sa sœur est-elle pianiste ? – b. Emma travaille-t-elle son morceau? – c. Noé connaît-il bien le solfège ? – d. Mélissa joue-t-elle du violon ? – e. Leurs parents aiment-ils la musique ? – f. Toute la famille est-elle musicienne ? – g. Les voisins apprécient-ils ? – h. L'appartement est-il est bien insonorisé ?

**489.** a. Léo va-t-il souvent au musée d'Orsay ? – b. Jonathan visite-t-il des expositions ? – c. Valentin connaît-il le cubisme ?– d. Jules s'intéresse-t-il au dessin ? – e. Sa mère aime-t-elle les peintres impressionnistes ? – f. Son père fait-il de la sculpture ? – g. Manon fabrique des collages ? – h. Les enfants font-ils de la photographie ?

**490.** b-1 ; c-5 ; d-2/4 ; e-7 ; f-8 ;g-2/4 ; h-2/6.

**491.** a. Le cours n'était pas intéressant ? – b. Le prof n'est arrivé pas à l'heure ? – c. Il n'y avait pas beaucoup d'étudiants ? – d. Le professeur n'a pas distribué de documents ? – e. Tu n'as pas pris de notes ? – f. Tu ne me prêtes pas ton cours? – g. On n'a pas donné d'exercices à faire ? – h. Tu ne peux pas me montrer les corrections ?

**492.** b-5 ; c-7 ; d-8 ; e-2 ; f-3 ; g-1 ; h-6.

**493.** a. Qu'est-ce qu'il veut ? – b. Qu'est-ce qu'elle aime ? – c. Qu'est-ce qu'elle mange ? – d. Qui est-ce qui a mal ? – e. Qu'est-ce que tu penses/vous pensez ? – f. Qui est-ce qui est malade ? – g. Qu'est-ce que tu fais maintenant ? – h. Qu'est-ce que je laisse ?

**494.** b-8 ; c-1 ; d-2 ; e-3 ; f-7 ; g-5 ; h-6.

**495.** a. Qu'est-ce qu' ; b. Qui est-ce qui ; c. Est-ce que ; d. Qu'est-ce qu' ; e. Est-ce que ; f. Qu'est-ce que ; g. Est-ce qu' ; h. Qu'est-ce qu'.

**496.** a. Qu'est-ce qu'il achète ? – b. Qui est-ce qui est végan ? – c. Qu'est-ce qu'elle mange ? – d. Est-ce que Loïc aime les gâteaux ? – e. Est-ce que tes amis boivent de l'alcool ? – f. Qui est-ce qui demande des bonbons ? – g. Est-ce que tu bois de la bière ? – h. Qu'est-ce que vous achetez ?

**497.** a : 4, 5 et 7. – b : 1, 2, 6 et 8.

**498.** a. 1 ; b. 3 ; c. 1 ; d. 2 ; e. 2 ; f. 3 ; g. 3 ; h. 2.

**499.** b-3 ; c-1 ; d-7 : e-2 ; f-4 ; g-8 ; h-6.

**500.** a. Qu'est-ce que ; b. Qui est-ce qui ; c. Qu'est-ce que ; d. Qui est-ce qui ; e. Qui est-ce qu' ; f. Qu'est-ce que ; g. Qui est-ce que ; h. Qu'est-ce qui.

**501.** a. Qu'est-ce qu' ; b. Qui est-ce qui ; c. Qu'est-ce que ; d. Qui est-ce qu' ; e. Qu'est-ce qui ; f. Qui est-ce que ; g. Qu'est-ce qu' ; h. Qui est-ce qui.

**502.** b. Qu'est-ce que → 6 ; c. Qui est-ce que → 7 ; d. Qu'est-ce qui → 1 ; e. Qu'est-ce qu' → 8 ; f. Qu'est-ce qui → 2 ; g. Qu'est-ce que → 3 ; h. Qui est-ce que → 5.

**503.** a. Qui connaît le site Blablacar ? – b. Qui utilise le covoiturage ? – c. Qui réserve des places… ? – d. Qui accepte des passagers… ? – e. Qui laisse un commentaire… ? – f. Qui voyage par Ouigo ? – g. Qui préfère les vols… ? – h. Qui emprunte les transports… ?

**504.** a. Que joue Léonie comme rôle ? – b. Que choisis-tu comme B.D. ? – c. Que pensez-vous de ce film ? – d. Que préfère Bérénice ? – e. Qu'offre Élise à son père ? – **f.** Que décident-ils pour le week-end ? – g. Qu'étudie Mickaël ? – h. Que veulent les enfants ?

**505.** b-5 ; c-3/7 ; d-3/7 ; e-8 ; f-1 ; g-3/7 ; h-4.

**506.** a. Qui ; b. Que ; c. Qui ; d. Qu' ; e. Que ; f. Que ; g. Qui ; h. Qu'.

**507.** a. quoi ; b. quoi, c. quoi ; d. Que ; e. quoi ; f. Que ; g. Que ; h. quoi.

**508.** a. quoi – b. Que – c. Qui – d. quoi – e. qui – f. Qu' – g. quoi – h. Qu'

**509.** a. Quelle ; b. quelle ; c. quel ; d. quel ; e. quels ; f. Quelles ; g. quelle ; h. quelle.

**510.** a. Quelle est votre adresse ? – b. Quels sont vos diplômes ? – c. Quelle est votre nationalité ? – d. Quel est votre numéro de passeport ? – e. Quelles sont vos compétences ? – f. Quels sont vos objectifs ? – h. Quelles sont vos disponibilités ?

**511.** a. Vous vivez dans quel arrondissement ? – b. Dans quelle rue est votre appartement ? – c. Il est à quel numéro ? – d. Quelle est la station de métro la plus proche ? – e. Quelles distractions y a-t-il dans votre quartier ? – f. Quelle est la population de votre quartier ? – g. Quels bus s'arrêtent à Notre-Dame-du-Mont ? – h. Depuis quelle année habitez-vous dans ce quartier ?

**512.** a. Où déjeunes-tu ? – b. Où prenez-vous le métro ? – c. Par où les enfants sortent-ils ? – d. D'où tes amis arrivent-ils ? – e. Où ton frère part-il ? – f. Où gares-tu ta voiture ? – g. Où vous retrouverez-vous ? – h. D'où Jeanne a-t-elle posté sa carte ?

**513.** a. Où Samuel fait-il des études ? – b. Où Samuel vit-il ? – c. Où Samuel -t-il ? – d. Où Valentine se marie-t-elle ? – e. Où Valentine travaille-t-elle ? – f. Où Valentine passe-t-elle ses vacances ? – g. Où son appartement se trouve-t-il ? – h. Où Valentine fait-elle de la gymnastique ? –

**514.** a. Où faut-il changer ? – b. Par où peut-elle entrer ? – c. Où arriveront-ils ? – d. Où est-on ? – e. D'où l'envoyé spécial de BFM TV téléphone-t-il ? – f. Par où les cambrioleurs sont-ils passés ? – g. Où descendent-elles ? – h. Par où ferez-vous/ferons-nous un détour ? –

**515.** a. Quand le film commence-t-il ? – b. Quand Alice finit-elle son travail ? – c. Quand mange-t-on ? – d. Quand les magasins ferment-ils ? – e. Quand arrêtes-tu de travailler ? – f. Quand part-on en vacances ? – g. Quand achèterons-nous une maison à la mer ? – h. Quand les travaux seront-ils finis ?

**516.** a. Quand on signera/ Quand signera-t-on la vente ? – b. Depuis quand Maria vit/vit-elle en France ? – c. À partir de quand vous serez/serez-vous en congés ? – d. Quand l'avion décolle/décolle-t-il ? – e. À partir de quand ce film sortira/sortira-t-il dans les salles ? – f. Quand vous devez /devez-vous être à l'aéroport ? – g. Depuis quand Myriam est /est-elle à la retraite ? – h. À partir de quand nous pouvons/pouvons-nous passer notre permis de conduire ?

**517.** b-5 ; c-1 ; d-2 ; e-8 ; f-3 ; g-6 ; h-4.

**518.** a. Pourquoi l'imprimante n'est-elle pas connectée ? – b. Pourquoi n'y a-t-il plus de wi-fi ? – c. Pourquoi cette clé USB est-elle vide ? – d. Pourquoi avez-vous débranché l'ordinateur ? – e. Pourquoi n'as-tu pas enregistré les données ? – f. Pourquoi l'informaticien ne vient-il pas ? g. Pourquoi ne sais-tu pas utiliser le scanner ? – h. Pourquoi la stagiaire s'ennuie-t-elle ?

**519.** But, pour quoi (B) : a, b, e et g. – Cause, pourquoi (C) : c, d, f et h.

**520.** a. Pourquoi pleut-il ? – b. Pourquoi fait-il frais ? – c. Pourquoi ne neige-t-il pas ? – d. Pourquoi faut-il prendre un parapluie ? – e. Pourquoi n'y a-t-il pas de soleil ? – f. Pourquoi gèle-t-il ? – g. Pourquoi y a-t-il du brouillard ? – h. Pourquoi fait-il très chaud ?

**521.** b-2 ; c-6 ; d-8 ; e-1 ; f-3 ; g-5 ; h-7.

**522.** a. Comment allez-vous à la montagne ? – b. Comment Léonie se sent-elle ? – c. Comment circules-tu en ville ? – d. Comment rejoindrons-nous nos amis ? – e Comment as-tu dormi ? – f. Comment part-on à Toulouse ? – g. Comment Louis a-t-il réussi ses examens ? – h. Comment as-tu été accueilli ?

**523.** a. Comment leurs professeurs sont-ils ? – b. Comment Alicia apprend-elle ses leçons ? – c. Comment Adam est-il ? – d. Comment vont-ils au collège ? – e. Comment s'entendent-ils ? – f. Comment déjeunent-ils ? – g. Comment ont-ils accepté la venue du bébé ? – h. Comment cela se passe-t-il maintenant ?

**524.** Phrases possibles : a. Comment avez-vous appris la nouvelle ? – b. Comment allez-vous ? – c. Comment fait-on pour allumer ? – d. Comment travailles-tu à l'école ? – e. Comment votre fils progresse-t-il ? – f. Comment vous appelez-vous ? – g. Comment votre nouvelle collègue est-elle ?

**525.** b-4 ; c-8 ; d-7 ; e-1 ; f-2 ; g-3 ; h-6

**526.** b-3 ; c-8 ; d-7 ; e-1 ; f-2 ; g-4 ; h-6

**527.** a. combien ; b. combien de ; c. combien ; d. combien de ; e. combien ; f. combien ; g. combien de ; h. combien ; i. combien de.

**528.** a. combien d' ; b. combien ; c. combien ; d. Combien d' ; e. combien ; f. combien de ; g. combien de ; h. combien ;

**529.** a. L'entreprise existe depuis combien d'années ? / Depuis combien d'années l'entreprise existe-t-elle ? – b. Le chiffre d'affaires annuel est de combien ? – c. Depuis combien d'années le directeur est-il le même ? – d. Combien de semaines par an l'entreprise ferme-t-elle ? – e. Le salaire moyen est de combien ? – f. Combien le directeur gagne-t-il ? – g. Combien de semaines de vacances les salariés ont-ils ? – Combien de clients réguliers l'entreprise a-t-elle ? –

**530.** a. Où se trouve la Bourgogne ? – b. Quelle est sa principale ressource économique ? – c. Quand la Bourgogne est-elle devenue une province française ? – d. Comment/pourquoi est-elle devenue française ? – e. Comment peut-on aller en Bourgogne ? – f. Quelles sont ses spécialités ? – g. Combien de départements y a-t-il en Bourgogne ? – h. Quelles sont les granges ville touristiques de Bourgogne ? –

**531.** a. Quand Bécassine apparaît-elle pour la première fois ? – b. Qui a inventé les aventures de Bécassine ? – c. Comment gagne-t-elle sa vie ? – d. Pourquoi a-t-elle des problèmes ? – e. Combien d'albums d'Astérix le Gaulois Goscinny et Uderzo ont-ils produits ? – f. Comment s'appelle l'inséparable ami d'Astérix ? – g. Où les aventures d'Astérix ont-elles été publiées pour la première fois ? – h. Pourquoi les deux Gaulois sont-ils très forts ? –

**532.** a. Pourquoi achète-t-on des fleurs le 1$^{er}$ Novembre ? / Quand/Quel jour achète-t-on des fleurs pour aller au cimetière ? – b. Comment appelle-t-on le 1$^{er}$ Mai ? – c. Combien de jours après Pâques le jeudi de l'Ascension arrive-t-il ? – d. À quoi correspondent / Que commémorent les deux fêtes du 11 novembre et du 8 mai ? – e. Pourquoi la fête nationale est-elle le 14 juillet ? – f. Que fête-t-on le 25 décembre ? – g. /Pour quelles raisons/ Pourquoi réveillonne-t-on la nuit de la Saint-Sylvestre ? – h. Que reçoivent les enfants le jour de Pâques ?

# Bilan 11

**1.** 1. Qui prend cinq semaines de vacances en général ? – 2. Combien de semaines de vacances Les Français prennent-ils en général ? – 3. Combien de Français passent /quelle proportion de Français passe leurs vacances au bord de la mer ? – 4. Où les deux tiers des Français passent-ils leurs vacances ? – 5. Quand partent-ils souvent ? – 6. Comment partent-ils ? – 7. Où vont-ils tous les jours ? – 8. Pourquoi/Pour quelles raisons vont-ils à la plage ? – 9. Qui aime s'amuser au bord de l'eau ? – 10. Où les jeunes enfants aiment-ils s'amuser ? – 11. À quoi jouent-ils ? – 12. Que font-ils/ Quelles sont leurs activités ? – 13. Qui lit, nage ou pratique un sport nautique ? – 14. Que font les parents ? – 15. Quand/À quelle période Les Français sont-ils détendus ? – 16. Au retour des vacances, à quoi tout le monde est-il prêt ?

**2.** a. Quel ; b. D'où ; c. Quelle ; d. Que ; e. Où ; f. qui. g. Combien d' ; h. Depuis combien de ; i. Pourquoi ; j. Que ; k. quelle ; l. Que.

# 12. La condition et l'hypothèse réalisable

**533.** b. s'ils ont faim ; e. si tu réussis ton examen ; g. si elle peut m'aider.

**534.** b-3 ; c-2/5 ; d-1/3 ; e-6 ; f-8 ; g-4 ; h-7.

**535.** a. n'apprenez pas ; ne pouvez pas ; b. regarde ; a ; c. Mets ; ne vois ; d. Partons/Partez/Pars ; fait ; e. êtes ; reposez-vous ; f. viennent ; allons ; g. sors ; veux ; h. Achète ; vas.

**536.** Phrases possibles :
a. ... reposez-vous. – b. ... je ferme la fenêtre. – c. ... appelle le médecin. – d. ... il ne dort pas. – e. ... prenez de l'aspirine. – f. ... enlève ton pull. – g. ... on peut faire un jogging. – h. ... elle peut être fière.

**537.** a-2 ; b-1 ; c-2 ; d-1 ; e-2 ; f-2 ; g-1 ; h-1 ;

**538.** b-7 ; c-5 ; d-1/4 ; e-2/6 ; f-6 ; g-2/6 ; h-8

**539.** a. rates ; prendras – b. courrons ; sommes – c. pourras ; réserve – d. louerons ; déménageons – e. devra ; rentre – f. apprécierez ; aimez – g. pars ; enverrai – h. sera ; rend.

## Bilan 12

**1.** a. emmenons ; b. sont ; c. déjeunons ; d. ont ; e. pouvons ; f. ne connaissent pas ; g. peut ; h. continue ; i. allons ; j. il y a ; k. essayons ; l. reste.

**2.** a. finissent ; b. chercheront ; c. trouveront ; d. a ; e. irons ; f. se réalise ; f. auront ; g. est ; h. s'appellera ; i. ressemblera ; j. verra ; k. n'obtiennent, l. ne trouvent pas ; m. n'ont pas ; n. continuera ; o. ne s'arrêtera pas.

# 13. Les prépositions de lieu et de temps

**540.** a. Colombie ; b. Liban ; c. Norvège ; d. Tunisie ; e. Luxembourg ; f. Chine ; g. Japon ; h. Russie.

**541.** a. au ; b. en ; c. au ; d. en ; e. en ; f. au ; g. au ; h. en.

**542.** a. Au ; b. au ; c. en ; d. au ; e. en ; f. au ; g. en ; h. au.

**543.** a. en ; au – b. au ; aux – c. en ; au – d. en ; aux – e. aux ; en – f. aux ; en – g. en ; en – h. au ; en.

**544.** a. à ; b. aux ; c. à ; d. en ; e. à ; f. à ; g. au ; h. à.

**545.** a-2 ; b-4/7/8 ; c-3/5 ; d-6 ; e-1.

**546.** a. Antilles ; b. Cuba ; c. Sicile ; d. Caire ; e. Singapour ; f. Baléares ; g. Vancouver ; h. Canaries

**547.** a. l' ; b. les ; c. en-aux ; d. la ; e. pour ; f. au ; g. l' ; h. à ; i. aux.

**548.** a-1/3/7 ; b-5/6 ; c-2 ; d-4/8

**549.** a. Du ; d' – b. De ; du – c. en ; À – d. d' ; De ; de – e. à ; à – f. de ; du – g. la – h. Des ; d' – i. par ; par.

**550.** a. Je suis en Malaisie. – b. Je pars demain pour la Birmanie. – c. Je reste trois jours en Birmanie. – d. Je vais dans l'Himalaya. – e. Je passe par le Népal. – f. Je retourne au Vietnam au printemps. – g. Je fais une croisière dans la mer de Chine. – h. Et je repars en été pour l'Europe.

**551.** b-à la-2 ; c-à l'-4. d-à l'-5 ; e-à l'-6 ; f-au-7 ; g-à la-8 ; h-au-3.

**552.** Lieux corrects : a. jardin du Luxembourg ; b. bibliothèque ; c. Opéra Bastille ; d. musée d'Orsay ; e. institut du Monde arabe ; f. tour Eiffel ; g. cabaret le Moulin Rouge ; h. Brasserie des lilas.

**553.** a. à la ; b. au ; c. aux ; d. au ; e. aux ; f. à l' ; g. au ; h. aux.

**554.** b. au-8 ; aux-4 ; chez-2 – c. au-1/8 – d. au-1 ; à la-3/7/8 ; chez-2 – e. à la-7 – f. aux-4 ; chez l'-5 – g. au-8 ; aux-4 ; chez-2 – h. au-1/8 ; à la-3 ; à l'-6.

**555.** a. chez, b. à la ; c. à la ; d. au ; e. aux ; f. à la ; g. aux ; h. à l'.

**556.** a. à-7 ; au-4/8 ; à la-6 ; à l'-5 ; aux-2 ; chez 1/3 – b. à-7 ; au-8 ; à l'-5 ; aux-2 ; chez-1/3 – c. à-7 ; au-8 ; à l'-5 ; aux-2 – d. à-7 ; au-8 ; aux-2 – e. à-7 ; au-8 ; à la-6 ; à-l'5 ; aux-2 ; chez-1 – f. à-7 ; au-4 ; chez-1/3 – g. à-7 : au-8 ; à l'-5 ; aux-2 ; chez 1/3 – h. à-7 ; au-8 ; à l'-5 ; aux-2 ; chez-3.

**557.** a-4/6 ; b-8 ; c-1/5 ; d-7 ; e-3 ; f-2.

**558.** a. de l' ; de l' – b. de la ; du – c. de chez ; de chez – d. de la ; de chez – e. des ; de la – f. de ; d' – g. du ; de l' – h. de l' ; de la.

**559.** a. à ; en – b. dans ; à – c. dans ; au – d. à ; à ; à – e. dans – f. sur ; entre – g. sous – h. par.

**560.** a. dans ; b. sur ; c. derrière ; d. sur ; e. devant ; f. sous ; g. sous ; h. dans.

**561.** a. Tu conduis en ville ou sur autoroute ? – b. Tu as la vue sur mer ? – c. Le quartier historique est dans le centre-ville. – d. Je fais mon marché sur la place Berlioz. – e. Les élèves marchent derrière leur professeur. – f. Je t'attendrai devant le cinéma. – g. Tu t'assois sur la chaise ou dans ce fauteuil ? – h. Vous regardez les passants par la fenêtre.

**562.** a. à ; en – b. dans ; sur – c. sur ; dans – d. à ; à – e. sur ; dans – f. en ; à – g. en ; à la – h. en.

**563.** a. Il y a un château en haut de la colline. – b. L'oiseau s'est posé au-dessous de la branche. – c. Il fait chaud. J'ai mangé à l'extérieur de chez moi. – d. Pose le tableau à gauche du vase. – e. Elles habitent loin de la bibliothèque. – f. Les enfants joueront près de chez les voisins. – g. Nous nous sommes donné rendez-vous à droite de l'hôtel. – h. Les magasins se trouvent en bas de l'avenue.

**564.** a. autour de ; b. au fond du ; c. au centre de ; d. en face de ; e. au bord de ; f. au milieu de ; g. au bout du ; h. au bord du.

**565.** a. sous ; sous – b. sur – c. au bord de ; par – d. du ; des – e. à ; avec/chez – f. au bout – g.

sur – h. sur ; dans.

**566.** a. En ; b. Depuis ; c. pendant ; d. pendant ; e. en ; f. en ; g. dans ; h. pendant.

**567.** a. en ; b. pendant ; c. depuis ; d. pendant ; e. dans ; f. pendant ; g. dans ; h. pendant.

**568.** a. sur ; b. à ; c. jusqu'à ; d. avant ; e. Après ; f. par ; g. dans ; h. dans.

**569.** a-au-7 ; b-à-5/au-4/en-3/au mois de-3/dans-8/à la-1 ; c-au-4 ; d-au-4/en-2 ; e-à-5 ; f-en-6 ; g-en-8 ; h-à-5/en-3/au mois de-3/dans-8/à la-1.

**570.** a. jusqu'à ; b. du ; c. au ; c. environ ; d. vers ; e. entre ; f. le ; g. à ; h. entre.

**571.** a. depuis ; b. pendant ; c. pendant ; d. depuis ; e. au ; f. en ;

## Bilan 13

**1.** a. au ; b. l' ; c. en ; d. en ; e. l' ; f. à la ; g. à la ; h. en ; i. par la ; j. à ; k. à ; l. dans ; m. par l' ; n en ; o. au ; p. en ; q. à ; r. en ; s. en ; t. d' ; u. à ; v. dans ; w. jusqu'à ; x. jusqu'à ; y. du ; z. au.

**2.** a. pendant ; b. à ; c. en ; d. pendant ; e. de ; f. à ; g. depuis ; h. dans ; i. dans ; j. aux ; k. en ; l. pour ; m. dans ; n. près de /à côté de ; o. pendant ; p. en ; q. en.

# 14. Les adverbes

**572.** a. là ; b. dehors ; c. nulle part ; d. à l'extérieur ; e. au-dessous ; f. en bas ; g. près ; h. ici.

**573.** a. près – b. à côté – c. à l'intérieur/dedans ; à l'extérieur/dehors – d. à droite/à gauche ; à gauche/à droite – e. ailleurs – f. partout – g. en face/à côté ; à côté/en face – h. dessus.

**574.** a. ici ; b. dehors ; c. ailleurs ; d. dessus ; e. devant ; f. là-bas ; g. nulle part.

**575.** b. tard ; c. Parfois ; e. bientôt ; f. souvent ; g. soudain ; h. demain.

**576.** a. demain ; b. d'abord ; ensuite ; c. toujours ; d. jamais ; e. Avant ; f. tôt ; g. tard ; h. déjà

**577.** b-3 ; c-1 ; d-4 ; e-8 ; f-5 ; g-6 ; h-7.

**578.** a. Avant ; b. Maintenant ; c. quelquefois ; d. rarement ; e. d'abord ; ensuite ; enfin ; f. jamais, g. toujours ; h. encore.

**579.** a. Elles ont pris rarement l'avion. – b. Mes parents sont arrivés avant. – c. Nous avons souvent invité les voisins. – d. Vous vous êtes couché tôt ? – e. Tu as toujours enseigné à l'étranger ? – f. Elle est partie vivre là-bas. – g. Les étudiants ont déjà fini leurs examens. – h. Nos amis vont nous rejoindre après.

**580.** a. Elles ont bien joué du piano. – b. Tu as bien travaillé. – c. Il s'est bien coiffé. – d. Nous nous sommes bien entendus. – e. Je n'ai pas bien skié. – f. Vous n'avez pas bien compris. – g. On a bien dormi. – h. Ils se sont bien conduits.

**581.** a. sent bien ; b. va bien ; c. aime bien ; d. aimerais bien ; e. veux bien ; f. me sens bien ; g. vont bien ; h. va bien.

**Bilan 14**

a. 1. à l'intérieur ; 2. à l'extérieur ; 3. ici ; 4. dehors ; 5. là-bas ; 6. dessous. – b. 1. à l'extérieur ; 2. dehors ; 3. partout ; 4. dedans. – c. 1. ici ; 2. ailleurs ; 3. Avant ; 4. souvent ; 5. loin ; 6. là. – d. 1. nulle part ; 2. partout ; 3. toujours ; 4. parfois ; 5. en haut. – e. 1. bien ; 2. bien ; 3. maintenant ; 4. mieux ; 5. bien.

# 15 La comparaison

**582.** b. plus calme que ; d. plus lourds que ; f. plus élevé ; h. plus spacieuse que.

**583.** a. plus …que ; b. moins…que ; c. aussi… que ; d. moins… que ; e. aussi …que ; f. plus… qu' ; g. aussi … qu' ; h. plus…que

**584.** a. Internet est un média plus récent que la télévision. – b. Camille est une chanteuse plus populaire que Vanessa Paradis. – c. Paris est une ville aussi connue que New York. – d. Le rap est une musique moins traditionnelle que l'opéra. – e. Instagram est un réseau social aussi pratique qu'Instagram. – f. Le bordeaux est un vin aussi bon que le champagne. – g. Le mail est une communication moins chère que la lettre. – h. Le T.G.V. est un train plus utilisé que le Thalys.

**585.** Mots corrects : a. autant ; b. autant ; c. aussi ; d. aussi ; e. autant ; f. aussi ; g. aussi ; h. autant.

**586.** Phrases possibles : a. jeune qu'Alex ; b. la ville qu'Alex ; c. intelligent que Mattéo ; d. la ville qu'Alex ; e. le jazz que Mattéo ; f. sportif que Mattéo ; g. de musique classique qu'Alex ; h. une compagne qu'Alex.

**587.** a. autant ; b. autant ; c. aussi ; d. aussi ; e. autant ; f. autant ; g. aussi ; h. autant.

**588.** a. autant ; b. autant de ; c. autant ; d. autant de ; e. autant de ; f. autant de ; g. autant de ; h. autant d'.

**589.** a. aussi ; b. autant ; c. autant de ; d. autant ; e. aussi ; f. autant ; g. autant de ; h. aussi.

**590.** a. aussi… qu' ; b. moins… qu' ; c. plus qu' – moins ; d. plus – plus ; e. autant que ; f. aussi … qu' ; g. autant … que ; h. plus de.

**591.** a. mieux ; b. meilleur ; c. mieux ; d. meilleure ; e. mieux ; f. meilleurs ; g. mieux ; h. meilleure.

**592.** a. bon ; meilleur – b. bon ; meilleur – c. bon ; meilleur – d. bien ; mieux – e. bon ; meilleur – f. bien ; mieux – g. bien ; mieux ; h. bien ; mieux

**593.** a. meilleure ; mieux ; b. bien ; c. meilleure ; d. bon ; e. bon ; f. bien ; g. bien ; h. mieux.

**594.** a. Il accompagne vos meilleurs plats ! – b. Pour des cheveux plus soyeux ! – c. Il donne plus d'énergie à vos réveils. – d. Pour un meilleur sommeil ! – e. Vos bébés seront plus au sec ! – f. Il faudrait être fou pour dépenser plus ! – g. Pour avoir meilleure mine ! – h. Vous vous sentirez plus légère !

**595.** Phrases possibles : a. Les Français font moins de sorties culturelles que de sport. / Ils s'intéressent moins à la culture qu'au sport. – b. Les Français s'intéressent plus aux jeux vidéo qu'à la musique. / Ils passent plus de temps à jouer aux jeux vidéo qu'à écouter de la musique. – c. Les Français passent plus de temps à surfer sur Internet qu'à faire la cuisine. / Ils sont plus intéressés par Internet que par la cuisine. – d. Les Français passent autant de temps à rencontrer des amis et la famille qu'à faire du sport. / Ils sont intéressés par les amis et la famille que par le sport. – e. Les Français passent plus de temps à lire qu'à surfer sur Internet. / Ils sont plus lecteurs qu'internautes*.
– f. Les Français passent plus de temps sur Internet que devant la télévision. / Ils sont plus internautes que téléspectateurs.
– g. Les Français passent moins de temps à faire la cuisine qu'à faire du sport. / Ils sont moins intéressés par la cuisine gastronomique que par le sport. – h. Les Français passent moins de temps devant les jeux vidéo que devant la télévision. / Ils s'intéressent moins aux jeux vidéo qu'à la télévision.

(*internaute = personne qui surfe sur Internet. – **gastronomique = qui est dans l'art de bien manger.)

**596.** Phrases possibles : a. Le loyer de l'appartement est plus cher que celui de la maison. – b. La maison est plus grande que l'appartement. / Sa surface est plus grande que celle de l'appartement. – c. Il y a plus de pièces dans la maison que dans l'appartement. – d. Il y a autant de chambres dans l'appartement que dans la maison.
– e. L'appartement est en meilleur état que la maison. – f. La cuisine de l'appartement est mieux équipée que celle de la maison.
– g. L'appartement est plus ancien que la maison mais il est rénové. – h. L'appartement me semble mieux adapté parce qu'il y a moins de travaux à faire.

**597.** Phrases possibles : a. La C4 consomme plus que la Twingo, elle est moins économique et le diesel est moins cher que l'essence. – b. La C4 est en meilleur état que la Twingo. – c. Il y a moins de places assises dans la Twingo. / Il y a plus de places dans la C4. – d. La Twingo a un plus grand kilométrage que la C4 qui a fait moins de kilomètres. – e. Les pneus de la C4 sont plus récents et en meilleur état que ceux de la Twingo. – f. La C4 est plus confortable que la Twingo. – g. La Twingo est aussi chère que la C4. / Elles sont aussi chères l'une que l'autre. – h. La C4 me paraît une meilleure occasion.

**598.** a. Les Finlandaises vivent aussi longtemps que les Suédoises. – b. Les Français dépensent plus (d'argent) pour la santé que les Italiens. / Les Italiens dépensent moins (d'argent) que les Français pour la santé. – c. Les Slovènes dépensent autant (d'argent) que les Hongrois pour la santé. – d. Il y a autant d'inégalités de revenus en Autriche qu'en France. – e. Il y a moins d'inégalités de revenus en Suède qu'en Espagne. / Il y a plus d'inégalités de revenus en Espagne qu'en Suède. – f. Le taux de pauvreté est plus élevé au Royaume-Uni qu'en France. / Il y a moins de pauvres en France qu'au Royaume-Uni. – h. Il y a plus de diplômés en France qu'au Danemark. / Le nombre de diplômés est moins important au Danemark qu'en France.

**599.** b. la meilleure ; d. les moins pressés ; f. la plus saine ; g. le plus joli ; h. les plus chères

**600.** a. la moins consommée ; b. la plus aimée ; c. la moins entendue ; d. la plus suivie ; e. le plus porté ; f. la plus appréciée ; g. le plus commandé ; h. la moins populaire.

**601.** a. le plus ; b. la moins ; c. les plus ; d. la plus ; e. la plus ; f. la moins ; g. la plus ; h. la moins.

**602.** a. Cette année a été la moins pluvieuse depuis longtemps. – b. Elle a été la meilleure depuis longtemps pour la vigne. – c. Elle a été la moins mauvaise depuis longtemps pour les potagers. – d. Elle a été la plus agréable depuis longtemps pour les vacanciers. – e. Elle a été la moins facile depuis longtemps pour les agriculteurs. – f. Elle a été la plus compliquée depuis longtemps pour les transports. – g. Elle a été la moins bénéfique depuis longtemps pour les hôteliers. – h. Elle a été la plus mauvaise depuis longtemps pour les restaurateurs.

**603.** Phrases possibles : Pour moi,... a. le film le plus intéressant est Les *Chatouilles*. – b. le sport le plus dangereux est le *kitesurf*. – c. le meilleur moment de la journée est le petit-déjeuner. – d. la tenue la plus confortable est un jean avec un grand pull et des baskets. – e. les vacances les plus réussies, c'est un voyage avec une amie. – f. l'animal le plus affectueux est le chat. – g. la destination la plus agréable est une belle plage dans un pays tropical. – mon plus beau rêve, c'est de partir en voilier.

## Bilan 15

**1.** a. aussi grandes ; b. plus moderne/récent ; c. plus adaptée/pratique ; d. plus de ; e. moins agréable/calme ; f. mieux ; g. aussi chères/intéressantes ; h. autant d' ; i. mieux ; j. plus de ; k. meilleures.

**2.** a. aussi heureuse ; b. autant qu' ; c. moins importantes ; d. la moins bonne /la pire; e. meilleure ; f. plus de valeur qu' ; g. le meilleur ; h. les meilleurs ; i. le mieux ; j. moins de ; k. moins de ; l. plus de ; m. plus d' ; n. mieux ; o. moins.

# 16 La quantité

**604** Je voudrais boire : a-4/5 ; b-8. – Nous avons acheté : a-7 ; b-3/6 ; c-1/2.

**605.** a. d' ; des – b. une ; des – c. d' ; une – d. un ; des – e. de ; des – f. Une ; des – g. d' ; une – h. un ; de.

**606.** a. le ; la – b. de ; des – c. le ; une – d. les ; les – e. des ; des – f. le ; des – g. les ; les – h. de ; un.

**607.** a. 1, 2 et 5. – b. 6 – c. 7 – d. 3, 4 et 8.

**608.** a. Tu ne prends pas de céréales au petit déjeuner. – b. Vous ne mettez pas de moutarde sur vos frites ? – c. Je n'ai pas commandé d'aubergines en gratin. – d. Nos invités ne nous ont pas apporté d'huile d'olive du sud de l'Italie. – e. Je n'ai pas acheté de confiture d'oranges. – f. Elle ne fera pas d'avocats en entrée. – g. Il n'y aura pas de viande et de purée au menu. – h. Il n'a pas cuisiné de chou-fleur et de saucisses.

**609.** Mots corrects : a. quelques ; b. un peu de ; c. quelques ; d. quelques ; e. un peu de ; f. un peu de ; g. un peu de ; h. quelques.

**610.** a. différents/plusieurs ; b. Certaines ; c. quelques ; d. plusieurs ; e. différents/plusieurs ; f. plusieurs ; g. Certains/plusieurs, h. quelques.

**611.** a. quelques ; quelques-unes – b. quelques ; quelques-uns – c. quelques ; quelques-unes – d. quelques ; quelques-uns – e. quelques ; quelques-unes – f. quelques ; quelques-uns – g. quelques ; quelques-uns – h. quelques ; quelques-uns.

**612.** a. Oui, je t'en achète. – b. Non, je n'en prends pas en rentrant. – c. Oui, il en faut (un peu/beaucoup). – d. Non, je n'en mets pas. – e. Oui, j'en veux (un peu/ beaucoup). – f. Non, je n'en mange pas. – g. Non, je n'en veux pas. – h. Oui, j'en ai (un peu/beaucoup/ quelques-unes).

**613.** a. Tu veux du sucre ? – b. Je te verse du vin ? – c. Vous prenez des pommes ? – d. Tu bois beaucoup de café ? – e. Tu mets de la mayonnaise ? – f. Tu as lu les romans de Balzac ? – g. Il a acheté des CD ? – h. Je vous sers du jambon ?

**614.** a. Tu as beaucoup de chance. – b. Est-ce qu'ils font trop de sport ? – c. Les enfants ont assez d'argent. – d. Votre fils ne parle pas beaucoup. – e. Les élèves ne mangent pas assez. – f. Vous regardez trop la télé. – g. Vous ne vous amusez pas beaucoup. – h. Tes amis ont trop de congés.

**615.** a. trop d' ; b. assez d' ; c. peu de ; d. beaucoup ; e. trop ; f. trop ; g. peu ; h. assez.

**616.** beaucoup ; e. beaucoup de ; f. très ; g. très ; beaucoup de ; h. très ; beaucoup.

**617.** a. Non, je n'aime pas du tout les pizzas / j'aime peu les pizzas. – b. Oui, je fais beaucoup de/trop de sport. – c. Non, j'ai peu de temps libre / je n'ai pas assez de temps libre. – d. Non, je n'étudie pas beaucoup/pas du tout/pas assez / j'étudie peu. – e. Oui, je mange trop de/beaucoup de gâteaux. – f. Oui, je joue trop/beaucoup aux jeux vidéo. – g. Oui, j'achète trop de/beaucoup de chocolat. – h. Non, je n'ai pas assez de/peu de/mémoire.

**618.** a. Ø ; b. très ; c. Ø ; d. très ; e. beaucoup ; f. Ø ; g. très ; h. beaucoup.

**619.** a. Elle a beaucoup étudié avant son examen de biologie. – b. Ce professeur est peu sorti avec ses élèves. – c. La directrice va beaucoup transformer notre école. – d. J'ai trop joué en réseau hier. – e. Mes enfants se sont énormément amusés à la fête d'anniversaire. – f. Elle s'est peu connectée sur Facebook pendant les vacances. – g. Nous avons un peu regardé la télé ce week-end. – h. Ils vont plus se reposer samedi/dimanche que dimanche/samedi.

**620.** b-2 ; c-1 ; d-4 ; e-7 ; f-8 ; g-5 ; h-6.

**621.** a. douzaine ; b. demi-litre ; c. 200 g ; d. Quatre cuillerées à soupe ; e. Trois cuillerées à soupe ; f. Une gousse ; g. un peu ; h. beaucoup.

## Bilan 16

**1.** a. en ; b. quelques ; c. chaque ; d. différentes ; e. beaucoup de ; f. très ; g. trop ; h. assez ; i. certains ; j. chaque ; k. beaucoup ; l. du ; m. très ; n. un peu ; o. Chacun ; p. en ; q. en ; r. plusieurs ; s. de la ; t. chaque.

**2.** a. Quelques ; b. quelques ; c. différentes ; d. très ; e. chacun ; f. très ; g. très ; h. beaucoup d' ; i. très ; j. certains ; k. Plusieurs.